HELMUT HARK

Den Tod
annehmen

HELMUT HARK

Den Tod annehmen

Unser Umgang
mit dem Sterben als Chance
der Reifung

KÖSEL

ISBN 3-466-36429-9
© 1995 by Kösel-Verlag GmbH & Co., München
Printed in Germany. Alle Rechte vorbehalten
Druck und Bindung: Kösel, Kempten
Layout: Ilse Weidenbacher, München
Umschlag: Elisabeth Petersen, Glonn
Umschlagmotiv: Ausschnitt aus Arnold Böcklin, Die Toteninsel (1886). Foto:
Archiv für Kunst und Geschichte, Berlin

1 2 3 4 5 · 99 98 97 96 95

Gedruckt auf umweltfreundlich hergestelltem Werkdruckpapier
(säurefrei und chlorfrei gebleicht)

Inhalt

Ich widme dieses Buch
dem Gedenken meiner Schwester Anne-Maria,
die vor 50 Jahren mit 17 Jahren
in den Kriegswirren an meiner Statt ums Leben kam.

*

Weiterhin sei es meinen verehrten Hörerinnen und Hörern
der Live-Sendung
»Mit dem Sterben leben«
im Ratgeber Lebensfragen des Südwestfunks gewidmet.

*

Selig sind, die da Leid tragen,
denn sie sollen getröstet werden.
Matthäus 5,4

*

Wenn der Herr die Gefangenen Zions erlösen wird,
dann werden wir sein wie die Träumenden.
Psalm 126

Persönliche Anrede

Sehr verehrte Leserin, sehr geehrter Leser,

mit diesem Buch über die letzten Fragen des Lebens und das, was danach kommt, möchte ich Sie ganz persönlich ansprechen. Dadurch, daß Sie gerade dieses Buch in die Hand nehmen und darin zu lesen beginnen, zeigen Sie sich besonders daran interessiert, was Ihre Seele danach sieht und was ihr in der anderen Wirklichkeit widerfährt. Vielleicht haben Sie in der letzten Zeit auch einen Todesfall in der Familie oder im Freundeskreis erlebt und sind dabei, diese tiefgehenden Erfahrungen zu verarbeiten und zu verkraften, um irgendwann wieder neue Kraft zu einem neuen Anfang und zu einem neuen Aufbruch ins Leben zu empfangen. In dieser spirituellen Krise möchte ich Sie begleiten und von zahlreichen ähnlichen Erfahrungen anderer Menschen berichten. Vor allem möchte ich Hilfen zur Selbsthilfe vermitteln, wozu nach meiner Auffassung auch besonders Verstehensmöglichkeiten für die vielfältigen Todesphänomene und deren Niederschläge in der Seele gehören.

Ich schreibe Ihnen dies alles als persönlich Betroffener, dessen existentielle Todeserfahrungen mit der Flucht aus Pommern im März 1945 begannen, als ich neun Jahre alt war. Im Laufe meines Lebens habe ich manche weitere Begegnungen mit dem Tod gehabt, wovon ich an entsprechender Stelle dieses Buches erzählen werde. Bei meinen Auseinandersetzungen mit dem Tod bin ich nicht bei den Erlebnissen stehengeblieben, sondern habe mich zunächst durch das Studium der evangelischen Theologie um die vielfältigen biblischen Aussagen zum Thema bemüht. Durch mein Studium der Tiefenpsychologie und der analytischen Psychotherapie habe ich mich dann um den Niederschlag der Todesängste und -phantasien in der Seele bemüht. Eine christliche Grundhaltung und eine tiefe Ehrfurcht vor seelischen Erfahrungen der Menschen bestimmen also meine Einstellung zum Thema. Ich sage Ihnen dies gleich zu Anfang, damit Sie wissen, mit wem Sie es zu tun haben.

Zwei Anlässe bestimmen meinen Entschluß, meine therapeutischen Erfahrungen zum Thema niederzuschreiben. Zum einen sind es die vielen Ratsuchenden und Patienten, mit denen ich ihre Todesängste und Fragen nach dem Leben und dem, was der Seele danach widerfährt, bearbeitet habe. Insbesondere wendet sich dieses Buch an die 30 - 40.000 Hörerinnen und Hörer, die seit 20 Jahren jeweils am Totensonntag meine Live-Sendung im Ratgeber Lebensfragen im Südwestfunk zum Thema:»Mit dem Sterben leben« hörten. Weil ich in der zur Verfügung stehenden Zeit jeweils nur mit durchschnittlich acht Hörerinnen oder Hörern über deren Fragen zum Tod sprechen konnte, möchte ich den anderen auf diese Weise meine Gedanken zum Thema mitteilen. Insbesondere möchte ich mit diesem Buch auch meine Briefschulden abtragen, weil ich die viele Post nach meinen Sendungen leider nicht beantworten konnte. Ich hoffe, hiermit die Fragenden an meinen Einsichten und Überzeugungen teilhaben zu lassen.

Weil dieses Buch aus den letzten 20 Jahren meiner Praxis erwachsen ist, dürfte es auch allen, die mit den anstehenden Fragen beruflich zu tun haben, ein seelsorgerlicher, ein therapeutischer Ratgeber sein. Ich denke dabei zum Beispiel an Seelsorgerinnen und Seelsorger, die in der Gemeinde oder in der Klinik arbeiten und Kranke und Sterbende begleiten und die auf viele der hier behandelten Fragen eine Antwort geben sollen. Besonders mußte ich beim Schreiben auch an die vielen ehrenamtlichen Helferinnen und Helfer in der Sterbebegleitung denken, die in diesem Buch zu den anstehenden Fragen das nötige theologische wie therapeutische Grundwissen vermittelt bekommen. Ich stelle mir vor, daß mein Buch in der Hospiz-Bewegung und in der Fortbildung der entsprechenden Gruppen gelesen und diskutiert werden kann. Schließlich mußte ich beim Schreiben auch immer wieder an die Kolleginnen und Kollegen in den Lebensberatungsstellen denken und an viele Leute der verschiedenen therapeutischen Berufsgruppen, die»todsicher« immer aufs neue mit diesen Fragen konfrontiert werden.

Was das Buch will

Es ist nicht meine Absicht, hier zu wiederholen, was zum Beispiel Elisabeth Kübler-Ross in ihren hilfreichen Büchern gesagt hat oder Christof Hampe, Moody, Kenneth Ring und die vielen anderen (vergleichen Sie das Literaturverzeichnis). Zu ihnen möchte dieses Buch insofern eine Ergänzung sein, als es den Schwerpunkt auf die seelischen Erfahrungen bei der Auseinandersetzung mit dem Tod legt und besonders die Todesphantasien, die Imaginationen eines symbolischen Todeserlebnisses und die von mir studierten Todesträume in den Mittelpunkt stellt. Dabei verstehe ich die symbolischen Todeserfahrungen als den entscheidenden Anstoß zur Wandlung und zur Individuation. Anregungen zu dieser persönlichen Wandlung möchte ich nicht nur mit dem geschriebenen Wort geben, sondern auch durch die Bilder, die manchem mehr sagen können als viele Worte. Darüber hinaus möchte ein eigenes Kapitel mit Beispielen aus der Musik Anregungen zur Auseinandersetzung mit dem Tod geben und vor allem auch tröstliche Beispiele für die Trauerarbeit von Betroffenen nennen. Zahlreiche Leitsätze und Affirmationen zum Tod und Sterbegebete aus verschiedenen Konfessionen und Religionen finden sich im Anhang. Diese können eine Hilfe sein, wenn Sie an einem Sterbebett sitzen und gebeten werden oder den Impuls verspüren, ein Sterbegebet zu sprechen.

Dieses Buches möchte also im Vergleich mit den vielen Büchern über Sterben und Tod die seelische Dimension des Todes erschließen und die spirituellen Symbole beschreiben, von denen selbst im Angesicht des Todes eine tröstende und heilende Wirkung ausgeht. Da die Erfahrungen im Umkreis des Todes und die seelischen Erlebnisse derart vielgestaltig sind, war es mir wichtig, für die Auseinandersetzungen mit dem Tod einen zentralen Begriff zu finden, um den sich die unzähligen Empfindungen und Erscheinungsweisen anordnen lassen. Alle Todesängste und Vorstellungen vom Tod gehen letztlich auf den *Thanatos-Komplex* zurück. Dieser Thanatos-Komplex ist jenes Energiefeld im unbewußten Seelenleben eines jeden Menschen, das fortwährend unser Gefühlsleben mit Ängsten und Todesfurcht beeinflußt und unsere Vorstellungen und Phantasien über den Tod bestimmt und in unseren Träumen vom Tod anschaubar wird. Die Beispiele und Träume in den folgenden Kapiteln werden diesen Begriff begreifbarer machen.

Wirken möchte mein Buch auch angesichts der schicksalhaften Tragik all jener Menschen, die sich 50 Jahre nach Beendigung des letzten Krieges wieder durch die Gedenkfeiern dieser Jahre an die schrecklichen Ereignisse von damals erinnern. Viele Kriegsheimkehrer und Kinder oder Frauen, die jene schrecklichen Bombennächte überlebt haben, klagen bis in die Gegenwart hinein über ihre Alpträume; heimgekehrte Soldaten können die Hölle von Stalingrad oder von anderen Kriegsschauplätzen in Europa nicht vergessen. Durch den Friedensschluß mit den Nachbarvölkern und durch das sogenannte Wirtschaftswunder haben wir in der äußeren Realität zwar unendlich viel geschafft und geleistet, doch jetzt endlich ist die Zeit gekommen, die noch immer offenen Wunden der Seele zu heilen. Dies ist ein Stück weit auch noch all jenen möglich, die fünfzig Jahre nach Kriegsende noch immer unter ihren Todesängsten leiden und sich mit Alpträumen abquälen. Die in diesem Buch beschriebene Auseinandersetzung mit dem Tod und die Rückführung der vielfältigen Todesängste auf den genannten Thanatos-Komplex möchten für alle Betroffenen eine Hilfe sein. Auch Menschen, die das Leben im KZ oder eine andere Verfolgung überlebt haben, dürften das Zeugnis des weltbekannten Logo-Therapeuten Viktor Frankl und seine Berichte aus dem Konzentrationslager mit besonderem Interesse und Anteilnahme lesen und aus seiner Verarbeitung Lehren zur Bewältigung des eigenen Thanatos-Komplexes ziehen.

Bei dem Versuch, die unzähligen Gesichtspunkte der Auseinandersetzung mit dem Tod und der Wandlungsprozesse durch ihn sowie der letztendlichen Ver-Wesentlichung übersichtlich darzustellen, orientierte ich mich an den mir vertrauten therapeutischen Heilungsschritten aus der Tiefenpsychologie C.G. Jungs. Diese stelle ich im nächsten Kapitel in dem Modell eines Mandalas der therapeutischen Heilungsschritte dar. In abgewandelter Form bestimmt dieses Modell auch den Aufbau des ganzen Buches und unausgesprochen auch die meisten Kapitel durch folgende vier Schwerpunkte: Bei der Auseinandersetzung mit dem Tod orientierte ich mich immer wieder an realen Todeserfahrungen und den daraus gewonnenen Erkenntnissen und Einsichten. Ein zweiter Gesichtspunkt sind die emotionale Betroffenheit durch den Tod und die vielfältigen Gefühle und Ängste, die um den Thanatos-Komplex angeordnet sind. Den zentralen Schwerpunkt dieses Buches bilden schließlich die vielgestaltigen Symbole des Todes sowie die Träume vom Tod und die damit verbundenen Wandlungsprozesse. Das Ziel des Weges in die andere Wirklichkeit und die göttliche Welt geben die archetypischen Symbole von Hölle und Himmel an; es geht um die letztendliche Ver-Wesentlichung.

Die schöpferischen Imaginationen der Maler zum Tod

Bei meiner Suche nach Bildern zum Thema Tod bin ich recht bald auf den Zusammenhang zwischen der schöpferischen Imagination der Maler und ihrer außergewöhnlichen Beeinflussung durch den Tod aufmerksam geworden. Wenn wir das bildhafte Wort von der Beeinflussung genauer beachten, dann klingen darin die fließenden Bewegungen zwischen den inneren Bildern und Imaginationen der Maler als dem einen Pol und den Erscheinungsbildern des Todes als dem anderen Pol einer Ellipse an. Dieses Modell bedarf jedoch einer Ergänzung, weil die Gestalten und Kräfte nicht gleichrangig sind, sondern die archetypische Welt des Todes und ihre spirituellen Symbole ein größerer Wirkfaktor sind. Von daher könnten wir sagen, daß ein Maler in seinem persönlichen Leben und in seinem schöpferischen Werk mit dem Tod als dem verborgenen Herrscher des Lebens ringt und ihm nicht selten sein Werk abtrotzt. Wir könnten auch sagen, daß ein Maler, ähnlich wie viele andere Künstler, das ausführende Organ des Todes ist. In seinem Werk gestaltet der Künstler Abwehrkräfte gegen den Tod als das todsichere Ziel unser aller Leben.

Nikolaus Manuel: Der Maler und der Tod (1516-1519)

Der Maler und der Tod

*E*ine der eindrucksvollsten Darstellungen des Zusammenhangs zwischen einem Maler und dem Tod, oder genauer gesagt, zwischen der schöpferischen Imagination und Inspiration eines Malers einerseits und der heimlichen Gegenwart des Todes hinter seinem Rücken, ist die nebenstehende Wandmalerei des Berner Malers Niklaus Manuel (1484-1530). Während der Maler mit seiner rechten Hand malt, führt der auf der Erde kniende Tod mit seiner rechten Hand den Malstock. So wie sich ein Wanderer auf seinen Stab stützt – in der Symbolwelt hat der Stab zum Beispiel als Zauberstab oder als Herrschaftssymbol eine besondere Funktion –, so wird die schöpferische Arbeit von Manuel durch den Tod gelenkt. Betrachten wir schließlich auch die Beziehungen zwischen der linken Hand des Todes und dem beiseitegestellten linken Fuß des Malers. Auch hier ergibt sich eine tiefsinnige Beziehung, wenn wir von der tiefenpsychologischen Deutung ausgehen, daß jeweils die linke Seite in besonderer Beziehung zum Unbewußten und den hier fließenden schöpferischen Prozessen besteht. Manuel hat diesen Berner Totentanz in den Jahren 1516-1519 geschaffen. Der gesamte Zyklus bestand ursprünglich aus 24 lebensgroßen Doppelbildern, die auf die über vier Meter hohe Umfassungsmauer des Berner Dominikanerklosters gemalt wurde. Dieses Riesenwerk, das etwa 80 Meter der Mauer beanspruchte, wurde 1660 beim Abbruch der Umfassungsmauer zerstört. Bei der Darstellung handelt es sich um eine spätere Nachzeichnung von Albrecht Kauw aus dem Jahre 1649. Im Jahre 1496 wurde vom Rat der Stadt Bern noch ein neun Meter großes Standbild des Heiligen Christophorus hinzugestellt, das nach seiner Zerstörung in einer Nachzeichnung dieser Werke in das Bild von Manuel integriert wurde und damit einen weiteren spirituellen Aspekt des Todes symbolisiert. Nach einer Legende erbat der Heilige Christophorus vor seinem Tod von Gott für seine Verehrer sichere Hilfe gegen Todesgefahr. Weit und breit glaubte man daher früher, daß derjenige, der das Bild des Heiligen morgens andächtig betrachtet habe, tagsüber vor dem Tod sicher sei. Wegen dieses Volksglaubens entstanden im Mittelalter an zahlreichen Kirchen, Burgen, Häusern, Brücken und Stadtmauern *riesengroße Abbildungen des Heiligen Christophorus. Fortan gehörte er zu den »Vierzehn Nothelfern«, die Menschen in besonderen Nöten und Anliegen anrufen.*

Auch wenn in der Gegenwart viele Menschen an derartigen Symbolen achtlos vorübergehen, so können doch Menschen bei einem plötzlichen Todesfall oder der eigenen Konfrontation mit dem Tod durch diese Bilder daran erinnert werden, daß letztlich jeder Mensch in seinem Tun insgeheim vom Tod beeinflußt und dirigiert wird. Nach meiner therapeutischen Erfahrung sind nicht nur schöpferisch tätige Menschen wie Maler, Musiker und andere Künstler durch ihre Auseinandersetzungen mit dem Tod in kreative Prozesse verwickelt, sondern letztlich jeder Mensch, der sich darauf einläßt. Derartige Entwicklungen können wir durch folgende Affirmationen anregen und fördern:

In meinen Todesgedanken und Todesträumen versuche ich die schöpferischen Impulse zu erkennen.

Ich brauche keine Todesangst zu haben, wenn der Tod mich anrührt und inspiriert.

In meiner Auseinandersetzung mit dem Tod bin ich nicht allein, sondern mein Christusbild oder der Heilige Christophorus schützen mich.

Mit dem Hinweis auf die tiefgründige Beziehung zwischen Maler und Tod soll nicht gesagt sein, daß dies die einzige Quelle für malerische Inspiration ist, aber doch eine sehr wesentliche, die in der Kunstbetrachtung und in dem Kunstbetrieb nach meiner Kenntnis viel zu wenig beachtet wird. Am offensichtlichsten ist die Beziehung zwischen Bildern und Tod in den meist tragischen Lebensschicksalen vieler Maler und anderer Künstler. Besonders augenfällig und dramatisch zeigt sich die Beziehung zum Tod bei allen jenen Malern, die ihre persönliche Melancholie, Depression und die dunklen Todesgedanken in Bildern dargestellt haben. Nur beispielhaft sei dazu auf Dürers »Melencolia« hingewiesen (S. 42) und Edvard Munchs »Das Mädchen und der Tod« (S. 156). In zahlreichen Gemälden hat Munch seine Melancholie dargestellt und damit nicht nur seine Todesstimmung ausgedrückt, sondern sie für sich und viele andere Menschen auch ein Stück weit bearbeitet. Es ist bekannt, daß der malerische und schöpferische Prozeß bei Munch durch das tragische Todesschicksal seiner Schwester beeinflußt wurde. In den zahlreichen Biographien über Munch wird beschrieben, wie die Geisteskrankheit des Malers einem schwarzen Todesengel gleich das ganze Leben des Meisters überschattete. Daher möchte ich sagen, daß der Tod der eigentliche Lehrmeister Munchs und vieler anderer Maler und Künstler war und ist.

In einer umfassenden Studie hat Gösta Svenaeus diese dunkle innere Welt des Malers und das Universum seiner Melancholie untersucht und schreibt dazu: »Munch liefert sich selbst sowohl wie die Schwester in einer Weise aus, wie er das in dem fertigen Gemälde nicht tut; dort sitzt sie, in den Panzer der Melancholie gekleidet, jeglicher Form menschlicher Neugier unerreichbar. Auf dem Gemälde ist die Kranke definitiv allein, während Munch auf sämtlichen gezeichneten Skizzen ihre Einsamkeit dadurch hervorzuheben versucht, daß er das frontale Gesicht der Kranken mit der von hinten gesehenen Gestalt des Besuchers konfrontiert. Der psychologische Realismus der ersten Zeichnung in bezug auf den Gesichtsausdruck der Kranken wird in den späteren Skizzen durch eine expressive Vereinfachung verwandelt, die sich vor allem in Lauras kugelrunden, weit aufgesperrten Augen und dem starren Blick zeigt.«[1]

Meine Deutungen der Bilder vom Tod verschiedener Künstlerinnen und Künstlern möchten sich der Analyse und Deutung des Kunstwerkes und seiner Gesetzmäßigkeiten nach Arno Holz anschließen: »Das Gesetz einer Erscheinung kann nur aus der Betrachtung dieser Erscheinung selbst geschöpft werden. Um hinter das Gesetz zu kommen, dessen Verkörperung die Kunst ist, würde es also meine erste Aufgabe sein, diese einer Analyse zu unterziehen.«[2] Die hier genannte Erscheinung des Kunstwerkes und seine Analyse möchte ich schließlich in Beziehung setzen zu den Träumen und den darin waltenden therapeutischen Prozessen. Aufgrund meiner persönlichen Erfahrung mit Träumen und der langjährigen therapeutischen Traumarbeit möchte ich sagen, daß viele Träume, besonders die sogenannten Großen Träume mit den archetypischen Symbolen und grundlegenden Lebensthemen, ähnlich entstehen und wirken wie ein Kunstwerk. Die Ähnlichkeiten zwischen dem schöpferischen Prozeß im Maler wie im Träumer sehe ich in folgenden Aspekten und Gemeinsamkeiten:

☐ Im Maler wie im Träumer entwickeln sich in der dunklen Tiefe der Seele ein Impuls und ein Einfall, der im Bild und im Traum ins Bewußtsein und damit vor das innere Auge tritt.

☐ Wie bei der Verwicklung in der zweiten Phase der Traumdramaturgie wird auch der Maler besetzt oder im Einzelfall von dem inneren Bild besessen und muß es in der geschauten Gestalt malen.

☐ In der dritten Phase der Trauminszenierung gelangt die innere Bildergeschichte zu ihrem Höhepunkt und zu ihrer vollen Entfaltung – ähnlich wie der Maler nach seinem kreativen Ringen und den vielschichtigen Verwicklungen in den schöpferischen Prozeß seinem Bild in Farbe und Form die endgültige Gestalt verleiht.

☐ Das Ergebnis beim Traum ist schließlich seine Wirkung und seine Botschaft für Lebensgestaltung und Heilung. In ähnlicher Weise dürfte auch das Bild eine besondere Wirkung auf den Maler ausüben und darüber hinaus auf die Betrachter des Bildes.

Die in Bild und Traum beginnende Wirkungsgeschichte im Zusammenhang mit dem Thema Tod sehe ich schließlich darin, daß beiden ein tiefes Geheimnis über die letzten Fragen des Lebens innewohnt; es erinnert uns an den dunklen Anfang unseres Lebens und die unerschöpfliche Tiefe der Seele, die an ihren Grenzen fließend ins Totenreich übergeht. So wie nun das vom Maler geschaffene Bild diesen über- und Jahrhunderte weiterlebt, so überlebt gleichsam auch das Bild unserer Person, wenn unsere körperliche Gestalt sich auflöst und verwest.

Bilder und Energien
als Erscheinungsformen der Seele

Meine Arbeit geht von der therapeutischen Erfahrung und der persönlichen Überzeugung aus, daß Heilungsschritte sehr wesentlich durch die Musik und die bildende Kunst unterstützt und gefördert werden können. Aus diesem Grunde verweise ich in diesem Buch auf die Musik und sehe die beigefügten Bilder mit den meditativen Deutungen und den ermutigenden Leitsätzen als eine weitere Hilfe zur Auseinandersetzung mit dem Tod an. So wie die Bilder und die persönlichen Imaginationen den inneren Bildungsprozeß und damit die persönliche Ganzwerdung fördern können, so vermögen auch die empfohlenen Musikbeispiele Hörerinnen und Hörer in eine geistig-seelische Schwingung zu versetzen. Sie werden dadurch ermutigt, sich auch hörend auf den todsicher kommenden Tod einzustimmen. Wenn wir mit der östlichen Philosophie und Weltsicht annehmen, daß am Anfang Bild und Ton waren, und uns diese Ursymbole in den Bildern und der Musik vergegenwärtigt werden, dann erfahren wir in diesen sichtbaren und hörbaren Symbolen etwas Wesentliches zu unserer Ver-Wesentlichung und Heilung.

Die Seele, das Bild, die psychische Energie
und der Thanatos-Komplex

Für das Verständnis meines Buches sind diese vier Grundbegriffe von grundlegender Bedeutung. Diese möchte ich jetzt im Hinblick auf die Auseinandersetzung mit dem Tod einleitend beschreiben. Sie bilden unausgesprochen den Hintergrund aller folgenden Ausführungen. In dem therapeutischen Modell des Mandalas finden sich diese Begriffe als Tore zur inneren Welt des Himmels und des Totenreiches.

Der Begriff der *Seele* und vor allem ihre Wirkweisen und damit ihre Wirklichkeit sind für die Auseinandersetzung mit dem Tod von grundlegender Bedeutung und von größter Wichtigkeit, weil die Seele eine ganz natürliche Einstellung, ja sogar eine besondere Affinität zum Tod hat. Während das menschliche Bewußtsein und das Ich in der Regel mit Ängsten, Abwehr oder Verdrängung auf den Tod reagieren, ist für die Seele und ihr spirituelles Zentrum, das Selbst, als umfassenden Kern der Person, der Tod eine ganz natürliche Angelegenheit. Ich teile mit C.G. Jung die Auffassung und Erfahrung, daß die Seele eine natürliche Affinität, eine Art Verwandtschaft zum Tod hat, vermutlich auch deswegen, weil sie in ihren unerforschlichen Tiefen einen fließenden Übergang zum Totenreich und zum Himmel hat[3]. Zu dieser für jeden Menschen aktuellen Erfahrung schreibt C.G. Jung:

»Ich habe in meiner ziemlich langen psychologischen Erfahrung eine Reihe von Beobachtungen bei Personen gemacht, deren unbewußte Seelentätigkeit ich bis in die unmittelbare Nähe des Todes verfolgen konnte. In der Regel wurde das nahende Ende mit jenen Symbolen angezeigt, mit welchen auch im normalen Leben psychologische Zustandsveränderungen angedeutet werden, nämlich Wiedergeburtssymbole wie Ortsveränderungen, Reisen und dergleichen. Die Hinweise auf den nahenden Tod habe ich mehrfach in Traumreihen bis über ein Jahr zurückverfolgen können, auch in Fällen, wo die äußere Situation keine solchen Gedanken aufkommen ließ. Das Sterben setzte also ein, lange bevor der wirkliche Tod eintrat. Übrigens zeigt sich dies auch öfters in einer eigentümlichen Charakterveränderung, die dem Tod längere Zeit vorausgehen kann. Im ganzen war ich erstaunt, zu sehen, wie wenig Aufhebens die unbewußte Seele vom Tode macht. Demnach müßte der Tod etwas verhältnismäßig Belangloses sein, oder unsere Seele kümmert sich nicht darum, was dem Individuum zufälligerweise zustößt. Um so mehr aber scheint sich das Unbewußte dafür zu interessieren, wie man stirbt, nämlich, ob die Einstellung des Bewußtseins zum Sterben paßt oder nicht.«[4]

Unsere Seele scheint also die Tatsache des Todes ganz anders zu bewerten und die Todeserfahrungen völlig anders aufzunehmen als unser Bewußtsein und unser Ich. Während im Bewußtsein die Angst vor dem Tode vorherrscht, und das Ich des Menschen sich Schreckgespenster über ihn ausmalt, scheinen die Seele und das Selbst eine positive Deutung des Todes vorzunehmen. Die zahlreichen Sterbeerfahrungen von klinisch toten Menschen, die wieder zum Leben zurückgekehrt sind, bestätigen Jungs Erkenntnisse und Erfahrungen, daß sich im Tode das Leben weitet und wandelt zu einer neuen Seinsform. Die Beschränkung in Raum und Zeit ist dann aufgehoben. Die Seele scheint an ihren Grenzen und in ihrer Tiefe Anteil an der raum-zeitlosen Seinsform zu haben und vermittelt uns daher in wichtigen Träumen einen Vorgeschmack der auf uns zukommenden Ewigkeit.

Der amerikanische Tiefenpsychologe und Jungianer James Hillman bezeichnet diese dunklen Tiefenschichten der Seele als »chthonische Psyche« und beschreibt deren Bedeutung für das Verständnis und die Einstellung auf den kommenden Tod wie folgt:

»Die Tiefenpsychologie hat unserer Kultur eine Ahnung von der Unterwelt wiedergegeben … sie öffnete das Grab, glaubte ein mumifizierter Körper würde sich erheben, aber das Es als Unterwelt ist nicht der triebhafte Körper. Das ist die chthonische Psyche. Am tiefsten vergraben in jedem von uns ist die Mißachtung des Todes in unserer Kultur. Hades erscheint gerade jetzt wieder in der unheilvollen Gestalt von Wachstumsgrenzen, Energiekrise, ökologischer Umweltverschmutzung, Altern und Sterben. Nicht die Toten sollen auferstehen, sondern es geht um die Auferstehung des Todes selbst. Denn die Tiefenpsychologie bringt uns nicht nur die Gestalten des Traumes und der im Gedächtnis lebenden Psyche aus der Unterwelt zurück. Sie hat auch den Tod aus seinem Exil zurückgeholt.«[5]

Im Hinblick auf die Auseinandersetzung mit dem Tod und das Weiterleben erscheint es mir hilfreich und wichtig, die Seele und ihre Wirkweisen immer tiefer kennenzulernen und dadurch in das Geheimnis des Todes eingeweiht zu werden und mit seinem spirituellen Mysterium vertraut zu werden. Wenn die Seele eine ganz natürliche Einstellung zum Tod hat, dann gewinnen unser Ich und unsere bewußten Vorstellungen vom Tod durch die Bildersprache der Seele und ihre Träume vom Tod wesentliche Belehrungen und Botschaften über die letzten Fragen des Lebens, des Todes und des Seins. Das Hilfreiche und Heilende der Seele im Hinblick auf den Tod und den Thanatos-Komplex besteht darin, daß die der Seele und den Seelenbildern innewohnenden Selbstheilungskräfte ein Gegengewicht gegen die Todesangst bilden. Darüber hinaus stabilisieren die seelischen

Heilkräfte das Ich und machen das geängstete Bewußtsein vertraut mit den tiefen Schichten der Seele, die einen fließenden Übergang zum Totenreich bilden.

Die Seele tut sich uns kund in Bildern, und wir erleben und empfinden sie in ihren energetischen Wirkungen in unseren Gefühlen und in der emotionalen Betroffenheit. Bevor ich auf die Energetik der Seele zu sprechen komme, möchte ich die Seele in ihrer Bildhaftigkeit und ihr Kontinuum als unendliche Bilderfolge beschreiben. In abkürzender Form werde ich im folgenden einfach vom *Bild* sprechen und meine damit nicht irgend ein statisches Bild an der Wand, sondern verstehe hier das Bild als ursprüngliches Erscheinungsbild der Seele, als Seelenbild. Diese Erscheinungsbilder zeigen uns den Weg zu den Tiefenschichten des Unbewußten und bilden zugleich eine Brücke zum Totenreich. Vorstellungen und bildhafte Anschauungen vom Tod und dem Totenreich zu gewinnen, ist aus seelsorgerlichen Gründen und nach therapeutischen Erfahrungen sehr wesentlich, um die Ängste vor dem Tod zu bearbeiten. Es besteht eine große Gefahr für die Seele und geistig-seelische Gesundheit, wenn der Tod verdrängt oder nur in abstrakten Begriffen abgehandelt wird. Es scheint zum Wesen des Todes zu gehören, daß sein Geheimnis am ehesten in Bildern und Symbolen mit unseren Sinnen zu fassen ist. Daher bilden die Bilder eine Brücke zum Totenreich.

Das Bild, die Todessymbole und die Bildhaftigkeit in allen Todesvorstellungen werden uns in den folgenden Kapiteln immer wieder begegnen. Das Bild als Ursymbol gehört nicht nur als grundlegendes Element zum Tod, sondern findet sich in allen mir bekannten Schöpfungsmythen der verschiedenen Kulturen und Religionen. Am bekanntesten dürfte uns die Aussage in der biblischen Schöpfungsgeschichte sein, daß der Mensch als Abbild und Ebenbild Gottes geschaffen wurde. Und Gott sprach: »Laßt uns Menschen machen als unser Abbild, uns ähnlich. … Gott schuf also den Menschen als sein Abbild; als Abbild Gottes schuf er ihn. Als Mann und Frau schuf er sie.«[6] In dieser Bildgestalt sind wir also gottähnlich und können daher etwas von der göttlichen Welt ahnen. Die Bilder und Symbole und deren Erscheinungen in den Träumen sind so etwas wie eine

Silberschnur, die uns mit Gott und der spirituellen Welt verbindet. Da am Anfang dieses Bild die Grundlage bildete für unsere Lebensgestalt und darin alle Informationen für die Entwicklung unseres Lebens enthalten sind, wohnt diesem Bilde auch etwas Bleibendes über den Tod hinaus inne. Daher ist meine persönliche Überzeugung für den Seinszustand nach dem Sterben, daß ich dann ganz »im Bilde sein werde«. Ähnlich wie es in der Tiefe der Seele und an ihren unerforschlichen Grenzen, der chthonischen Psyche, fließende Übergänge zum Totenreich zu geben scheint, so bilden die Bilder und Urbilder eine Brücke zu Gott und dem Himmel, zum Tod und zur Anderwelt.

Diese universale Bedeutung des Bildes und der Träume bezeugt auch ein Mythos der Uitoto-Indianer Kolumbiens, für die die Erschaffung der Welt durch einen Traumvorgang zustande kommt. Ihre Schamanen und Heiler benutzen daher den Traum für ihre Seelenreise, um in diese spirituelle Wirklichkeit, die für sie eine Art Totenland ist, einzukehren, um Botschaften für das gegenwärtige Leben und Heilkräfte für die Kranken einzuholen. Der Mythos erzählt:

Ein Traumbild bestand – nichts sonst; der Vater rührte an eine Illusion, an etwas Geheimnisvolles. Nichts existierte. Durch das Wirken eines Traumes begegnete unser Vater (der selbst ein Traum ist oder einen Traum hat) dem Spiegelbild seines Körpers, und er grübelte lange Zeit und versank in tiefes Nachdenken. Nichts existierte, nicht einmal ein die Vision stützender Gegenstand: unser Vater verknüpfte die Vorstellung mit dem Gespinst eines Traumes und bewahrte sie mit Hilfe seines Atems. Er lauschte, um den Grund der Erscheinung zu erfassen, doch da war nichts. Nichts existierte. Und noch einmal begann der Vater, nach dem Grund des Geheimnisses zu forschen. Er befestigte die leere Illusion am Faden des Traumes und drückte ihm die magische Substanz auf. Er hielt ihn mit Hilfe seines Traumes fest – wie ein Büschel roher Baumwolle. Da erreichte er den festen Boden der Erscheinung, stampfte mehrmals darauf und setzte sich schließlich auf seiner geträumten Erde nieder.[7]

Des weiteren nun einige Anmerkungen zum Begriff der psychischen *Energie*: Es handelt sich bei dieser Kraft um die Lebenstätigkeit und die Lebensprozesse der Psyche schlechthin. Die Wirkungen dieser psychischen Energie erfahren wir in unseren Affekten und Gefühlen, in unseren Trieben und Wünschen sowie in allen dynamischen

Lebensäußerungen. Wir können uns diese psychische Energie im Modell eines inneren Kosmos vorstellen, in dem die Komplexe als energetische Felder oder Zentren ähnlich miteinander in Beziehung stehen und wirken, wie die Planeten im Weltall. In unserem psychischen System bewirkt diese Energie eine dauernde Bewegtheit und Lebendigkeit. Das psychische Energiepotential zeigt sich auf vielfältige Weise, zum Beispiel in der Ausstrahlung eines Menschen und in seiner Begeisterungsfähigkeit, in seinem Tatendrang und in vielerlei Überzeugungen. Die negativen Wirkungen dieser Energie werden in der Depression, der Melancholie und mancherlei trüben Stimmungen erfahren. Eine wesentliche Gesetzmäßigkeit dieser Energetik der Seele besteht in ihrer Zielgerichtetheit, in ihrer Finalität, wie der tiefenpsychologische Fachbegriff heißt. Zu diesen Zielen und Wirkungen unseres Lebens gehören das Wachstum und die Entfaltung der Persönlichkeit, unsere Aktivitäten und unsere Lebendigkeit. Das letzte Ziel dieser Finalität der psychischen Energie ist der Tod. Wenn also das Ende und das Ziel des Lebens todsicher der Tod ist, so bewegt sich denn die Seele in ihren Lebensbewegungen und in ihren Bildern fortwährend auf das Dunkle und die Tiefe des Totenreiches zu.

Nach dieser notwendigerweise kurzen Einführung in die Grundbegriffe der Seele, des Bildes und der Energie wenden wir uns jetzt dem Thanatos-Komplex als psychischem Energiefeld zu.

Der Thanatos-Komplex
als psychisches Energiefeld

Angesichts der großen Vielfalt von Erfahrungen im Umkreis des Todes, wie ich sie in dem Modell (vgl. S. 32) mit vielen Stichworten benannt habe, erscheint es mir hilfreich, einen zentralen Begriff zu finden, dem sich wie einem Magneten die einzelnen Erfahrungen zuordnen lassen. Diesen Kernpunkt möchte ich als *Thanatos-Komplex* bezeichnen. Der Thanatos-Komplex ist jenes Energiefeld im unbewußten Seelenleben eines jeden Menschen, das fortwährend unser Gefühlsleben mit Ängsten und Todesfurcht beeinflussen kann und unsere Vorstellungen und Phantasien über den Tod bestimmt, sowie in unseren Träumen vom Tod anschaubar wird. Dieses geistig-seelische Energiefeld im Unbewußten mit dem Kernelement des Archetypus des Thanatos bestimmt latent und virulent unser aller Lebensgefühl. Jeder ahnt oder weiß, daß er sterblich ist und einmal – ob jung oder alt, aufgrund eines Unfalles oder infolge einer Krankheit, sterben muß.

Besonders virulent und beherrschend wird der Thanatos-Komplex bei allen jenen Menschen, die das Gefühl haben, kein Lebensrecht auf dieser Erde zu haben, weil die Eltern sie nicht gewollt haben, oder sie unter anderen widrigen Umständen auf die Welt gekommen sind. Auch Menschen, die eine lebensbedrohliche Geburt durchmachen mußten oder schon als kleine Kinder eine gefährliche Krankheit hatten, werden von diesem Thanatos-Komplex mit Ängsten oder sogar Todesängsten beeinflußt. Der Name dieses Komplexes ist der altgriechischen Sprache entlehnt. Thanatos (= »Tod«) ist im antiken Griechenland der Name und die Personifikation des Todes. Thanatos war Bruder des Hypnos (= »Schlaf«) und beide sind die Söhne der Nyx (= »Nacht«). In Abbildungen wird Thanatos mit einer umgestürzten Fackel dargestellt.

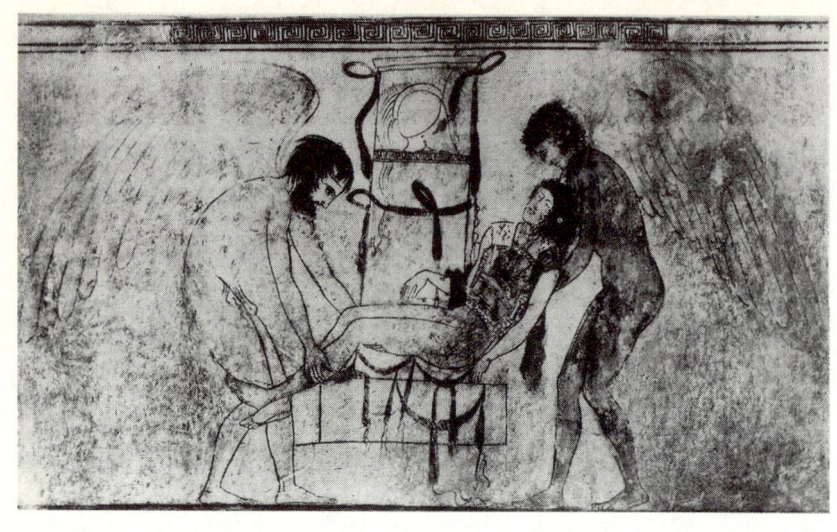

*Thanatos, rechts, und sein Bruder Hypnos betten einen toten Krieger in ein Grab
(5. Jh. v. Chr.)*

Den Tod sehen wir
mit den Augen der Seele

»Ich gehe mein Selbstbild zu schauen«, könnte der nebenstehende tote Krieger Sarpedon auf dem Schlachtfeld von Troja als letztes Wort gesagt haben. Dann trugen ihn die Todesengel fort. Auf der nebenstehenden Vasenmalerei sind es nach der altgriechischen Vorstellung Hypnos (= der Schlaf) und Thanatos (= der Tod), die als geflügelte Engel diesen Toten entfernen. Wir sehen rechts auf dem Bild die geflügelte dunkle Gestalt des Thanatos und links seinen helleren geflügelten Bruder am Fußende des toten Kriegers. In der Mitte des Bildes sehen wir eine Grabstele mit dem stilisierten Kopf des toten Kriegers, der von einem schwarzen Trauerflor umgeben ist. In einem Trauerspiel von Euripides, das 438 v. Christus in Athen uraufgeführt wurde, trat Thanatos als dunkle Gestalt mit einem schwarzen Umhang auf und holte eine totgeweihte Frau ab. In dieser Funktion als abholender Todesengel tritt Thanatos in der Folgezeit in vielen Bildern und Todesträumen in Erscheinung.

Im späteren christlichen Kulturbereich findet sich ein ähnlicher Bildtypus: Die Engel Raphael und Gabriel tragen die Seele des Toten in Abrahams Schoß und in die himmlische Welt. Auch wenn die Namen und Vorstellungen wechseln, scheinen die gleichen Urbilder im Angesicht des Todes in Erscheinung zu treten und bei den Menschen eine Hoffnung auf ewige Glückseligkeit zu erwecken. Ähnliches wird uns in dem biblischen Gleichnis von dem reichen Mann und vom armen Lazarus erzählt: »Als nun der Arme starb wurde er von den Engeln in Abrahams Schoß getragen« (Lukas 16,22). In der Seele vieler Menschen scheint es eine Sehnsucht nach dieser ewigen Geborgenheit zu geben. Dazu gehört auch die Vorstellung, im Tode mit den Augen der Seele seine eigentliche Urgestalt und das persönliche heile Selbstbild zu schauen. In der griechischen Vasenmalerei ist dies auf der Säule angedeutet. Neben den Gestalten auf der horizontalen Ebene des Bildes gilt es die angedeutete lichte Gestalt auf der Säule in der vertikalen Richtung besonders zu beachten und deren hintergründige Bedeutung zu sehen. Die Symbolik der Säule zeigt eine Verbindung von oben und unten, zwischen Erde und

Himmel, von Leben und Tod an. In diesem Zwischenzustand nach dem Tod sehen wir mit den Augen der Seele unser wahres Selbstbild. Diese Schau der Seele nach dem Tod, wenn die Seele losgelöst von ihrer körperlich-physischen Existenz ist, ist auf der Säule dargestellt. Unser unbekannter Maler teilt also die Auffassung der altgriechischen Philosophen Heraklit und Plato von der imaginativen Schau der Seele, die dann schaut, was sie in diesem Leben geglaubt hat.

Diese zukünftige Vision können wir auch in uns erwecken und stärken durch die folgenden Affirmationen:

Nach dem Tode sehe ich mit den Augen der Seele.

Ich werde nach dem Tod mein wahres Urbild schauen.

Dann werde ich ganz im Bilde sein.

Vielen Menschen in der Gegenwart ist dieser Name durch die Thanatologie bekannt geworden, die ein interdisziplinäres Forschungsgebiet bezeichnet und sich mit Fragen des Sterbens und des Todes befaßt.

Bevor ich Beispiele und weitere Ausführungen dazu bringe, möchte ich den Begriff des Komplexes definieren. Ein Komplex ist nach tiefenpsychologischem Verständnis ein autonomes Energiefeld im Unbewußten mit starken Gefühlen, die andauernd das Seelenleben beeinflussen. Im Hinblick auf die vielgestaltigen Lebensprobleme sprechen wir z.B. von einem Minderwertigkeits- oder von einem Machtkomplex, von einem Sexual- oder einem Elternkomplex und benennen damit die besonderen Ursachen des jeweiligen Energiefeldes. Für den Thanatos-Komplex bilden der Tod und die damit verbundenen Todesängste, Gefühle und Erfahrungen, die stichwortartig in meinem Modell zusammengefaßt sind, die Ursache.

Wichtige Anregungen zur Beschreibung dieses Begriffes habe ich von Sigmund Freud, Carl Gustav Jung, Viktor Frankl und anderen Lehrern empfangen. Freud faßte seine Auseinandersetzung mit dem Tod in dem Begriff Todestrieb zusammen; er schreibt darüber, wie sich ihm dieser Begriff zunehmend aufgedrängt habe: »Ich hatte die hier entwickelten Auffassungen anfangs nur versuchsweise vertreten, aber im Laufe der Zeit haben sie eine solche Macht über mich gewonnen, daß ich nicht mehr anders denken kann.«[1] Die hier benannte Macht und Faszination zeigt etwas von den Wirkungen eines Komplexes, der das Denken und Fühlen eines Menschen beeinflußt. Freuds Terminologie über den Todestrieb ist nicht durchgängig einheitlich. Manchmal spricht er von Lebens- und Todestrieben im Plural, manchmal im Singular. Der Todestrieb wird bei ihm auch als Destruktionstrieb bezeichnet. Das Wort Thanatos als Parallele zu Eros hat P. Federn in die tiefenpsychologische Diskussion eingeführt. Später wurde der Todestrieb mit dem Nirwanaprinzip in Beziehung gesetzt, worunter wir – Hinduismus und Buddhismus folgend – eine totale Auflösung des Leibes und Lebens und einen höchsten Zustand der Glückseligkeit und des Friedens zu verstehen haben. In diesem Nirwana wird das Ego aufgelöst, so daß die Individualität erlischt und das Selbst mit dem Gottesbild verschmilzt. Wer das Nirwana erlangt, ist frei vom Kreislauf der Wiedergeburt.

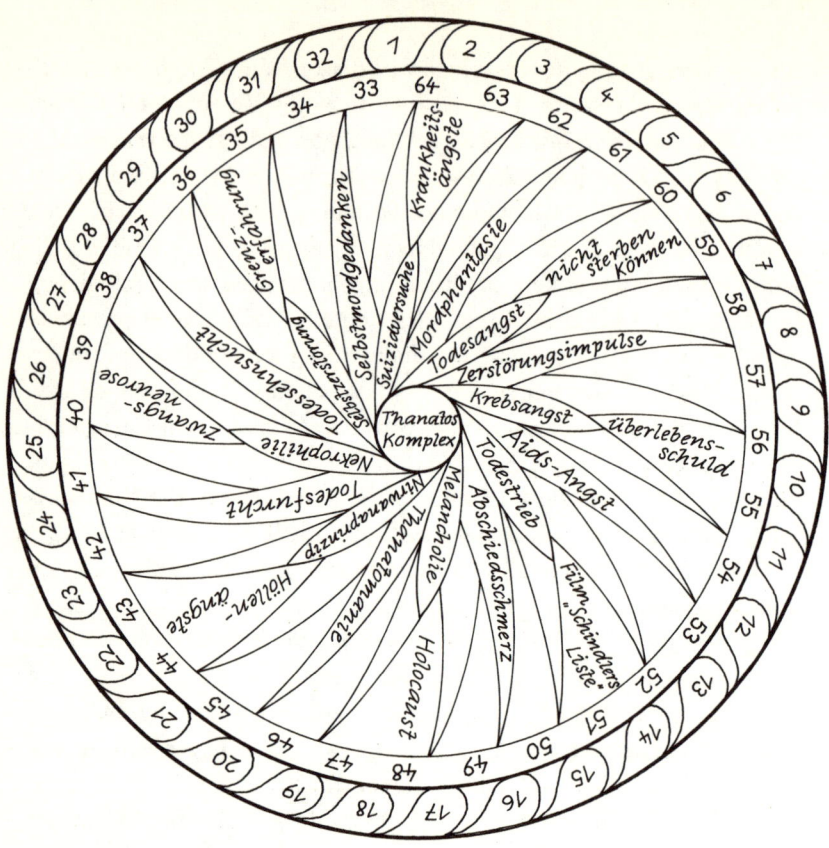

The wheel contains the following labels (clockwise from top) around the central "Thanatos Komplex":

Krankheits-ängste, Mordphantasie, nicht sterben können, Zerstörungsimpulse, Krebsangst, überlebens-schuld, Aids-Angst, Film-"schindlers Liste", Abschiedschmerz, Todestrieb, Melancholie, Holocaust, Thanatomanie, Höllen-ängste, Todesfurcht, Nekrophilie, Zwangs-neurose, Todessehnsucht, Nihilistische-störung, Suizidversuche, Selbstmordgedanken, Grabesfaszination, Todesangst

Modell für den Thanatos-Komplex

*I*n der gegenwärtigen Zeitenwende wirkt der Thanatos-Komplex in vielen Menschen wie eine psychodynamische Zeitbombe. In zahlreichen Lebenskrisen oder tödlichen Krankheiten bricht dieser Todeskomplex eruptiv und unerwartet aus wie ein Vulkan. Darüber hinaus erschüttert dieser seelische Kernkomplex etwa alle sechs bis sieben Jahre in unterschiedlicher Stärke jeden Menschen und verursacht eine oder mehrere Störungen, die in obigen Stichworten kurz benannt sind und in den folgenden Kapitel ausführlicher beschrieben werden.

Wenn mehr als vier bis sechs Stichworte für Sie zutreffen, sollten Sie sich um eine therapeutische Bearbeitung Ihres Todeskomplexes bemühen.

Bei C.G. Jung begegnen wir einer anderen Auffassung des Todes, der die zentrale Größe und das Ziel im Individuationsprozeß des Menschen darstellt. Dazu schreibt Jung in seinem Aufsatz »Seele und Tod«: »Von der Lebensmitte an bleibt nur der lebendig, der mit dem Leben sterben will. Denn das, was in der geheimen Stunde des Lebensmittags geschieht, ist die Umkehr der Parabel, die Geburt des Todes. Das Leben der zweiten Lebenshälfte heißt nicht Aufstieg, Entfaltung, Vermehrung, Lebensüberschwang, sondern Tod, denn sein Ziel ist das Ende.«[2] Für Jung ist der Tod nicht ein sinnloses Aufhören des Lebens, sondern sein Ziel und die Sinnerfüllung des Lebens. Wenn ein Mensch diese Grundtatsache des Lebens verleugnet und versucht, sie total aus seinem Bewußtsein zu verdrängen, dann können seelische Schwierigkeiten und neurotische Störungen die Folge sein. Die Todesängste und Todesgedanken, die aus dem Thanatos-Komplex hervorgehen, beschäftigen einen Menschen in seinen Phantasien, Imaginationen und Träumen. Bei diesen Menschen häufen sich dann im Lufe der Jahre die Todesgedanken zunehmend und in erstaunlichem Maße.

Da die Seele eine natürliche Affinität zum Tode besitzt, bereitet sie den Menschen oftmals lange Zeit vor, bevor der wirkliche Tod eintritt.

Der Thanatos-Komplex wirkt besonders grausam in allen Formen von Ängsten und Angstneurosen, seelischen Zwängen und Zwangsneurosen. Für diese Zerrformen des Seelenlebens besitzen die Krankheits- und Todesängste mehr Realität als das Leben selber sowie dessen Wachstumskräfte und die Persönlichkeitsentwicklung. Nach dem Psychotherapeuten von Gebsattel hat die Welt der Zwangskranken und derer, die unter Todesängsten leiden, folgenden Grundcharakter: »Sie ist die Verwandlung von allem in Bedrohung, Schrecken, Gestaltlosigkeit, Unreinheit, Verwesung und Tod. Sie ist dieses aber nur durch einen magischen Sinn, der der negativ werdende Gehalt des Zwangsphänomens als solchem ist: eine bezwingende, wenn auch als absurd begriffene Magie.«[3] Diese magisch erscheinende Wirklichkeit voller Absurditäten und Todesangst habe ich in den zurückliegenden 20 Jahren in zahlreichen Analysen und psychotherapeutischen Prozessen kennengelernt.

Zeichnung der Patientin Irma

Der Thanatos-Komplex
bei seelischen Zwängen

*B*ei Todesängsten von Menschen sind oftmals auch seelische Zwänge oder eine Zwangsneurose zu finden. Nach therapeutischen Erfahrungen versuchen Menschen mit ihren vielgestaltigen Zwangsritualen die Todesängste zu strukturieren und damit den dahinterstehenden Thanatos-Komplex zu unterdrücken. Diese Wirkungszusammenhänge zwischen Todesängsten und Zwängen möchte ich mit den beiden gemalten Träumen meiner 52jährigen Patientin Irma (Pseudonym) verdeutlichen, die wegen ihrer Zwangsneurose bei mir in Behandlung war. Nach ermutigenden und hoffnungsvollen Fortschritten in der Therapie erlebte Irma nach etwa vier Monaten einen gewissen Rückfall in ihre alten Ängste und verstärkte daraufhin ihre Zwangshandlungen.

Die Beziehung zu ihrem Ehemann erlebte die Patientin wie abgestorben. Ihre Seele spiegelt diese Empfindungen im Traum in dem Bild mit den zwei Särgen wieder. Die Särge standen im Hof der ersten Wohnung der Patientin, in der sie mit 18 Jahren ihr gemeinsames Eheleben mit ihrem Mann begann. Ferner stand dort ein Notenständer mit Noten, nach denen sie sang. Dann ging sie im Traum in einem schwarzen Hochzeitskleid die Treppe hoch ins Schlafzimmer. Auf dem Tisch stand dort ein Strauß mit Rosen. Eine davon ließ ihre Blätter fallen. Das schwarze Hochzeitskleid erinnert die Patientin an ihr reales Hochzeitskleid, das sie wegen ihrer sogenannten Muß-Heirat damals in ihrer strengen katholischen Gemeinde zur Trauung tragen mußte. Im Traum wußte Irma, daß die roten Rosen für sie bestimmt waren. Sie erzählt dazu: »Irgendwo gibt es noch gute Gedanken und Liebe für mich. Die rote Rose, die ihre Blätter fallen ließ, ist ein Warnsignal für mich. Ich weiß jetzt, daß ich selbst etwas tun muß, damit sich mein Zustand nicht weiter verschlimmert.«

Das zweite Bild zeigt, wie sich der seelische Zustand und die Ängste der Patientin im Verlaufe der weiteren Therapie verschlimmern. Die Schlangen im Traum und Begegnungen mit Schlangen in der Realität oder mit überfahrenen toten Tieren bereiten Irma Höl-

Zeichnung der Patientin Irma

lenqualen. Es stellen sich dann die Zwangsgedanken ein, daß diese Tiere Tollwut haben könnten und sie dadurch infiziert würde und sterben müsse. Ähnlich wie in dem ersten Bild stellt sich die Patientin hier als junge Frau dar, deren Unterkörper jedoch noch ganz im Erdboden steckt und ein Sinnbild dafür ist, daß die Patientin alle sexuellen Empfindungen und Gefühle, die im Bereich des Unterleibes wahrnehmbar werden, verdrängt und nicht wahrhaben will. Die Schlangen symbolisieren diese Triebregungen, die ihr einerseits orgiastische Empfindungen vermitteln und andererseits Ängste auslösen. Die zwei größeren Schlangen im Vordergrund sind Kreuzottern und werden mit ihren Eltern in Beziehung gebracht. Die drei kleineren dunklen Schlangen und die drei kleinen Schlangen im Hintergrund symbolisieren für Irma ihre drei Töchter. So wie die eine Schlange ihr besonders nahe ist, so fühlt sich die Patientin mit einer Tochter besonders herzlich verbunden. Dieser Traum spielt in einer Höhle, die im Hintergrund mit den herabhängenden Felsbrocken angedeutet ist. Es ist ein Sinnbild für die innere und reale Lebenssituation von Irma. Sie fühlt sich vom Leben isoliert und geht nicht unter die Menschen. Am liebsten zieht sie sich in ihr Zimmer und ihre Welt zurück. Der schon des öfteren angesprochene Thanatos-Komplex ist die tiefere Ursache für die Todesängste der Patientin.

*

Besonders die längere therapeutische Begleitung von einigen Patienten mit einer Zwangsneurose hat dazu geführt, diese furchterregende Todeswelt kennenzulernen, deren Kernelement der genannte Thanatos-Komplex ist. Ein Beispiel für die hier angesprochenen Todesängste sind die beiden Zeichnungen meiner Patientin Irma, die unter einer Zwangsneurose mit Todesängsten leidet.

Neben den therapeutischen Einzelschicksalen habe ich durch die langjährige Rundfunksendung »Mit dem Sterben leben« in etwa 150 Gesprächen zahlreiche weitere Aspekte des Themas behandeln können: Seit nahezu zwei Jahrzehnten führe ich jeweils am Totensonntag im Ratgeber Lebensfragen beim Südwestfunk Live-Gespräche zu diesem Thema, in dem viele Anruferinnen und Anrufer von ihren Ängsten vor dem Tod, von ihren Erfahrungen der Sterbebegleitung und den Trauerprozessen nach dem Tod eines lieben Angehörigen berichten. Aus der Fülle dieser Beispiele greife ich exemplarisch die Todesangst einer Frau heraus; die seelischen Zwänge im Hintergrund konnten ebenfalls herausgearbeitet werden. Die 40jährige Anruferin schildert zunächst verschiedene Beispiele für ihre Angst vor dem Tod. Sie habe nicht nur Angst vor toten Menschen auf dem Friedhof, sondern auch vor toten Tieren. Wenn in ihrer Familie oder in ihrem Bekanntenkreis jemand stirbt, dann kann sie dieses Sterbezimmer niemals mehr betreten. Auf meine Nachfrage, ob sie in früheren Lebensjahren oder in der Kindheit auch schon solche Todesängste gehabt habe, berichtet die Anruferin, daß sie in der Kindheit in ihren Tagträumen oftmals an der gegenüberliegenden Wand Totenköpfe gesehen habe, die immer größer wurden und in bedrohlicher Weise auf sie zukamen. Besonders schlimm seien diese Erscheinungen dann gewesen, wenn sie alleine im Bett sein mußte, weil ihre alleinerziehende Mutter arbeiten mußte. In den letzten Jahren sei es für sie besorgniserregend, daß ihre elfjährige Tochter ebenfalls solche Ängste vor dem Tod entwickelte. Schon bei Halsschmerzen oder einer geringfügigen Krankheit habe die Tochter die Vorstellung, daß sie daran sterben könne. Die Anruferin wollte wissen, ob sie ihre eigenen Todesängste gefühlsmäßig und seelisch übertragen könne auf die Tochter und was wohl die Ursachen ihrer eigenen Ängste sein könnten.

In unserem Gespräch konnte ich herausfinden, daß derartige Todesängste tatsächlich von einer Generation zur nächsten weitergegeben wurden. Mit einem gewissen Erschrecken wurde der Frau bewußt, wie stark sie selber die Ängste ihrer eigenen Mutter in ihrer Seele aufgenommen hatte und in ihrem Lebensgefühl davon bestimmt wurde. Besonders betroffen machte sie, daß ihre elfjährige Tochter in gleicher Weise die Angst vor dem Tod entwickelte und fortsetzte. Die übertriebene Angst vor toten Tieren, vor Leichen und vor dem Friedhof kann ein wichtiges diagnostisches Erkennungszeichen für seelische Zwänge oder gar für eine Zwangsneurose sein. Als ich diese Frau behutsam danach fragte und dafür einige weitere Merkmale nannte, wie z.B. Kontrollzwänge, Denkzwänge, Waschzwänge, pedantische Ordnungszwänge, Sauberkeitszwänge usw., bejahte sie spontan und war sehr erstaunt über die Zusammenhänge zwischen ihren Todesängsten und ihren seelischen Zwangsmechanismen. Der Frau und ihrer Tochter wurden eine Therapie zur Bewußtmachung und Bearbeitung der genannten Thematik angeraten.

Wenn Sie ebenfalls unter starken Todesängsten zu leiden haben, wenn Ihnen zum Beispiel die Begegnung mit toten Menschen und Tieren außergewöhnlich starke Ängste erweckt, mögen Sie die seelischen Ursachen und Hintergründe erforschen oder mit Hilfe eines Therapeuten oder Psychiaters aufdecken und sich über Behandlungsmöglichkeiten beraten lassen. Unser Beispiel konnte deutlich machen, daß die genannten Todesängste und der dahinterstehende Thanatos-Komplex nicht ein isoliertes Wirkfeld im Unbewußten sind, sondern häufig auch mit neurotischen Phänomenen verbunden sind, wie zum Beispiel mit seelischen Zwängen. Nach einigen Statistiken leiden zwischen fünf bis acht Prozent der Bevölkerung an seelischen Zwängen oder sogar an einer Zwangsneurose; dies zeigt bereits die große Zahl der Menschen an, die aufgrund ihrer Zwangsstruktur an Ängsten vor dem Tode zu leiden haben.[4]

Wesentlich höher ist die Anzahl der depressiven Persönlichkeiten[5], denen auf diesem seelischen Erlebnishintergrund die Gedanken an den Tod oder die Konfrontation mit einem Todesfall in der Familie oder im Freundeskreis panische Todesängste bereiten können. Wenn dann noch, wie in dem nachfolgenden Beispiel geschildert wird, die

Mitschuld an drei Todesfällen bei einem selbstverursachten Verkehrsunfall verarbeitet werden muß, dürften die Depressionen und die Schuldgefühle des 45jährigen Mannes verständlich werden. Betroffen schilderte er in dem Rundfunkgespräch am Totensonntag, wie er im Verlaufe seines Lebens dreimal mit dem Tod konfrontiert wurde. Mit neun und mit einundzwanzig Jahren hatte er eine Gehirnhautentzündung, die beinahe tödlich ausgegangen wäre. Als er dann diesen Autounfall verursachte, lag er drei Monate im Koma; es war lange Zeit ungewiß, ob er wieder zum Leben käme. Nachdem er sich etwas erholt hatte und wiederholt fragte, wie es seinen drei Freunden ginge und warum sie ihn nicht besuchten, wurde ihm auf sein Drängen hin schonend von den Ärzten und Schwestern nahegebracht, daß sie an den Folgen des Unfalls verstorben seien. Dies löste bei dem Manne einen Schock und in der Folgezeit Schuldgefühle und Depressionen aus.

Besonders schockierend waren für ihn die wiederkehrenden Alpträume, in denen ihm die toten Freunde erschienen und immer aufs neue das Trauma des Unfalls inszeniert wurde. Er brauchte etwa sieben Jahre, um wieder richtig laufen und sprechen zu lernen. Die immer erschütternden Alpträume werden nach meiner Auffassung von dem Thanatos-Komplex gespeist, der wie eine unterirdische Quelle die realen Seelenqualen und Schuldgefühle dieses Mannes beeinflußt. Bei der ganzen Tragik und Leidensgeschichte dieses Menschen war es für mich besonders eindrucksvoll zu hören, wie er in den Monaten seiner Genesung unermüdlich mit dem Pflegepersonal, seinen Angehörigen und den Ärzten über seine Todeserfahrungen sprach und seine Todesängste in Worte zu kleiden versuchte. Im nachhinein ist er selber erstaunt, daß er wieder aus dem Koma erwachte und durch unermüdliches Üben (natürlich auch mit vielen Rückfällen) wieder auf die eigenen Beine gekommen ist.

Wir können an diesem Beispiel erkennen und lernen, wie hilfreich und wichtig es ist, nach einem Unfall oder einer anderen Todesgefahr darüber mit anderen Menschen zu sprechen. Was jemand ausspricht, kann sich im Unbewußten nicht einnisten und wie ein Krebsgeschwür das Seelenleben zerfressen. Das Beispiel lehrt uns ferner, wie die Mitschuld am Tod eines (oder einiger) Menschen nicht nur Schuldgefühle und Depressionen verursacht, sondern darüber hinaus auch das seelische Erleben durch den Ausbruch des Thanatos-Komplexes die Lebenskraft und die Lebensqualität beeinträchtigt und an den Nerven zehrt.

Genauso tragisch wie die erwähnten Fälle ist das innere Erleben all jener Soldaten und Kriegsheimkehrer, die auch 50 Jahre nach Kriegsende die Hölle von Stalingrad oder in anderen Frontabschnitten nicht vergessen können und in ihren Alpträumen fortwährend daran erinnert werden. Unvergeßlich ist mir der erschütternde Bericht von einem 62jährigen Rußlandheimkehrer in der Erinnerung haften geblieben, der seit 40 Jahren von Zeit zu Zeit immer wieder den gleichen Alptraum hat, wie er von seinem brennenden Panzer abspringt und sich im Schnee wälzt, um seine brennende Uniform zu löschen. In solchen Nächten hört er dann auch die panischen Angstschreie seiner Kameraden, die nicht mehr den brennenden Panzer verlassen konnten. Nachdem er durch die schmerzenden Brandwunden einer Ohnmacht nahe war, überfiel ihn eine zweite Todesangst, weil er einige Gewehre von Russen auf sich gerichtet sah und nicht abschätzen konnte, ob sie ihn erschießen würden oder gefangennehmen wollten. Wie durch ein Wunder überlebte er, doch der Schock und die Todesangst haben sich unheilbar in seine Seele eingegraben, und die Alpträume und der darin wie ein Vulkan aufbrechende Thanatos-Komplex werden wohl erst mit dem Tode zur Ruhe kommen. Das Schicksal teilt dieser Mann mit Tausenden von Kriegsheimkehrern, die nach 50 Jahren in ihren Todesträumen immer aufs neue jene schreckliche Todesbedrohung in der Hölle von Stalingrad oder an einer anderen Front des Zweiten Weltkrieges durchleiden und damit zu Zeugen werden für die unheimliche Macht und Wirkung des Thanatos-Komplexes.

Albrecht Dürer, Melencolia (1514)

Einsichten in den Thanatos-Komplex
mit Dürers »Melencolia«

*D*er Kupferstich »Melencolia« von Albrecht Dürer (1471-1528)
aus dem Jahre 1514 zählt zu den bekannten Meisterwerken der älteren
deutschen Kunst. Die außerordentliche Wirkungsgeschichte dieses
Stichs und die unzähligen widersprüchlichen Deutungen dieser sym-
bolträchtigen Darstellung machen für meine tiefenpsychologische
Deutung verständlich, wie vielgestaltig die Auseinandersetzung und
der Umgang mit melancholischen Stimmungen sein können. In vielen
kunstgeschichtlichen Deutungen werden die bekannten Stiche »Ritter,
Tod und Teufel« als vita activa, »Hieronymus im Gehäus« als vita
contemplativa und die »Melencolia« als imaginative und rationale
Weltsicht gedeutet. Die menschlichen Gestalten, Figuren und Sinnbilder der Melencolia sind nicht eindeutig, sondern vieldeutig und
verweisen wie alle archetypischen Symbole auf ein geheimnisvolles
Jenseits der Wirklichkeit. So ist zum Beispiel nicht eindeutig zu sagen,
ob die große sitzende Figur in der rechten Bildhälfte eine Frau oder
ein Mann ist, ein Engel oder ein Genius. Mit ihren Flügeln berührt
diese Symbolgestalt das Stundenglas und das magische Zahlenquadrat
und regt damit zum Nachdenken über das Geheimnis von Zahl und
Zeit an, sowie dazu, welche Stunde dem Betrachter wohl geschlagen
hat. Auch von dem auf einem Mühlstein sitzenden Kind ist nicht
eindeutig zu sagen, ob diese kleine geflügelte Figur ein unschuldiges
Kind ist, ein Dämon oder das zweite Ich der großen Gestalt, die
»aufschreibt«, was in der melancholischen Versenkung von der großen Gestalt gesehen, gehört oder geahnt wird. Ähnlich mehrdeutig
ist das Tier, das das Transparent mit der Aufschrift »Melencolia«
trägt. Ist es eine Fledermaus oder eine Echse, wie manche meinen,
oder ein Fabelwesen oder ein Drache, der dem Saturn zuzuordnen
wäre? Der Bogen im Hintergrund könnte ein Regenbogen sein, der
nach biblischer Deutung ein Symbol des Friedens ist und die Sehnsucht bekundet, nach der leidvollen Melancholie wieder seine Balance
im Leben und seine Zufriedenheit zu finden.

Als nächsten Schritt zur persönlichen Begegnung mit der Melencolia möchte ich Sie anregen, auf dem Bild die verschiedenen Du-

plizitäten der Gestalten und Symbole zu entdecken und sie zueinander in Beziehung zu setzen und sich über deren Bedeutung eigene Gedanken zu machen. Im Hinblick auf die Auseinandersetzung mit Sterben und Tod und speziell mit dem Thanatos-Komplex möchte ich abschließend einige symbolpsychologische Deutungen versuchen. Ich gehe dabei von der allgemein menschlichen Erfahrung aus, daß wir von der Mitte des Lebens an bewußt oder unbewußt von dem Tod umfangen werden (Dürer war bei dem Stich seiner Melencolia 43 Jahre alt). Die Wahrnehmung des Todes stimmt melancholisch und löst bei vielen Menschen eine Depression aus. Zugleich ist es die Möglichkeit, bisher unterdrückte Ängste und Todeserfahrungen aus der Kindheit mit Hilfe der bewußten Lebenserfahrungen erneut zu bearbeiten und sich damit mit dem Thanatos-Komplex auseinanderzusetzen. Was die Melancholie, die Depression oder die Todesängste im Hinblick auf den Thanatos-Komplex anordnen und an unterschwelligen angstbesetzten Wirkungen auslösen, versucht Dürer mit den verschiedenen Symbolen für sich und die Betrachter zu ordnen und zu strukturieren. Besonders ab der zweiten Lebenshälfte dürfte dieser Kupferstich von Dürer eine Hilfe sein, sich mit dem Tod auseinanderzusetzen und heilende Sinnbilder für ein ganzheitliches Leben zu finden.

Affirmationen:

Angesichts des Todes brauche ich nicht melancholisch und schwermütig zu werden.

✳

In der Auseinandersetzung mit dem Tod entdecke ich mein inneres (Seelen-)Kind.

✳

»Mitten wir im Leben sind von dem Tod umfangen« (Lied von Martin Luther).

Seelische Auswirkungen des Holocaust auf die nachfolgenden Generationen

Nachdem seit Jahrzehnten Erfahrungsberichte von Überlebenden der Konzentrationslager vorliegen, und die erschreckenden Dokumentationen über den Holocaust sowie der vielgesehene Film »Schindlers Liste« uns die Höllenqualen der Betroffenen vor Augen führen, haben wir genug erschreckende Aussagen der gemarterten Menschen und über ihre gequälten Seelen. Sie können uns den Thanatos-Komplex verdeutlichen. Stellvertretend für die Millionen Betroffenen möchte ich einen Überlebenden, den KZ-Häftling mit der Nr. 119104, herausgreifen. Es ist der später bekannt und berühmt gewordene Psychiater und Psychotherapeut *Viktor Frankl,* der Begründer der Logo-Therapie. Aus seinem Ehrfurcht gebietenden Lebensbericht als Häftling in Auschwitz und in andern Konzentrationslagern fasse ich einige Passagen zusammen, die das Stigma des Thanatos-Komplexes erhellen können. Seine Ankunft im Vernichtungslager Auschwitz und den damit ausgelösten Schock schildert Frankl wie folgt:

»Plötzlich ein Aufschrei aus der ängstlich wartenden Menge der Leute im Waggon: ‹Hier eine Tafel – Auschwitz›: Wohl jeder muß in diesem Augenblick fühlen, wie das Herz stockt. Auschwitz war ein Begriff, war der Inbegriff von undeutlichen, aber dadurch nur um so schreckhafteren Vorstellungen von Gaskammern, Krematoriumsöfen und Massentötung! Der Zug rollt langsam weiter, so, als ob er die unselige Menschenfracht, die er führt, nur allmählich und gleichsam schonend vor die Tatsache stellen wollte: ‹Auschwitz›: Jetzt sieht man schon mehr: In der fortgeschrittenen Morgendämmerung nimmt man rechts und links von der Strecke kilometerweit bereits die Umrisse eines Lagers von ungeheuren Dimensionen wahr. Endlose mehrfache Stacheldrahtumzäunungen, Wachtürme, Scheinwerfer und lange Kolonnen verlumpter, mit Fetzen umgebener Menschengestalten, grau im Grau der Dämmerung und langsam müde sich dahinwälzend durch öde, schnurgerade Lagerstraßen – niemand weiß wohin.«[1]

Nach der traumatisierend erlebten Aufnahme im KZ Auschwitz schildert Frankl dann weitere schockierende Einzelheiten des grauenvollen Lagerlebens. Frankls Erlebnisse sind für unser Thema insofern besonders eindrucksvoll, weil er diese traumatischen Erfahrungen und die fortwährende Todesbedrohung als geschulter Psychologe und durch die Brille eines Psychiaters schildert und damit die seelischen Tiefenwirkungen des KZ auf die Menschen besonders scharf ins Auge faßt. Im weiteren Verlaufe berichtet Frankl dann, wie ihm und allen anderen Häftlingen nichts blieb als die nackte Existenz.

»Während wir noch auf die Dusche warteten, erleben wir so recht unser Nacktsein: daß wir jetzt wirklich gar nichts mehr haben außer diesen unseren nackten Körper (unter Abzug der Haare), daß wir jetzt nichts mehr besitzen außer unsere nackte Existenz. Was ist noch als äußerliches Bindeglied zu unserem früheren Leben geblieben? Mir z.B. die Brille und der Gürtel; ihn freilich mußte ich später gegen ein Stück Brot eintauschen. Wer ein Bruchband hatte, für den gab es abends noch eine kleine Sonderaufregung: der Blockälteste unserer Baracke hielt eine Begrüßungsansprache, in der er ‹ehrenwörtlich› versicherte, denjenigen, der in seinem Bruchband ‹Dollars› oder ‹Edelmetall› eingenäht hätte, höchstpersönlich ‹an diesem Balken da› (er zeigte hin) aufzuhängen; stolz erklärte er, daß er als Blockältester hierzu das Recht besitze.«[2]

Frankl läßt uns teilhaben an der hautnahen Nähe des Todes und die damit in der Seele unauslöschlich eingeprägten Erinnerungen an die Welt des Todes, der existentiellen Lebensbedrohung und letztlich der traumatischen Entwicklung des Thanatos-Komplexes:

»Eine Zeitlang lag ich in einer Fleckfieberbaracke, inmitten durchwegs hochfiebernder und deliranter Patienten und vieler unter ihnen, die sterbend waren. Wieder ist einer gerade gestorben. Was geschieht, zum x-ten Male – zum x-ten Male eben, ohne eine Gefühlsreaktion noch auslösen zu können? Ich sehe zu, wie sich ein Kamerad nach dem anderen an die noch warme Leiche heranmacht; der eine ergattert die übriggebliebenen verdreckten Kartoffeln vom Mittagessen, der andere hat festgestellt, daß die Holzschuhe an der Leiche doch noch etwas besser sind als die, welche er selber trägt, und tauscht die Paare aus; ein dritter unternimmt das gleiche mit dem Rock des Toten, ein weiterer schließlich ist froh, daß er sich einen – man denke: echten! – Spagat sichern kann. Teilnahmslos sehe ich dem zu. Endlich raffe ich mich auf und trage dem ›Pfleger‹ auf, die Leiche aus der Baracke (einer Erdhütte) hinauszuschaffen. Sobald er sich dazu entschließt, packt er den Leichnam an den Beinen, läßt ihn auf den schmalen Mittelgang zwischen den beiden Bretterreihen links und rechts davon – wo die fünfzig Fiebernden liegen – hinabkollern und schleift ihn dann über den holprigen Erdboden zur Barackentür. Dort gibt es zwei Stufen, die hinauf und hinaus ins Freie führen, – immer ein Problem für uns vom chronischen Hunger Ermattete: ohne Zuhilfenahme der Hände, ohne mit ihnen an den Pfosten uns hochzuziehen, können wir alle, seit Monaten im Lager, schon längst nicht mehr mit bloßer Kraft der Beine das eigene Gewicht diese 2x20 cm emporziehen. Jetzt kommt der Mann mit der Leiche. Mühsam schleppt er sich selber und dann den Toten hinauf und hinaus – erst die Füße des Toten, dann den Rumpf, bis schließlich mit einem unheimlichen klappernden Geräusch der Schädel über die zwei Stufen kollert. Unmittelbar darauf wird das Faß mit der Suppe zur Baracke gebracht, die Suppe ausgeteilt und verschlungen. Mein Platz ist gegenüber der Tür, am andern Barackenende, neben dem einzigen kleinen Fenster, das knapp über dem Erdboden liegt. Meine kalten Hände umklammern die heiße Suppenschüssel. Während ich gierig den Inhalt schlürfe, schiele ich zufällig beim Fenster hinaus: draußen gafft der Leichnam, den man soeben hinausgeschafft, mit starren Augen durchs Fenster herein. Vor zwei Stunden habe ich mit diesem Kameraden noch gesprochen. Ich schlürfe die Suppe weiter. Wäre ich nicht quasi aus professionellem Interesse über meine eigene Ungerührtheit selber erstaunt gewesen, dieses Erlebnis wäre mir nicht in Erinnerung geblieben: so wenig gefühlsbetont war das Ganze.«[3]

Frankl schildert weiter, wie er und die anderen Häftlinge in ihren seelischen Reaktionen zunehmend einer Apathie verfallen und in ihrem Gemüt abstumpfen, weil sie das Grauen nicht mehr verkraften können. Der körperliche Schmerz durch die Schläge und die qualvollen Drangsalierungen sind bald nicht mehr das Wesentliche, sondern der seelische Schmerz und die innere Empörung über die vielen Ungerechtigkeiten und Entwürdigungen des Menschen:

»Ein andermal beginnen wir bei minus zwanzig Grad Celsius in einem Wald die oberste, ganz hartgefrorene Erdschicht aufzuhacken; eine Wasserleitung muß gelegt werden. Zu dieser Zeit war ich körperlich schon sehr geschwächt. Der Arbeitsaufseher kommt, pausbackig, rotwangig; sein Gesicht erinnert unbedingt an einen Schweinskopf. Beneidenswert warme Handschuhe hat er an, fällt mir auf, während wir bei dieser grimmigen Kälte ohne Handschuhe dastehen, und eine pelzgefütterte Lederjacke. Eine Weile schaut er mir stumm zu. Ich ahne Böses, weil doch die genau kontrollierbare Menge bereits ausgehobener Erde vor mir liegt. Dann fängt er an: ‹Du Schweinehund! Dich beobacht ich nun schon die ganze Zeit! Dir werd ich das Arbeiten noch beibringen! Und wenn du den Boden mit den Zähnen aufbeißen mußt! Du krepierst hier, dafür sorg ich schon! In zwei Tagen mach ich dich hin! Du hast ja dein Lebtag nicht gearbeitet, das sieht man gleich. Was warst du denn, du Sau? Geschäftsmann? He?› Mir ist schon alles gleich. Seine Drohung, mich in Kürze zugrunde zu richten, muß ich ja ernst nehmen. So richte ich mich auf und sehe ihm fest in die Augen: ‹Ich war Arzt; Facharzt.› – ‹Was? Arzt warst du? Ha, den Leuten hast du das Geld herausgelockt, das glaub ich!› – ‹Herr Arbeitsführer: zufällig habe ich meine Hauptarbeit unentgeltlich geleistet, in Ambulanzen für Arme.› Das war aber zuviel gesagt. Jetzt stürzt er sich auf mich, stößt mich zu Boden und brüllt wie ein Besessener – ich weiß nicht mehr was.«[4]

Im Hinblick auf unser Thema der Alpträume und der Todesträume mit Todesängsten ist es von Interesse, was Frankl über die Träume der Häftlinge im KZ mitteilt:

»Wovon träumt der Lagerinsasse am häufigsten? Er träumt von Brot, von Torten, von Zigaretten und von einem guten, warmen Wannenbad. Der Fortfall einer Befriedigung der entsprechenden primitivsten Bedürfnisse läßt ihn deren Erfüllung im primitiven Wunschtraum erleben. Was dieses Träumen dem Träumer antut, wenn er zur Wirklichkeit des Lagerlebens erwacht und den schrecklichen Kontrast zwischen Traumillusion und Lagerwirklichkeit empfindet, ist eine Sache für sich. Ich werde jedenfalls nie vergessen, wie ich eines Nachts dadurch geweckt wurde, daß der neben mir schlafende Kamerad, sichtlich unter der Einwirkung irgend eines schreckhaften Alptraumes, laut stöhnend sich herumwälzte. Ich will hierzu vorerst noch bemerken, daß ich persönlich seit je ein besonderes Mitleid für Menschen empfinde, die irgendwie von ängstlichen Wahn- oder Traumvorstellungen gequält werden. So war ich schon nahe daran, meinen armen, vom Alp geplagten Kameraden zu wecken. In diesem Augenblick erschrak ich über meinen Vorsatz und zog auch schon die Hand wieder zurück, die den Träumer wachrütteln sollte. Denn in diesem Augenblick war mir so ganz intensiv zu Bewußtsein gekommen, daß kein Traum, auch nicht der schrecklichste, so arg sein kann wie die Realität, die uns dort im Lager umgab und zu deren wach-bewußtem Erleben jemanden zu erwecken ich im Begriffe war …«[5]

Um den Sinn der von Frankl begründeten Logo-Therapie, nämlich seinem Leben in jeder Situation einen Sinn zu verleihen, noch tiefer zu verstehen, möchte ich folgende Passage einer Ansprache in der Lagerbaracke zitieren. Wie so oft entstand abends eine besonders gereizte Stimmung, auf deren Tiefpunkt sich Frankl zu einer mutmachenden Ansprache aufgerufen fühlte. Obwohl er hungerte und fror, sich schlapp und elend fühlte, sprach er zu den Häftlingen von der Möglichkeit, das Leben mit Sinn zu erfüllen.

»Ich erzählte meinen Kameraden (die ganz still dalagen und sich kaum rührten, höchstens ab und zu ein ergriffenes Seufzen hören ließen) davon, daß menschliches Leben immer und unter allen Umständen Sinn habe, und daß dieser unendliche Sinn des Daseins auch noch Leiden und Sterben, Not und Tod in sich mit einbegreife. Und ich bat diese armen Teufel, die mir hier in der stockfinstern Baracke aufmerksam zuhörten, den Dingen und dem Ernst unserer Lage ins Gesicht zu sehen und trotzdem nicht zu verzagen, sondern im Bewußtsein, daß auch die Aussichtslosigkeit unseres Kampfes seinem Sinn und seiner Würde nichts anhaben könne, den Mut zu bewahren. Auf jeden von uns, sagte ich ihnen, sehe in diesen schweren Stunden und erst recht in der für viele von uns nahenden letzten Stunde irgend jemand mit forderndem Blick herab, ein Freund oder eine Frau, ein Lebender oder ein Toter – oder ein Gott. Und er erwarte von uns, daß wir ihn nicht enttäuschen und daß wir nicht armselig, sondern stolz zu leiden und zu sterben verstehen!«[6]

Frankl beendet schließlich seinen Bericht mit einem Ausblick auf die Zeit nach der Befreiung aus dem Lager und die seelische Befindlichkeit nach der Entlassung. Nach dem Wegfallen der fortwährenden Qualen und der Lebensbedrohung im Vernichtungslager oder in einem anderen Lager drohen den Betroffenen neue Gefahren für ihre seelische Befindlichkeit: »… die Verbitterung und die Enttäuschung des Menschen, der als freier in sein altes Leben zurückkehrt. – Die Verbitterung wird hervorgerufen durch so manche Erscheinungen des öffentlichen Lebens innerhalb des Rahmens, der die frühere Umwelt des aus dem Lager Entlassenen ausmacht. Wenn so ein Mensch heimkehrt und feststellen muß, daß man ihm hier und da mit nichts Besserem als Achselzucken oder billigen Phrasen gegenübertritt, dann bemächtigt seiner nicht selten eine Verbitterung, die ihm die Frage aufdrängt, wozu er eigentlich alles erduldet hat. … Anders liegen die Dinge beim Grunderlebnis der Enttäuschung. Hier ist es nicht der Mitmensch, über dessen Oberflächlichkeit oder Herzensträgheit man schließlich einfach so entsetzt ist, daß man sich am liebsten nur verkriechen möchte, um von der Mitwelt nichts mehr sehen und hören zu müssen … Hier, im Erlebnis der Enttäuschung, ist es das Schicksal, dem gegenüber der Mensch sich ausgeliefert fühlt; der Mensch nämlich, der nun durch Jahre geglaubt hat, den Tiefpunkt möglichen

Leidens erreicht zu haben, jetzt aber feststellen muß, daß das Leid irgendwie bodenlos ist, daß es anscheinend keinen absoluten Tiefpunkt gibt: daß es mit einem immer noch tiefer, noch immer bergabgehen kann ...«[7]

Ich habe die Leidensgeschichte von Frankl hier deswegen ausführlicher dargestellt, weil sie für mich ein besonders eindrucksvolles Beispiel ist, wie ein Mensch durch den Glauben an den Sinn des Lebens auch angesichts der fortwährenden Lebensbedrohung sich nicht aufgegeben hat und der Versuchung des Selbstmordes nicht erlegen ist. Ferner sind die geschilderten Erfahrungen für mich ein eindrucksvolles Zeugnis für die Auseinandersetzung mit dem Thanatos-Komplex und dessen Überwindung. Wenn Frankl in den folgenden Jahrzehnten an verschiedenen Universitäten in den USA, mit seinen Vorträgen in aller Welt und durch zahlreiche Bücher über seine Logotherapie diesen großen Erfolg hatte, dann dürfen wir die Initialzündung dafür in seinen Erfahrungen im Konzentrationslager sehen. Auch die beeindruckenden Gespräche Frankls mit seinen Patienten, in denen er sie durch seine ärztliche Seelsorge und Therapie zu ihrer Selbstverantwortung und zur Selbstfindung (Individuation) führte und ihrem Leben Sinn damit vermittelt, diese außergewöhnlichen ärztlichen und therapeutischen Wirkungen haben sicherlich den Ursprung im KZ. Damit belegen Erfahrung und Wirkung dieses großen Logo-Therapeuten den therapeutischen Sinnspruch: »Nur der verwundete Heiler kann wirklich heilen!«

Das Schicksal der Kriegsopfer, die Tragik der KZ-Häftlinge und die Schrecken der Bombennächte des letzten Krieges haben nicht nur das Leben dieser einen Generation beeinträchtigt und beschädigt, sondern wirken sich auch in den Kindern und Kindeskindern dieser Kriegsgeneration negativ aus. In der Familienforschung und vor allem in der Familientherapie wird daher mit einer Mehrgenerationenperspektive[8] gearbeitet, weil die Interaktionsmuster in den gegenwärtigen Patienten und Familien durch deren Herkunftsfamilien vorgeformt und geprägt sind. Die emotionalen Lebensschwierigkeiten und die sozialen Beziehungsschwierigkeiten sind der Ausdruck und die Folge von weitergereichten und weiterwirkenden Problemen aus früheren Generationen.

Nach diesen Erfahrungen und diesem Konzept möchte ich jetzt einige seelische Auswirkungen des Holocaust auf die folgenden Generationen beschreiben. Nach zahlreichen wissenschaftlichen Untersuchungen und therapeutischen Erfahrungen, die inzwischen drei Generationen umfassen, muß leider festgestellt werden, daß die Spuren und Nachwirkungen jener Verbrechen noch heute sichtbar sind und in den seelischen Störungen der nachfolgenden Generationen zum Ausdruck kommen. In Fallbeispielen und Dokumentationen haben Wissenschaftler und Therapeuten aus Deutschland, USA, Israel, Niederlande und anderen Ländern aufzuzeigen versucht, wie die zweite Generation von der furchterregenden Vergangenheit so lange eingeholt wurde, bis diese emotional aufgearbeitet wurde. Es ist tragisch zu sehen, wie das seelisch nicht verarbeitete Trauma unbewußt an die nächste Generation weitergegeben wird und in den seelischen Schwierigkeiten erneut zum Ausbruch kommt. Es dürfte nicht schwerfallen, diese über die Generationen hin weiterwirkenden Todesängste und Phobien als spezielle Auswirkungen des Thanatos-Komplexes zu sehen.

Der bekannte Tübinger Jugendpsychiater Reinhart Lempp stellte in seinen psychiatrischen Untersuchungen und Gutachten bei den Überlebenden des Holocaust, die inzwischen 50 oder 70 Jahre alt geworden waren, fest, daß auch in diesem Alter neue psychische Leiden auftraten, die aus dem Zusammenhang der Verfolgung stammen. Durch seine sorgfältige Beobachtung der Lebensläufe der Betroffenen über 40 Jahre hinweg zeigte sich,»daß sich diese Symptomatik in der Zwischenzeit oft gewandelt hat, mitunter auch nach mehrfachem Wechsel zurück zur Ausgangssymptomatik ging«[9]. Nach den Untersuchungen von Lempp standen in den ersten Monaten und Jahren nach der Befreiung »vor allem vegetative Störungen im Vordergrund wie Kreislaufbeschwerden, Durchblutungsstörungen, Schweißausbrüche, Schlaflosigkeit und vegetative Kopfschmerzen; später folgte dann die Phase einer starken psychischen Symptomatik wie Depressionen, Antriebsstörungen, Angstzustände und Angstträume.«[10]

M.S. Bergmann berichtet, daß bei schwangeren Frauen in Israel, die den Holocaust überlebt hatten,

»während der Schwangerschaft Ängste aufgetreten waren, sich in Hexen zu verwandeln und Monster zu gebären. Zu solchen Ängsten kann es kommen, wenn unbewußt die haßerfüllten Selbstanteile auf das kommende Kind projiziert werden. Solche Ängste können auch funktionelle Sterilität, Fehlgeburten oder Geburtskomplikationen verursachen. Schwere Erkrankungen der überlebenden Eltern während der Schwangerschaft oder im ersten Lebensjahr des Kindes wurden wiederholt dokumentiert.«[11]

Mit den Auswirkungen des Holocaust auf die zweite Generation hat sich auch der deutsche Arzt und Psychoanalytiker Rainer Rehberger befaßt; er beschreibt die wiederkehrenden Angstträume eines betroffenen Mannes:

»Es ist ein Traum im Traum, unterschiedlich in den Details, gleichbleibend in der Substanz. Ich sitze am Familientisch, bin unter Freunden, bei der Arbeit oder in einer grünen Landschaft – die Umgebung jedenfalls ist friedlich, scheinbar gelöst und ohne Schmerz; dennoch erfüllt mich eine leise und tiefe Beklemmung, die deutliche Empfindung einer drohenden Gefahr. Und wirklich, nach und nach oder auch mit brutaler Plötzlichkeit löst sich im Verlauf des Traumes alles um mich herum auf; die Umgebung, die Wände, die Personen weichen zurück; die Beklemmung nimmt zu, wird drängender, deutlicher. Dann ist alles ringsum Chaos, ich bin allein im Zentrum eines grauen wirbelnden Nichts; und plötzlich *weiß* ich, was es zu bedeuten hat – und weiß auch, daß ich es immer gewußt habe: ich bin wieder im Lager, nichts ist wirklich außer dem Lager; alles andere waren nur kurze Ferien, oder Sinnestäuschung, Traum: die Familie, die blühende Natur, das Zuhause. Der innere Traum, der Traum vom Frieden, ist nun zu Ende, der äußere dagegen geht eisig weiter; ich höre eine Stimme, wohlbekannt, ein einziges Wort, nicht befehlend, sondern kurz und gedämpft. Es ist das Morgenkommando von Auschwitz, ein fremdes Wort, gefürchtet und erwartet: Aufstehn, ›Wstawac‹«[12]

Aus dem Traum ist die schreckliche Angst vor der Wiederkehr der Verfolgung zu ersehen. Das furchtbare Ausmaß der Folterung und Verfolgung kann einfach nicht vergessen werden – im Unterschied zu üblichen Trauerprozessen, wenn nach der schmerzlichen Ablösung von einem Verstorbenen dieser schließlich in die Erinnerung aufgenommen werden kann, ohne daß die tiefe Traurigkeit wieder von den Betroffenen Besitz ergreift.

Schließlich möchte ich noch von der amerikanischen Psychologin Eva Fogelmann berichten, die ein spezielles Psychotherapieprogramm für die Generation der Holocaustüberlebenden und für Therapiegruppen mit Angehörigen der Zweiten Generation im Alter zwischen 30 und 40 Jahren entwickelte. Diese Therapeutin fand in ihren Gruppen ein breites Spektrum von Trauernden und Trauerprozessen:

- »Kinder von Überlebenden, die die Notwendigkeit um Menschen zu trauern, die sie nie gekannt haben, verleugneten;
- Kinder, die sich schuldig, wütend und hilflos fühlten angesichts des Leidens ihrer Eltern;
- Kinder, die sich mit den Toten identifizierten, aber nur als Opfer und Leidende;
- Kinder, die sich von dem Holocaust befreien wollten, ihn ein für allemal vergessen wollten, wie es das Kind eines Überlebenden ausdrückte.«[13]

Wichtig erscheint mir, welche Ansätze und Wege zu einer Auseinandersetzung mit diesem tragischen Schicksal und welche Einsichten dabei gefunden wurden, von Heilung noch ganz zu schweigen. Über diesen Prozeß berichtet die Therapeutin:

»Wenn das Schweigen gebrochen war und der Konfrontation mit der Vergangenheit nicht mehr ausgewichen wurde, wurden zunehmend auch intensive Gefühle freigesetzt. Man könnte den Heilungsprozeß beschreiben als eine Transformation von Schmerz, Angst, Wut, Schuldgefühl und Hilflosigkeit in Einsicht, kreative Tätigkeit und moralische Verantwortlichkeit.

In diesem Stadium begannen die Mitglieder oft Schuldgefühle, Wut, Hilflosigkeit und Angst zu entwickeln. Gruppenmitglieder wurden überwältigt von der Intensität ihrer Gefühle. Sie hatten Rachephantasien, die Nazis zu töten und die Zuschauer und die Verantwortlichen mit den Verbrechen und ihrer Passivität angesichts der Gewalttaten zu konfrontieren. Sie ermutigten sich gegenseitig, diese Gefühle in Worte zu kleiden. Die Mitglieder dienten damit untereinander als Muster für bestimmte Rollen und linderten so die Angst vor dem Kontrollverlust und der Traurigkeit.

Anstelle der Verleugnung trat am Ende die konstruktive Verpflichtung, die Erinnerungen festzuhalten. An die Stelle der Identifikation mit dem Leiden und dem Schmerz trat eine positive Identifikation mit den Toten. Identifikation mit den Leiden vergrößerte die Hilflosigkeit und die Isolation. Über die Gruppe entwickelten die Teilnehmer die Fähigkeit, sich weiteren Untersuchungen und der Bewahrung der Erinnerung in der Gegenwart zuzuwenden. Das gab der Beschäftigung mit der Vergangenheit eine positive Bedeutung und weckte neue Energien.«[14]

Die hier benannten Stichworte für den Heilungsprozeß durch die Hinlenkung der Lebensenergien auf positive Ziele beschreibe ich nun mit den folgenden therapeutischen Schritten zur Heilung des Thanatos-Komplexes.

Therapeutische Schritte
zur Heilung des
Thanatos-Komplexes

Bei den therapeutischen Schritten zur Heilung des Thanatos-Komplexes leiten mich ähnliche methodische Überlegungen wie bei der üblichen therapeutischen Behandlung von Komplexen und seelischen Schwierigkeiten, die hier im Hinblick auf den Thanatos-Komplex spezifiziert werden:

1. Die Bewußtwerdung des Thanatos-Komplexes und die Tatsache, daß der Tod am Ende unseres Lebens steht, bilden den ersten Schritt zur Bearbeitung des Problems. Mit dieser Bewußtwerdung beginnt auch bei allen anderen psychoneurotischen Komplexen (wie z.B. Macht-, Gottes-, Sexualkomplex u.a.) die Auseinandersetzung mit den bisher unbewußten Einstellungen. Da während der Zeit der Verdrängung eines Problems diese Inhalte im Unbewußten ein Eigenleben führten, beginnt durch die Bewußtmachung eine Durchdringung von Bewußtsein und Unbewußtem und damit der therapeutische Prozeß. Im Hinblick auf die Heilung von Neurosen formuliert C.G. Jung:

»Für das objektive Verständnis seiner Krankheit und für das Schaffen einer menschlichen Beziehung ist Wissen notwendig – und zwar nicht nur rein medizinisches Wissen, das ein begrenztes Gebiet betrifft, sondern eine umfassende Kenntnis aller Aspekte der menschlichen Seele. Die Behandlung muß mehr erreichen als nur die Auflösung der alten krankhaften Einstellung; sie muß zu einer neuen Einstellung führen, die gesund und lebensfähig ist. Dazu ist eine fundamentale Änderung der Lebensauffassung notwendig. Der Patient soll nicht nur fähig sein, Ursache und Ursprung seiner Neurose zu erkennen, er muß auch das Ziel sehen, dem er zustrebt. Das Krankhafte kann nicht einfach wie ein Fremdkörper beseitigt werden, ohne daß man Gefahr läuft, zugleich etwas Wesentliches, das auch leben sollte, zu zerstören. Unsere Aufgabe besteht nicht darin, es zu vernichten, sondern wir sollten vielmehr das, was wachsen will, hegen und pflegen, bis es schließlich seine Rolle in der Ganzheit der Seele spielen kann.«[1]

Im Hinblick auf den Thanatos-Komplex ist eine wesentliche Erkenntnis, daß der zum Tode führende Komplex in der Regel schon den Impuls zur Wandlung und den Keim des ewigen Lebens in sich trägt.

2. Der nächste aktive Schritt ist die Auseinandersetzung mit dem Sterben und eine bewußte Polarisierung von Leben und Tod mit dem Ziel, diese Gegensätze auf einer höheren Ebene zu einer neuen Gestalt des Lebens zu verbinden. Welche Funktion in diesem Prozeß ein Therapeut oder eine Therapeutin haben, beschreibt C.G. Jung folgendermaßen:

»Wäre die Heilwirkung einzig von der Wiederholung des Erlebnisses abhängig, so könnte das Abreagieren vom Patienten ganz allein, sozusagen als eine Übung, ausgeführt werden. Er würde kein menschliches Gegenüber brauchen, das ihm seinen Affekt abnähme. Das Eingreifen des Arztes ist aber absolut notwendig, und es ist ohne weiteres ersichtlich, was es dem Patienten bedeutet, wenn er sein Erlebnis einem mitfühlenden und verständnisvollen Arzt anvertrauen kann. Sein Bewußtsein findet im Arzt eine moralische Stütze gegen den sonst nicht zu bewältigenden Affekt seines traumatischen Komplexes. Er steht nicht länger allein im Kampf gegen diese elementaren Mächte, sondern ein Mensch, dem er Vertrauen entgegenbringt, steht ihm zur Seite und verleiht ihm dadurch die moralische Kraft, deren er bedarf, um die Tyrannei der unkontrollierten Emotionen zu bekämpfen. Auf diese Weise wird sein Bewußtsein gestärkt, bis er den Komplex zu integrieren vermag und der Affekt schließlich wieder beherrscht werden kann.«[2]

Im Hinblick auf die Auseinandersetzung mit der Todesfrage möchte ich hier auch die Theologen und Seelsorgerinnen einbeziehen, die an den Sterbebetten in den Kliniken oder daheim in den Gemeinden einen wichtigen Dienst leisten. Wünschenswert wäre, wenn sich gerade diese Berufsgruppen noch mehr tiefenpsychologisches Wissen und einige therapeutische Erfahrungen aneignen würden, um Menschen auf diesem letzten Weg so qualifiziert wie möglich zu begleiten. Gedacht werden wollte in diesem Zusammenhang auch der vielen ehrenamtlichen SterbebegleiterInnen – zum Beispiel in der Hospizbewegung, die einen unschätzbaren Dienst an den Sterbebetten leisten.

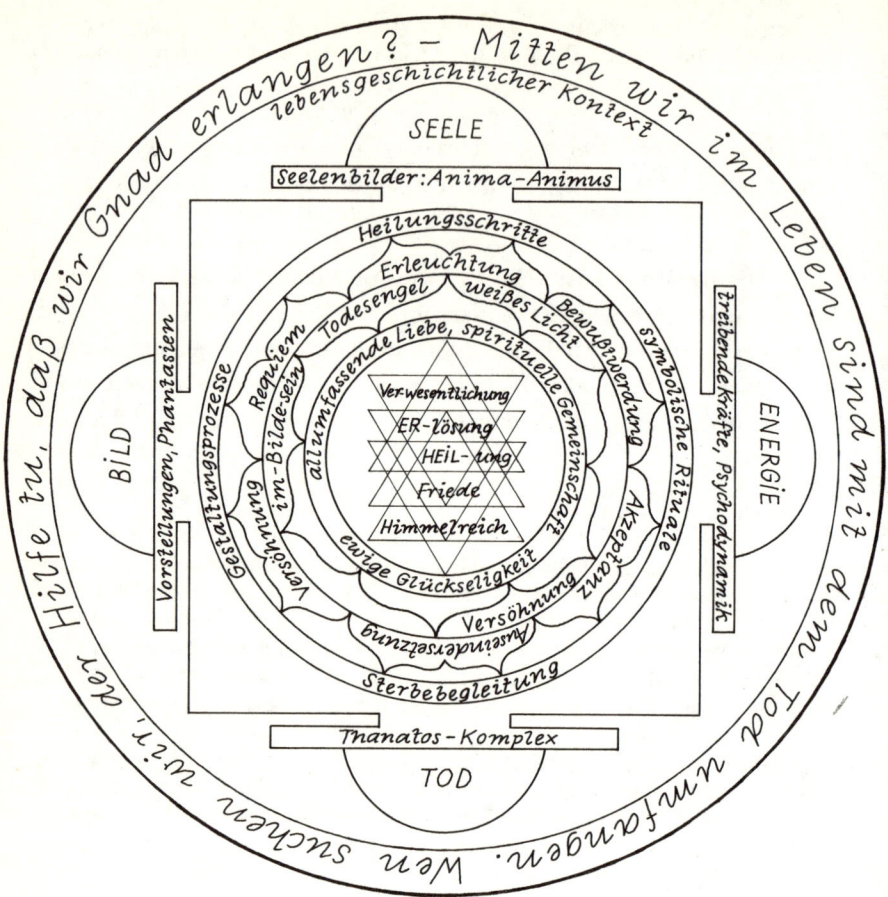

Das Mandala
als therapeutisches Modell

*D*as Mandala ist ein hilfreiches Modell, um die grundlegenden Erfahrungen in Todesträumen und Symbolen anschaulich vor Augen zu stellen. Die verschiedenen Kreise dieses Mandalas verweisen auf die Erfahrungsbereiche und Erlebnisebenen, die schließlich von allen Seiten zur spirituellen Mitte führen.

Der Außenkreis beschreibt den lebensgeschichtlichen Kontext mit den Worten eines Hymnus aus dem achten Jahrhundert, den Martin Luther zu einem bekannten Sterbelied umgedichtet hat. *»Mitten wir im Leben sind mit dem Tod umfangen. Wen suchn wir, der Hilfe tu, daß wir Gnad erlangen?«*

In dem nächsten emotionalen Erlebniskreis geht es darum, die Ängste und Todesfurcht durch Klagen auszusprechen und durch Trauerprozesse abzutragen. Bei allen Auseinandersetzungen mit dem Tod und der Sterbeerfahrung geht es neben der emotionalen Betroffenheit darum, durch die Symbolebene zur heilenden und tröstenden Spiritualität als der zentralen Kraftquelle zu gelangen. Für den Symbolkreis in diesem therapeutischen Modell sind begnadete und ausgebildete Sterbebegleiter hilfreich, die die emotionale Betroffenheit der Sterbenden und ihre symbolischen Ausdrucksmöglichkeiten richtig verstehen und in den Prozeß des Abschiednehmens auf das spirituelle Ziel des Lebens hinführen können.

Auch Engel können mitwirken, die nach meiner Überzeugung darauf warten, als spirituelle Begleiter in die jenseitige Welt gerufen zu werden. Darüber hinaus gehören zu diesem Symbolkreis alle spirituellen Symbole und die Rituale als in Handlungen umgesetzte Symbole. Die in dem Modell aufgeführten therapeutischen Stichworte werden in diesem Kapitel ausführlicher erörtert. Dazu gehören auch die zahlreichen Affirmationen, die die spirituellen Heilkräfte erwecken und fördern wollen.

Für den spirituellen Innenkreis stehen Gebete und sakramentale Handlungen zur Verfügung, die alle das Ziel haben, zum ewigen Heil und Frieden, zur Erlösung und Ver-wesentlichung zu führen. Weitere spirituelle Erfahrungen sind nach der Hoffnung des Glaubens die allumfassende Liebe und die ewige Glückseligkeit.

Abschließend lade ich Sie ein, das schwarz-weiße Mandala farbig auszumalen, indem Sie den Außenkreis grau oder schwarz malen und mit dieser Farbgebung das Grauenvolle und Erschreckende des Todes darstellen.

Für den zweiten emotionalen Kreis können Sie einen rötlichen Farbton wählen. Die verschiedenen Felder des Symbolkreises mit den therapeutischen Stichworten mögen Sie mit den verschiedensten Farben ausmalen und damit die Vielgestaltigkeit der Symbole und Heilungsprozesse sichtbar machen.

Den spirituellen Innenkreis können Sie mit einer gold-gelben Farbe oder in Violett ausmalen oder in Weiß belassen.

Nach der Vollendung Ihres Werkes werden Sie das beigefügte farbige Mandala mit ganz anderen Augen sehen. Schließlich sind Ihren kreativen Gestaltungsmöglichkeiten eines farbigen Sand-Mandalas in Ihrem Garten oder in Erweiterung des therapeutischen Sandkastenspiels (nach Dora Kalff) keine Grenzen gesetzt.

＊

3. Die therapeutische oder seelsorgerliche Sterbebegleitung sollte dazu beitragen, daß der oder die Betroffene in einen Dialog mit dem Tod gelangt und diesen als Paten für ein weiteres Leben begreift. Aus der Angst vor dem Tod kann durch die vertrauensvolle therapeutische Begleitung so etwas wie die Ergriffenheit für das zukünftige Leben entstehen. Dafür ist es wesentlich, daß die trostreichen Worte am Bett eines Sterbenden nicht leere Worte bleiben, sondern das Herz des Betreffenden berühren und das Innerste in Schwingung versetzen und damit den spirituellen Symbolen zur therapeutischen Wirkung verhelfen und die Hoffnung auf ein zukünftiges Leben erwecken.

4. Ein weiterer therapeutischer Schritt sollte darin bestehen, zur Akzeptanz des Todes behutsam hinzuführen. Dies muß nicht in jedem Fall heißen, daß der reale Tod schon jetzt eintreten muß, sondern daß grundsätzlich der Tod als der große Verwandler des Lebens anerkannt wird. Es ist eine allgemein bekannte Erfahrung in der Lebensberatung und Psychotherapie, daß jenes Problem oder jene seelische Not, die nach längerem Bemühen endlich angenommen werden, sich dann in der Regel zu verändern und zu verwandeln beginnen. In dieser Akzeptanz beginnt der Mensch seine Projektion zu durchschauen, diese zurückzunehmen und die Inhalte als zu sich und seinem Leben gehörig anzuerkennen.

5. Eine besondere Möglichkeit zur therapeutischen Bearbeitung des Thanatos-Komplexes räumt die der Psyche innewohnende transzendente Funktion der Psyche ein. Nach C.G. Jung heißt diese besondere Fähigkeit der Seele transzendent, »weil sie den Übergang von einer Einstellung in eine andere organisch ermöglicht, d.h. ohne Verlust des Unbewußten. Die konstruktive Methode setzt bewußte Erkenntnisse voraus, welche auch beim Patienten potentiell wenigstens vorhanden sind und deshalb bewußt gemacht werden können« (GW 8. 145). Mit anderen Worten läßt sich diese in vielen Menschen schlummernde übersinnliche Wahrnehmungsfähigkeit auch als Ahnung oder Intuition von einer ewigen Kontinuität des Lebens über den Tod hinaus bezeichnen. So wie die transzendente Funktion der Seele den Übergang von einer Einstellung in eine andere bewußtere Orientierung ermöglicht, so ist dieser spirituelle Kanal in der Seele

auch eine Möglichkeit, das diesseitige Leben durch den Tod hindurch mit einem ewigen Leben in Verbindung zu bringen.

6. Die starke Autonomie des Thanatos-Komplexes, der wie alle anderen Energiefelder im Unbewußten ein Eigenleben führt, kann durch die Beziehung zu einem Gottesbild, zu einem Christusbild, einem Heilengel oder durch das spirituelle Selbst in eine Bipolarität überführt werden. Durch ein derartiges Gegenüber zu dem Kern des Thanatos-Komplexes wird ihm zunehmend die autonome Energie entzogen und auf das positive Gegenbild hingelenkt. An dem Modell einer Ellipse mit zwei Brennpunkten läßt sich diese Überführung des Todeskomplexes und der Todesgedanken ins spirituelle Energiefeld eines zukünftigen Lebens ermöglichen. Ein Beispiel für die hier angesprochene Erfahrung ist der folgende Traum einer Analysandin. Sie erlebte sich in einer schönen Kirche. Sie erzählte: »Ich saß in der vordersten Reihe gegenüber der Altarwand. An der Rückfront (zur Eingangsseite) war ein die ganze Wand ausfüllendes, herrliches Mosaik, das *Gott* darstellte. Mir war, als ob ich es schon oft eingehend betrachtet hätte. Ungeachtet der Menschen, die um mich herumsaßen, stand ich auf und entnahm dem Bild etliche Steine, die in Form von langen, schmalen Streifen ablösbar waren. Vorne an meinem Platz, da wo man oben auf der Bankbrüstung das Gesangbuch ablegt, formte ich aus den abgelösten Mosaiksteinen ein Bild. Und siehe, vor meinen Augen entstand ein ebenso schönes, leuchtendes Gottesantlitz.«

Die Träumerin erzählte dazu, daß alle Farben in diesem Gottesbild enthalten waren und seine Leuchtkraft sehr beeindruckend war. Es leuchtete ganz aus sich heraus und strahlte für sie etwas Heiliges und Ergreifendes aus. Zur Beschreibung dieser Erfahrung fällt der Träumerin eine ähnliche Erfahrung im Straßburger Münster ein. Als sie dort in Andacht die herrliche Rosette betrachtete, wirkten ihre Farben besonders stark, weil die Sonne sie durchstrahlte. So wie diese Frau aus dem ihr bisher unbewußten Gottesbild sich das Material zur Bildung eines persönlichen Gottesbildes nahm, so kann sich jeder Mensch durch die Öffnung seines spirituellen Kanals und mit Hilfe der transzendenten Funktion der Seele für die göttliche Welt öffnen und damit seinen Thanatos-Komplex zu heilen beginnen.

7. Für die therapeutische Bearbeitung des Thanatos-Komplexes ist ferner der richtige Umgang mit den archetypischen Bildern des Todes und deren zutreffende Deutung wichtig. Dazu gehört zunächst die Differenzierung und Unterscheidung zwischen natürlichen Symbolen des Todes und der kollektiven Auffassung über den Tod. Die archetypischen Bilder und die natürlichen Symbole sind zum einen bildhafte Erscheinungsformen und zugleich eine psychoenergetische Aufladung von besonderer Numinosität, in der das Göttliche als unbegreifliche Kraft und zugleich als Vertrauen und Schauer erweckende Macht erfahren wird. Diese Differenzierung ist für die Therapie des Thanatos-Komplexes deswegen wichtig, weil in unserer Zeit zwar viel Wissen über die Sterbeprozesse und den Tod vorhanden sind, und durch die Apparate-Medizin der Tod oftmals hinausgeschoben werden kann; aber die dazugehörigen Emotionen werden größtenteils verdrängt und kehren dann in Todesängsten oder zwanghaften Krankheitsängsten wieder, ohne daß der Mensch sich dagegen wehren kann.

8. Die natürlichen Symbole, in denen die Bildhaftigkeit und die Emotionalität vereint sind, werden jede Nacht durch die Träume in der Psyche erzeugt. Beispiele für geträumte Todes-Symbole sind, daß wir zum Beispiel im Traum unserem Sterben zuschauen oder unserer Beerdigung beiwohnen. Wenn wir dann durch die numinose Wirkung eines solchen Traums erschüttert wachwerden, haben wir persönlich und existentiell über unseren Tod mehr erfahren, als wenn wir ein Buch über diese Thematik lesen oder in anderer Weise uns Wissen über den Tod aneignen. Durch den geträumten Tod können wir in einen existentiellen Wandlungsprozeß hineingenommen werden und gewinnen dadurch eine natürliche Einstellung zum Tode. In den späteren Ausführungen werden dazu Beispiele und Verstehenshilfen gegeben.

9. Durch die Analyse des Thanatos-Komplexes und die therapeutische Bearbeitung der Todesangst gewinnen wir neue Einsichten über das Leben in der zukünftigen Welt und zugleich Ideen für ein ganzheitliches Leben in dieser Welt. Ich kenne durch meine therapeutische Arbeit einige Menschen, die durch ihre Begegnung mit dem Tod reifer und weiser geworden sind. Viele Künstler und andere

Menschen haben durch die existentielle Auseinandersetzung mit dem Tod kreative Anregung für ihr Werk und ihre Lebensgestaltung gefunden. Zu dieser neuen Weisheit kann die Idee von irgendeiner Fortdauer des Lebens nach dem Tode gehören und die Entwicklung eines persönlichen Mythos über die geistige Welt. Ich persönlich bin durch die Auseinandersetzung mit dem Tod zu der Auffassung gelangt, daß ich dann ganz »im Bilde sein« werde: So wie vor meiner Geburt ein Bild meines Lebens bei Gott bestand, und ich mich als Ebenbild Gottes verstehe, so wird meine Seele nach dem Tod dort geborgen sein. Alle wesentlichen Informationen meines Lebens werden im Buche des Lebens aufbewahrt.

10. Die Bewußtmachung des Thanatos-Komplexes und die Einfügung in neue Sinnzusammenhänge sind wichtige schöpferische Aspekte mit heilenden Wirkungen. Die autonomen Kräfte dieses Energiefeldes, die das Ich ängstigen und das Bewußtsein besetzen, werden durch eine derartige Einordnung und die beschriebenen therapeutischen Schritte zielgerichtet gelenkt und sind daher nicht mehr so bestimmend. Thanatos ist ein Archetypus mit dem wohl stärksten Energiefeld, das auf einen Menschen einwirkt. Wie bei anderen Archetypen geht es nun darum, diesen anordnenden Faktor des Seelenlebens in weiteren anschaulichen Formen und sichtbaren Erscheinungsformen der Urbilder genauer anzuschauen und zu analysieren. Zu den Kernelementen des Thanatos-Komplexes gehören neben den bildhaften Ausdrucksformen starke emotionale Anteile. Sie wirken in den vielfältigen Todesängsten und den anderen Gefühlsstimmungen, die im Modell des Thanatos-Komplexes stichwortartig angeführt wurden. Da in der weitverbreiteten Sterbeliteratur und in der Thanatologie, der Sterbeforschung, die lebensnahen Todeserfahrungen vielfältig untersucht und dargestellt wurden, sehe ich meinen Beitrag darin,

☐ die seelischen und symbolischen Prozesse zu untersuchen und zu beschreiben,

☐ und diese inneren Todeserfahrungen als Wandlungsprozesse zu einem ganzheitlichen Leben zu deuten.

Todesträume als
Sprachbilder der Anderwelt

Der Tod und die Todeserfahrung sind das tiefste Geheimnis des Lebens. Dieses Mysterium ist am angemessensten in jenen Sprachbildern zum Ausdruck zu bringen, in denen Dichter aller Zeiten dieses letztlich nicht zu fassende Phänomen zu beschreiben versuchen. Da nicht jeder Mensch die sprachliche Begabung eines Dichters hat, ergibt sich die Frage, ob damit die Masse der Menschen keine adäquate Ausdrucksmöglichkeit hat, um sich mit dem Mythos des Todes als Geheimnis des Lebens zu befassen. Bei der Suche nach einer Antwort auf diese Frage kam mir meine langjährige therapeutische Arbeit mit Träumen zu Hilfe, insbesondere meine Forschungen zu den Todesträumen (87). Am Beispiel von eindrucksvollen Erfahrungen und Träumen habe ich zu beschreiben versucht, wie in den Schwellensituationen des Lebens, insbesondere in der Lebensmitte, beim Übergang zum dritten und letzten Lebensabschnitt sowie vor Beginn des eintretenden Todes die Seele in eindrucksvollen Symbolen und Sprachbildern sich dramatisch zum Ausdruck bringt. Während in den letzten Jahrzehnten viel Literatur über die Sterbeerlebnisse und die sogenannten Nah-Tod-Erfahrungen erschienen ist, ist wenig darüber geforscht worden, wie die Seele des sterbenden Menschen selber auf den kommenden Tod reagiert.

Für die Auseinandersetzung mit dem Tod und der eigenen Sterblichkeit wäre es für viele eine große Hilfe, wenn sie eigene Vorstellungen über den Tod hätten und so über ihn im Bilde wären. Vielleicht gehören Sie auch zu jenen Menschen, die nachts wieder besser schlafen können und weniger Angst vor dem Tod hätten, wenn Sie besser über ihn im Bilde wären. Wesentlicher Schritt der Annäherung an dieses schwierige Thema und des Vertrautwerdens mit diesem Angst besetzten Phänomen wäre das vertrauensvolle Sprechen über den Tod mit vertrauenswürdigen Menschen. In diesem Sprechen könnte sich das vollziehen, was Kleist »die allmähliche Verfertigung der Gedanken beim Sprechen« genannt hat. In den Sprachbildern der Träume ver-dichtet sich die Seele und führt den Menschen besonders nahe an das Geheimnis seines sonst verborgenen Wesens heran. Durch die geträumten Sprachbilder des Todes erhalten wir Einblick in die verborgene Anderwelt des Todes und des Totenreiches. Damit werden wir im voraus etwas vertrauter gemacht mit jenem Bereich, in dem wir uns nach dem Sterben ver-wesentlichen werden.

Neben den überlieferten Texten der Bibel zum Thema Tod und den unzähligen dichterischen Texten, sowie den persönlichen Zeugnissen von Sterbenden halte ich die Träume vom Tod für die existentiellste Ausdrucksform der Todeserfahrung. Den eindrucksvollen Sprachbildern des Todes in den Träumen und ihrer symbolischen Verdichtung wollen wir jetzt unsere besondere Aufmerksamkeit zuwenden.

Erste Schritte zur Annäherung an das Sprachbild des Todes könnten Ihre persönlichen Träume vom Tod sein. Vielleicht überlegen Sie an dieser Stelle einmal, ob Sie bisher schon jemals von einem Toten oder Ihrem eigenen Tod geträumt haben oder Zeuge Ihrer eigenen Beerdigung waren. Wenn dies bereits vor Jahren geschehen ist oder von Zeit zu Zeit immer wieder von Ihnen geträumt wird – obwohl Sie doch immer noch leben –, werden Ihnen vielleicht Fragen gekommen sein, ob diese Sprachbilder konkret oder symbolisch zu verstehen sind? Sie können daraus ableiten, daß diese Sprachbilder des Todes Sinnbilder für eine persönliche existentielle Wandlung sind. Falls Sie, wie so viele andere Menschen, nach dem Erwachen aus einem solchen Todestraum außerordentlich erschreckt sind und manchmal tagelang von panischen Ängsten gequält werden, ob dies nun tatsächlich eine Andeutung des kommenden Todes ist, dann hätte Sie die nun herausgefundene symbolische Bedeutung dieser Träume damals wahrscheinlich entlastet und getröstet. Wenn ich in meinen Traumseminaren über das symbolische Verständnis der Todesbilder in den Träumen spreche, dann bedeutet es für viele eine Ermutigung, künftig auf derartige Träume nicht so ängstlich zu reagieren. Mit der Frage, welche Sprachbilder, Todessymbole und Motive der Sterblichkeit den tatsächlich nahenden Tod andeuten, werden wir uns in einem späteren Kapitel ausführlich befassen.

Wenn Sie nun zu der großen Zahl jener Menschen gehören, die ihren Träumen bisher keine besondere Aufmerksamkeit gewidmet haben, so könnte unsere Beschäftigung mit diesem Thema Ihnen einen entsprechenden Traum in Erinnerung rufen. Da uns, wie erwähnt, solche Träume besonders schockieren, merken wir uns in der Regel derartig emotional besetzte Träume. Vielleicht ist Ihnen bei der Besprechung dieses Themas spontan ein derartiger Todestraum aus früheren Jahren eingefallen. Es könnte auch sein, daß Ihnen bei der weiteren Beschäftigung mit diesem Thema in den nächsten Tagen ein vergessen geglaubter Todestraum einfallen wird.

Sollten Sie zu jenen Menschen gehören, die seit Jahren ein Traumtagebuch – oder sollten wir besser sagen, ein Traumnächtebuch – führen, dann mögen Sie Ihre Aufzeichnungen in einer freien Stunde, wenn Sie Zeit haben, durchblättern, um Ihren vergessenen Traum vom Tod wiederzufinden und in dem besprochenen Sinne bedenken. Als Anregung zum Dialog mit Ihrem Traum können Sie auch die auf S. 110 ff. befindliche Liste mit 16 Fragen zum Deuten derartiger Träume heranziehen. Mit etwas Phantasie können Sie sich dabei vorstellen, wir würden miteinander über Ihren Traum sprechen oder im Freundeskreis dieses Thema diskutieren: Als Leitlinie würde jeweils eine Frage nach der anderen an Sie herangetragen, und Sie könnten darauf reagieren und Ihre Einfälle erzählen.

Sollten Sie nun zu jenen Menschen gehören, die mit Bedauern feststellen, daß sie nicht träumen – genauer müßten wir sagen, sich an ihre Träume nicht erinnern –, so möchte ich Ihnen jetzt verraten, wie auch Sie sich an einen Traum erinnern können. Ich habe dazu das folgende Ritual entwickelt und schon oft mit gutem Erfolg empfohlen. Vor der Nachtruhe sollten Sie sich eine Besinnung oder Meditation gönnen. Sie können dazu einen Ihrer gelieben Texte zum Thema lesen oder zum Einstieg einen Ausschnitt aus einem Requiem hören, um sich damit auf einen Todestraum vorzubereiten. Dann formulieren Sie den Wunsch an Ihre Seele, daß Sie heute Nacht oder in einer der folgenden Nächte einen Traum behalten möchten. Sollte Sie zur Zeit existenziell das Thema des Todes beschäftigen, können

Sie sich auch einen sogenannten Todestraum wünschen. Dann sollten Sie einen Schreibblock an Ihr Bett legen und nachts, wenn Sie merken, daß Sie träumen, sogleich diesen Traum aufschreiben. Wenn Sie ein Diktiergerät besitzen oder einen Kassettenrecorder, können Sie Ihre Traumgeschichte auch auf Band sprechen. Wenn Sie morgens dann Ihren aufgeschriebenen Traum lesen und bedenken oder den auf Band gesprochenen Traum anhören, werden Sie vermutlich verwundert über jene merkwürdigen Sprachbilder aus der Anderwelt sein.

Während wir tagsüber in der Umgangssprache miteinander sprechen, vermittelt uns nachts unsere Seele in einer Bildersprache Botschaften aus der Anderwelt. Es ist jene andere Welt und Dimension in unserer Seele, die jenseits des Bewußtseins beginnt. Während wir am Tage und bei der Arbeit in der sogenannten realen Welt leben, versenken wir uns nachts in die Bilderwelt unserer Träume. Wenn wir uns um ein ganzheitliches Menschenbild und Lebenskonzept bemühen, sollten wir unsere Aufmerksamkeit und Wahrnehmung nicht allein auf das bewußte Denken und diese rational gesteuerten Handlungen lenken, sondern auch jene Anderwelt berücksichtigen, in die wir dann eintreten, wenn wir unsere Augen schließen und in den Schlaf sinken. Während wir uns tagsüber mit Begriffen und Wörtern verständigen, bilden wir uns nachts mit Hilfe der Bildersprache der Seele. Diese Bildersprache und ihre Symbole machen etwas sichtbar, sie lassen etwas erscheinen von dem Geheimnis des Lebens und dem Mysterium des Todes.

Abschließend möchte ich Ihnen noch empfehlen, Ihre Einfälle zum Traum und Ihre Gedanken und Überlegungen zu den Sprachbildern Ihrer Träume und den Todessymbolen aufzuschreiben. Wenn Sie zu jenen Menschen gehören, die gerne Briefe schreiben oder in Ihrer Schulzeit gerne Aufsätze verfaßt haben, dann sind Ihnen die geistigen Freuden beim kreativen Schreiben bereits vertraut. Zur Beschreibung dieser kreativen Prozesse knüpfe ich nochmals an die Erfahrung des Dichters Kleist an, daß es beim Sprechen zur allmählichen Verfertigung der Gedanken komme. Ich ergänze hier Sprechen durch Schreiben. Ich weiß, daß ich häufig beim kreativen Schreiben inspiriert werde und zu weiteren Erkenntnissen und Einsichten gelange. Insbesondere meine Träume haben häufig eine animierende

Wirkung auf mich; sie ergänzen und erweitern meine bisherigen Einsichten zu einem bestimmten Thema.

Daher lade ich Sie zu einer Übung ein, sich im Urlaub oder an einem freien Wochenende einmal in aller Ruhe auf einen Traum einzulassen und jenen Einfällen nachzuspüren, die Ihnen zu den Sprachbildern Ihres Traumes kommen, und diese aufzuschreiben. Es geht dabei nicht darum, Ihren Traum sogleich richtig zu deuten und dessen Bedeutung zu erfassen, sondern sich in die innere Dynamik des Traumes zu vertiefen und in jene Richtung treiben zu lassen, die auch Ihre Seele vor Augen hatte. Da sich in den Träumen eine symbolische Verdichtung von Lebensenergien und Lebensfragen autonom vollzieht, können wir durch den meditativen Umgang mit einem Traum an diesem kreativen Prozeß bewußt Anteil nehmen. So wie zahlreiche Dichter durch ihre Träume inspiriert wurden und diese teilweise auch in ihren Werken mitteilen, so hat jede(r) von uns Teil an diesem inspirierenden Prozeß und kann ihm durch das kreative Schreiben einen sprachlichen Ausdruck verleihen.

Was bringt dies nun abschließend für unsere persönliche Auseinandersetzung mit dem Tod ein? Jeder von uns könnte die erstaunliche Entdeckung machen, daß in den ureigenen Sprachbildern der Seele das Thema Tod zur Sprache kommt. Nach meinen therapeutischen Erfahrungen mit Traumarbeit und meiner speziellen Arbeit mit Todesträumen kann ich die Einsicht teilen, daß in unserer eigenen Seele Symbole zum Todesthema bereit liegen und auf Abruf warten. Es scheint unser Unbewußtes eine ganz natürliche Beziehung zum Tod zu haben. In den Schwellensituationen des Lebens erinnern uns die Träume daran. Wir übernehmen damit keine fremden Ansichten oder Glaubensüberzeugungen, sondern gewinnen überzeugende Einsichten durch eigene Symbole aus unseren Todesträumen. Wenn wir diese Sprachbilder dann in den Kontext der Überlieferungen von Bibel, Märchen und Mythen stellen, können wir entdecken, daß wir Anteil an den Todeserfahrungen der Menschheit haben und wir damit in einem menschheitlichen Zusammenhang stehen. Diese Einsicht bricht unsere Vereinzelung auf und führt aus der Isolation. Auch wenn jede(r) von uns seine je eigene Erfahrung mit seinem Tod machen muß, so befähigen uns die Sprachbilder des Todes doch, über dieses tabuisierte Thema zu sprechen; sie bereiten damit unseren Weg in die Anderwelt vor.

Nach dieser Einführung zum allgemeinen Verständnis der Todesträume möchte ich an einem persönlichen Traum die im Eingangskapitel und bei dem Modell des therapeutischen Mandala genannten Aspekte des Wandlungsprozesses aufzeigen. Es geht dabei um die Einordnung des Traumes und der damit sichtbar werdenden inneren seelischen Erfahrungen in meine lebensgeschichtliche Situation und um die emotionale Betroffenheit. Einen weiteren Schwerpunkt bildet die Deutung der einzelnen Symbole und die daraus abzuleitende Botschaft für die weitere spirituelle Selbstverwirklichung.

Mein Traum
vom Lebensbaum mit
Todessymbolik

Ein wesentlicher Anstoß, mich mit der vielseitigen Thematik des Todes auseinanderzusetzen, ist der folgende Traum, der mich in den letzten zwei Jahren begleitet und einen wichtigen Meilenstein in meinem Individuationsprozeß darstellt. Die Bilder und Symbole des Traumes sind in zweifacher Hinsicht mit der Todesthematik verknüpft: Zum einen löste ein vom Sturmwind umgeknickter Baum, der zerschmettert zu Boden krachte, in mir eine tiefe Erschütterung aus; ich fragte mich kritisch, ob mein Lebensbaum und meine körperliche Gesundheit gefährdet seien. Obwohl ich in jenen Wochen gestreßt war und mich manchmal geschwächt fühlte, gab es nach ärztlicher Diagnose keine ernsthaften Anlässe zur Sorge. Der andere Aspekt dieser Traumsymbolik zeigte mir, daß Bilder des Todes und »der Zerstückelung« (ähnlich wie bei der Berufung und Einweihung der Schamanen) ein entscheidender Anstoß für das Bemühen um Selbstverwirklichung sein können. Diese Verstehensmöglichkeit rückte in den folgenden Monaten immer mehr in den Vordergrund meiner Deutung und animierte mich zur erneuten Auseinandersetzung mit der Todesthematik. Jener Traum um die Pfingstzeit in meinem 56. Lebensjahr lautet:

Es weht ein starker Sturmwind. Ich trete aus dem Haus heraus und blicke nach Westen zu den Bäumen des Nachbarn H. und sehe, wie eine ca. 30 Meter hohe schlanke Kiefer vom Sturm umgeknickt wird. Das Krachen und Bersten erschreckt mich.
   Dann gehe ich zur anderen Seite hinter das Haus und blicke nach Osten zum blauen Himmel. Ich sehe, wie bei dem Nachbarn HO. die gleiche Kiefer langsam zwischen unseren Häusern zu Boden sinkt. Ich

hebe meine Arme wie zum Segnen und begleite mit dieser Geste das ganz langsame Fallen des Baumes. Dabei habe ich das Gefühl, als ob ich mit gewissen magischen Kräften das langsame Fallen beeinflussen könne. Zugleich spüre ich, daß der Baum von sich aus das Fallen verlangsamt und ich mit meinen langsam sinkenden Armen die Bewegungen des Baumes nur nachahme.

Dann gehe ich zur Südseite des Hauses und blicke in südlicher Richtung auf das große Feld. Ich sehe, wie eine große Pflugschar ohne Zugmaschine mächtige Erdschollen umbricht. Es wird von Süden in Richtung Norden gepflügt. Mit dem Wort: »Pflüge ein Neues!« erwache ich betroffen.

Mein Traumregisseur und mein spirituelles Traum-Selbst wählen zur Darstellung des Themas keine Menschen oder Tiere, sondern zwei Bäume. Den ersten möchte ich den Baum der Erkenntnis und den zweiten den Baum des Lebens nennen. Da ich mich mit der Symbolik der Bäume seit vielen Jahren befasse[1], ist mir die Sinnbildlichkeit und deren Vielschichtigkeit besonders vertraut. Bei genauerer Betrachtung stehen die Bäume und was mit ihnen durch die Naturgewalten und die Naturgesetze geschieht an zweiter Stelle. Am Anfang ist das Brausen des Sturmes; es brechen die Naturgewalten los. Da ich den Traum in der Zeit um Pfingsten hatte, liegt es für einen Theologen besonders nahe, an das Wehen und die Dynamik des Geistes zu denken. In der bekannten Pfingstgeschichte und bei anderen Geist-Erfahrungen wird ebenfalls von einem Brausen und Wehen des Geistes gesprochen[2]. Eine überpersönliche Kraft und eine kosmische Energie werden in diesem Sturmgebraus wirksam. Das Widerfahrnis dieser Kraft kann Bäume umknicken wie Streichhölzer, das Bewußtsein erschüttern und das Ich in seine Schranken verweisen. So wie mein Traum-Ich der Zuschauer bei diesen Ereignissen ist, so wirkt in der Selbst-Verwirklichung eine Kraft, die größer ist als das Ich. Der naturhaft wirkende Geist tut sich nicht nur in einem sanften Sausen kund, sondern wirkt bei seinem ersten Ansturm oftmals zerstörerisch. Wenn ich den Verlauf des Traumes als inneren seelischen Prozeß betrachte, dann geschieht das sanfte Wunder erst in der zweiten Szene und als zweiter Schritt im Individuationsprozeß. Als erstes geschieht die Verwundung und dann das Wunder, den Lebensbaum auf behutsame Weise in die Horizontale zu bringen. Was in diesen verdichteten Bildern in schlichter Weise zum Ausdruck kommt, ist ein schwieriger und schmerzlicher Prozeß in der persönlichen Wandlung.

Zwei Aspekte sind es in der ersten Traumszene, die ich besonders beleuchten möchte. Das Erscheinungsbild der 30 Meter hohen Kiefer (Föhre) mit der ausgeprägten Krone zeigt uns bei der Übertragung dieses Bildes auf das Körperschema und meine Persönlichkeitsstruktur, daß ich bisher überwiegend die geistige Seite, den Kopf, entfaltet habe; daher wurde in dem Traumbild ein Baum gewählt mit einer besonders schönen großen Krone. Ein weiterer Aspekt ist die einseitige Entwicklung meiner Intuition und meines Ahnungsvermögens. Nach dem typologischen Modell von C.G. Jung liegen bei der Wahrnehmungsachse auf der unbewußten Seite die Intuition und auf der gegenüberliegenden Seite das Empfinden mit den sinnlichen Wahrnehmungen, dem Körpergefühl und der Realitätsfunktion. Diese Seite meines Lebens wird angesprochen, wenn ich den Sturmwind heulen höre, wenn ich das Krachen und Bersten des umgeknickten Baumes vernehme und wenn ich gefühlsmäßig betroffen bin. Diese Betroffenheit äußert sich auch in der Phantasie und in der bangen Frage, ob mein Leben gefährdet sei und mein Lebensbaum umgehauen werde. Mit dieser Fragestellung könnte von einer Todessymbolik in der ersten Szene gesprochen werden. Nach einer anfänglichen Betroffenheit wurde mir jedoch klar und verständlich, daß nicht der letzte Tod gemeint ist, sondern der Tod als Wandlungssymbol in der Mitte des Lebens. Der Traum will mir zeigen, daß ich meine geistige Seite erden und mit den Tatsachen verbinden soll. So wie im Traumbild die hohe Kiefer (Föhre) des Traumbildes nur in der Krone eine weite Verzweigung hat und nicht wie die Tannen ein weitverzweigtes Astwerk bis auf die Erde, so bedarf meine Geistigkeit und Intuition der Erdung.

In vielen Träumen der Menschen wird diese radikale Wandlung und Erdung des Geistes in ähnlich dramatischen Bildern ausgedrückt. Auch in Märchen und alchimistischen Symbolen findet sich diese Bedeutung des Baumes als Sinnbild für die Wandlung[3]. Eine besonders eindrucksvolle Parallele zu meinem Traum findet sich in dem alchimistischen Traktat von der Chymischen Hochzeit aus dem Jahre 1459 von Christian Rosenkreutz. Es wird dort erzählt, wie der fromme Rosenkreutz an einem Abend vor dem Ostertage in einem demütigen

Gebet mit seinem Schöpfer sprach. Da kommt auf einmal ein grausamer Wind daher, so daß der Beter meint, daß sein Haus umgeweht werde. In dem Kommentar zu diesem wesentlich längeren Bericht wird dieser Wind als das Wehen des Geistes, als dynamisches Prinzip der Psyche verstanden[4]. Diese Kräfte des Unbewußten treten auch in meinem Traum zutage und erteilen mir die Lektion, daß sie auch zerstörerisch wirken können. Da ich den ersten Baum mit dem Baum der Erkenntnis und mit der geistigen Seite der Persönlichkeit in Beziehung gesetzt habe, vermittelt mir diese Szene die Erkenntnis, daß ich die Überbetonung der geistigen Seite opfern müsse und mich mehr der Realität zuwenden solle. Wenn dies nicht geschieht, so verstand ich schließlich die Warnung des Traumbildes, würde ein gewaltsamer und zerstörerischer Durchbruch der Kräfte des Unbewußten erfolgen.

In der zweiten Szene dagegen verhalte ich mich nicht als Zuschauer, sondern beteilige mich aktiv an der Niederkunft des Baumes. Wäre ich an der Westseite des Hauses stehengeblieben, der Seite des Sonnenunterganges, die in der Traumsymbolik oftmals auch auf den Todesaspekt verweist (wie wir später ausführlicher bei der etruskischen Todesgöttin sehen werden), so hätte ich die andere Möglichkeit einer behutsamen Niederkunft des Baumes niemals kennengelernt und erfahren. So gehe ich an die Ostseite des Hauses, dort, wo ich oft den Sonnenaufgang beobachte und wo der neue Tag anbricht: Sinnbilder zugleich auch für den Anbruch eines neuen Bewußtseins, für Erleuchtung und für Individuation. Wenn wir uns das geträumte Geschehen einmal in Zeitlupe vorstellen, wird die geheimnisvolle Dynamik uns deutlich vor Augen stehen. Bei dem langsamen Fallen des Baumes scheinen die Gesetze der Schwerkraft aufgehoben zu sein. Indem ich es sehe, beteilige ich mich sogleich an der behutsamen Niederkunft des Baumes: Ich erhebe beide Arme wie bei dem zehn Jahre lang jeden Sonntag praktizierten Gestus des Segensspruches am Ende des Gottesdienstes. Immer sensibler fühle ich mich in diesen Vorgang ein und weiß am Ende gar nicht mehr, wer und was im einzelnen wie bewirkt. Anfangs meinte ich noch, daß ich durch meine rituelle Gebärde dem Baum helfen müßte, behutsam auf den Boden zu kommen, damit das unbeschädigte Holz für viele Geigen verwendet werden könnte (so ist meine nachträgliche Phantasie). Je intensiver ich mich schließlich diesem Prozeß hingebe, desto mehr merke ich sehr bald, daß es sinnvoller ist, sich den Kräften des Baumes anzupassen. Diese Einsicht entspringt meiner nachträglichen bewußten Reflexion. Im Traum selber, so erinnere ich mich genau, ist es eine unwillkürliche Hingabe an das langsame Niederkommen des Baumes. Während ich mich den Einfällen meiner Sprachbilder bis hierher überlassen habe, halte ich plötzlich bei dem wiederholt gebrauchten Wort »Niederkunft« inne, mir wird deutlich, daß dieses Wort zur Geburtssymbolik gehört, wo von der Niederkunft einer Frau bei der Geburt gesprochen wird. Ja, und um Kinder im übertragenen Sinne geht es bei der Niederkunft des Baumes insofern, als aus dem Stamm des mütterlichen Baumes, nach meiner Imagination, viele Geigen gebaut werden sollen, deren Klangkörper große Ähnlichkeit mit dem menschlichen Körper haben.

Bei der weiteren Vertiefung in das Traumbild wird ein noch größerer Zusammenhang mit der Todessymbolik deutlich. Der Baum muß umgelegt werden und symbolisch »sterben«, damit aus ihm viele kleine Klangkörper geschaffen werden können. Damit wird auch der Zusammenhang von Tod und Wiedergeburt deutlich. Eines muß gefällt werden und niederkommen, damit daraus Neues entstehen kann. In diese mir seit langem bekannten und vertrauten Zusammenhänge werde ich bei der Teilnahme an dem Traumgeschehen auf eine besondere Weise noch tiefer durch den Segensgestus eingeweiht. Segnen bedeutet für mich, die göttliche Kraft des Himmels an die Erde und die Menschen weiterzuleiten. Über diese Kräfte verfüge ich nicht, sondern ich füge mich als erstes durch die Hingabe an diese Dynamik ein und habe doch zugleich das Empfinden, mitbeteiligt zu werden. Die kosmischen Kräfte und spirituellen Energien können zwar wie im ersten Bild autonom und auch zerstörerisch wirken, aber das Traumbild der zweiten Szene sagt, daß der Mensch und mein Ich mitbeteiligt werden an dem autonomen Prozeß. Wenn wir diesen Aspekt des Individuationsprozesses mit einem biblischen Sprachbild beschreiben wollen, wäre auf die Menschwerdung Gottes in seinem Sohn zu verweisen und das Wort im Prolog des Johannesevangeliums: »Und das Wort ward Fleisch und wohnte unter uns«[5].

Hypogäum von Hal Saflieni :
Eine der kunstvoll ausgehauenen Haupthallen (oben)
Die Schlafende aus der Hypogäum (unten)

Die träumende Priesterin
im Orakelraum auf Malta

*D*ie träumende Priesterin wurde zu Beginn unseres Jahrhunderts
in dem Heiligtum des Hypogäon (von altgriechisch »unter der Erde«)
in Hal Saflieni auf Malta gefunden. Dieses Sanktuarium, das nach
den darin gemachten Funden mindestens ins dritte Jahrtausend v.Chr.
zu datieren ist, gehört zu dem Totenkult und Ahnenglauben jener
matriarchalen Zeit. In den Grabkammern jener unterirdischen mehr-
stöckigen Anlage fand man die Gebeine von etwa 7000 Toten. Daß
diese große Katakombe nicht nur den Bestattungen und dem Totenkult
diente, beweisen die verschiedenen Räume mit archaischen Symbolen,
wie Spirale, Stier, Abdruck einer Hand, und einem Orakelloch in der
Wand. Die Haupthalle, das Allerheiligste und der Orakelraum scheinen Abbilder der Kulträume der oberirdischen Tempel jener Epoche
zu sein. Einige Archäologen nehmenn an, daß in diesem unterirdischen
Labyrinth nicht nur bestattet und »gebetet« wurde oder Opfer dar-
gebracht wurden, sondern auch Orakel durch träumende Priesterin-
nen empfangen wurden, die den anwesenden Menschen dann durch
das Orakelloch verkündigt wurden. Die Frauenfigur auf dem Ruhebett
dürfte mit dem antiken Tempelschlaf in Verbindung stehen, in dem
man von der Gottheit oder von der Muttergöttin Weisungen im Traum
erwartete.

Als ich vor einigen Jahren während meiner Malta-Reise in meditativer Versunkenheit in diesem unterirdischen Orakelraum saß,
ließ ich Ahnungen und Phantasien in mir von dem geheimnisvollen
Leben vor etwa 5000 Jahren hochsteigen. Während ich später an
dem Orakelloch verweilte, stellte ich mir vor, was eine Priesterin an
diesem Ort nach ihrem Traum den vom Schauder des Ortes ergriffenen
Menschen wohl gesagt haben könnte. Spontan kam mir der Einfall,
eine Tarot-Karte zu ziehen, um eine Inspiration oder vielleicht eine
Weisung zu empfangen, was in den nächsten Jahren ein zentrales
Thema meines Lebens sei. Ich zog zu meinem Schrecken die Karte
XIII, den Tod. Neben meinen traumatischen Todeserfahrungen auf
der Flucht aus Pommern im Frühjahr 1945 ist dieses Erlebnis
zusammen mit dem geschilderten persönlichen Todestraum ein ent-

scheidender Anstoß gewesen, mich dem Thema »Mit dem Sterben leben« zu widmen.

Zur persönlichen Annäherung an das Thema empfehle ich folgende Affirmationen:

*

Die Ahnungen in den Träumen der Nacht wirken weiter in den Nachahmungen des Tages.

*

Die Erfahrungen unserer unsterblichen Ahnen wirken weiter in unseren Ahnungen.

*

Ich bitte, daß mein armseliger Leib und mein nichtiges Leben der verklärten Gestalt Jesu Christi ähnlich werden!

*

Die Erscheinungen unserer Ahnen in den Todesträumen schaffen eine Verbundenheit mit unseren Wurzeln und unserer Herkunft.

Das dritte Traumbild steht in einem besonderen Zusammenhang mit der zweiten Szene, insofern hier wiederum eine autonome Traumkraft am Werke ist. Man stelle sich diese merkwürdige Szene verfilmt vor, indem man eine Pflug-Schar alleine pflügen sieht, ohne einen Traktor oder eine Zugmaschine. Irgendeine Kraft ist am Werke, mit der Absicht, den Acker zu pflügen und damit alles für die Aussaat vorzubereiten. Dieses autonome Pflügen geht in nördliche Richtung. In der ganzen Szene dreht es sich um die Nord-Süd-Achse. Ich gehe im Traum zunächst an die Südseite des Hauses, um nachzusehen, was hier geschieht. Dabei sehe ich den geschilderten Vorgang. Die Nord-Süd-Achse hat in der inneren Geographie der Seele etwas zu tun mit der Zuordnung der Gefühlsseite zum Süden und des kühlen Geistes zum Norden. In der Typologie nach C.G. Jung entsprechen diese Richtungen der Wert-Achse mit dem Fühlen als irrationale Seite und dem Denken und bewußten Werten der Handlungen als irrationaler Seite.

Die Traumstimme mit dem Auftrag: »Pflüge ein Neues!« vermittelt mir folgende Botschaft: Zum einen erinnert mich das Bild des Pflügens an meine bäuerliche Herkunft in Pommern. Als kleiner Junge bin ich gern und oft in der frisch gepflügten Furche hinter meinem Vater hergegangen. Es begeisterte mich, wie die Erdschollen umgebrochen wurden und so das Land für die neue Saat vorbereitet wurde. Mein ganzes Leben lang habe ich den Blick für und die Faszination durch dieses erdhafte Sinnbild behalten. Besonders gern atme ich den Geruch der frisch gepflügten Felder ein und erinnere mich dabei dankbar an meine familiären Wurzeln und an meine bäuerliche »Ahnenseele«. Darüber hinaus ist das Pflügen für mich zu einem spirituellen Symbol für den Umbruch und die Wendezeit in meinem Leben geworden. Da ich für mich persönlich den Beginn meines dritten und damit letzten Lebensabschnittes mit 56 Jahren begonnen habe, überlege ich, was ich mit dem verbleibenden Rest meines Lebens noch Neues tun könne. Nach den zehn Jahren Seelsorge-Tätigkeit in einer Landgemeinde und den 20 Jahren als landeskirchlicher Beauftragter für die Lebens-, Ehe- und Erziehungsberatung ermutigt mich dieser Traum, noch etwas Neues zu beginnen. Wenn ich meinen Interessen und Wünschen folgte, könnte dies in der Ausbildung und Lehrtätigkeit für Menschen in seelsorgerlichen und therapeutischen Berufen bestehen oder in tiefenpsychologischen und therapeutischen Kursen mit Studenten, die sich auf ihr seelsorgerliches Amt vorbereiten. In einem Gespräch mit einem Kollegen und Supervisor fiel mir zu dem Symbol des Pflügens plötzlich der Bibelspruch wieder ein, den einst vor über 30 Jahren der ehemalige Landesbischof Lilje uns jungen Pfarrern bei der Ordination so eindrucksvoll ausgelegt hatte: »Wer seine Hand an den Pflug legt und sieht zurück, der ist nicht geschickt zum Reiche Gottes!«[6] Die Traumstimme übersetzt meine Ahnung in den Auftrag, daß mir im dritten Lebensabschnitt noch eine wichtige Aufgabe bevorstehe. Der Acker ist gepflügt, der Boden ist bereitet, jetzt muß ich säen!

Zum Abschluß noch einige allgemeine und therapeutische Anmerkungen zu dem Traum: Er zeigt im Gleichnis des Lebensbaumes verschiedene Aspekte des Individuationsprozesses, an dessen Anfang immer einschneidende Ereignisse oder Symbole stehen, die das Ich erschüttern oder umhauen, um im Traumbild zu bleiben. Oft ist der Baum in den Träumen Abbild des Menschen und Sinnbild für den Prozeß der Selbstverwirklichung, wo sich das Selbst dem Ich gegenüber durchsetzt. Nach therapeutischen Erfahrungen wird dieser Individuationsprozeß vom Unbewußten im Symbol des Baumes besonders häufig dargestellt. Dieser oftmals schmerzliche Wachstumsprozeß wird dann angemessen erfaßt und realisiert, wenn sich das sonst aktive und handelnde Ich in die waltenden Mächte des Unbewußten und des Selbst einfügt. Christen kleiden diese Wahrheit in die Worte, daß Gottes Wille geschehen möge, wie im Himmel so auf Erden.

Dieser himmlische Aspekt klingt im Traum in den vier Himmelsrichtungen an, die ein kosmisches Mandala bilden und damit eine ganzheitliche Orientierung ausdrücken. Dieser inneren Richtung geht das träumende Ich nach und wird dabei aller jener Vorgänge ansichtig, die im einzelnen besprochen wurden. Es scheint einer archetypischen Gesetzmäßigkeit zu entsprechen, daß die sogenannte Nachtmeerfahrt der Seele zunächst nach Westen führt, wo nach alten Vorstellungen das Totenland liegt. Auch unsere alten Bestattungsrituale waren so ausgerichtet, daß der Kopf des Toten zum Westen gelegt wurde, damit er der aufgehenden Sonne und damit der kommenden Auferstehung entgegensehen konnte. Neben den räumlichen Ausrichtungen bei Träumen in wichtigen Lebenssituationen spielt oft auch die Zeitlichkeit in die innerseelischen Vorgänge hinein. In diesem Traum ist es die Gleichzeitigkeit von bestimmender Dynamik des Selbst und sich einfügendem Ich.

Bewußtseinserweiterung und Heilungsschritte in meinem Traum

Zurückgreifend auf die im vorigen Kapitel genannten therapeutischen Schritte der Auseinandersetzung mit dem Tod und der Heilung des Thanatos-Komplexes möchte ich im Anschluß an meinen Traum nun folgendermaßen zusammenfassen: Nachdem mich die Auseinandersetzung mit dem Tod seit meinem 9. Lebensjahr existentiell betraf – ich hatte in einem Traum den angeblich vergifteten Apfel eines Freundes gegessen und hätte nach seinen Einredungen in drei Tagen sterben sollen –, erlebte ich in den verschiedenen Reifungskrisen meines Lebens wiederholt derartige innere Todeserfahrungen und Todesträume, die zu weiteren Wandlungs- und Reifungsschritten beitrugen. Die immer tiefere Bewußtwerdung dieser Wandlungsprozesse erlebte ich auch durch den vorliegenden Traum in meinem 56. Lebensjahr.

Nachdem wir schon die strukturierenden Heilkräfte eines Mandalas kennengelernt und durch das Modell im ersten Kapitel anschaulich gemacht haben, möchte ich die vier Himmelsrichtungen des Traums als kosmisches Mandala deuten und damit jenem therapeutischen Mandala zuordnen, das von tibetischen Mönchen zur Förderung ihrer Spiritualität und zur Heilung ihrer Seele erstellt wurde. Ferner erfuhr ich in diesen Traumbildern eine weitere Durchdringung meiner bewußten Einstellung zum Tod durch die unbewußten Kräfte, die sich in der autonomen Dynamik des langsam niederfallenden Baumes zeigten. Diesen Vorgängen wohnte eine Kraft inne, die mein Innerstes erschütterte und meine Seele in starke Schwingungen versetzte. In der bewußten Wahrnehmung dieser Kräfte werden diese dem Unbewußten entzogen und der bewußten Steuerung und Gestaltung des Ich unterstellt. Durch meine intensive und wiederholte Beschäftigung mit diesem Traum bin ich in einen inneren Dialog mit meiner Seele eingetreten.

Die archetypischen Bilder des Baumes und des Pfluges, die an das entsprechende Prophetenwort erinnerten, verankerten diese übernatürliche Botschaft durch ein natürliches Symbol in meiner Seele. Mittels dieser spirituellen Erfahrung habe ich etwas von der transzendenten Funktion meiner Seele erlebt. Es handelt sich dabei um jene Wahrnehmungsfähigkeit und besondere Intuition, die in begnadeten Augenblicken zu so etwas wie einem spirituellen Informationskanal zur göttlichen Welt werden kann.

Mein Traum hat mir also weitere Einsichten in persönliche Wandlungsvorgänge vermittelt und läßt mich wissender und bewußter der letzten und großen endgültigen Verwandlung entgegensehen.

Ich möchte noch einige Überlegungen zur kollektiven Bedeutung meines Todestraumes anschließen. Die kosmische Symbolik des Traumes und die Besprechung in der Supervision mit Kollegen vom C.G. Jung-Institut in Zürich veranlassen mich dazu. Die persönliche Wandlung in den spirituellen Lebenskrisen ist sicherlich ein zentrales Thema für jeden einzelnen Menschen, aber in unserer Zeitenwende geht es darüber hinaus vor allem auch um eine kollektive Erneuerung und Wandlung der Gesellschaft und Gemeinschaft. Diese Umkehr und Neubesinnung erfordern Zusammenbruch alter Werte und zerstören auch viele verfestigte Lebensformen und liebgewonnene Lebensmuster. Den Auftrag und Aufruf zur Erneuerung und Wandlung vernahm ich als Traumstimme: »Pflüge ein Neues!« – auch in der biblischen Tradition ein göttlicher Ruf zur Umkehr (Jeremia 4,3; Hosea 10,12).

Wenn ein Neues gepflügt werden soll, um Neues zu säen, wird nach diesem Sinnbild in der Seele vieler Menschen auch Altes und Abgelagertes wieder aufgerührt und führt zum Umbruch. Konkret heißt dies, daß bei vielen Frauen und Männern, die wie ich beim Ausgang des Krieges vor 50 Jahren noch Kinder oder Jugendliche waren, abgelagerte Todesängste und bisher unterdrückte und schlummernde Todesbedrohungen zu dem Zwecke wieder lebendig werden, um in der Erinnerung und aus heutiger Sicht nochmals angeschaut zu werden. So können sie mit Hilfe eines lebenserfahrenen und gestärkten Ich, mit psychologischem Wissen und therapeutischen Erfahrungen endlich zum Frieden finden.

Die Ausbrüche des Thanatos-Komplexes und die damit einhergehenden Erschütterungen, die in mancher Hinsicht mit dem Ausbruch eines Vulkans zu vergleichen sind, haben nach meinen Erfahrungen hauptsächlich zwei Zielrichtungen: Zum einen erinnern sie uns in den Sinnkrisen des Lebens an die fortwährende Auseinandersetzung mit der Todesthematik und tragen damit entscheidend zur Bearbeitung des Thanatos-Komplexes bei. Zum anderen treiben die unterschwelligen Wirkkräfte des Thanatos-Komplexes Menschen dazu an, bewußter zu leben, die verbleibende Lebenszeit dankbarer zu genießen und nach einem ganzheitlichen Leben zu trachten, um bei ihrer Lebensgestaltung den Tod und was danach kommt, bewußter miteinzubeziehen.

Vielleicht gehören Sie auch zu meiner Generation, die nach 50 Jahren durch die verschiedenen Gedenkfeiern sich nochmals an so manche Lebensbedrohung des letzten Weltkrieges erinnern. Unter allen meinen Ratsuchenden, KlientInnen und PatientInnen dieser Kriegsgeneration gibt es kaum jemand, der nicht bei tieferer Analyse seiner gegenwärtigen Lebensproblematik oder bei der therapeutischen Bearbeitung seiner Arbeits- oder Beziehungsstörung sowie seiner neurotischen Erkrankung nicht auch auf die Todesängste und den Kernpunkt der Todesthematik, nämlich den Thanatos-Komplex, gestoßen wird. Wenn dieser Kernkomplex durch Erinnerungen oder gegenwärtige Verletzungen aktualisiert wird, brechen bei vielen Menschen auch die Todesängste der Kriegszeit wieder auf.

Viele aus der Kriegsgeneration haben auch Geschwister, den Vater, die Mutter oder einen anderen Angehörigen verloren, diese Toten leben bei den meisten in der Erinnerung weiter. Manche(r) Nachgeborene hat sogar den Namen so eines Toten bekommen und wurde in seiner Kindheit oder Jugend durch die Erzählungen vom Schicksal dieses Kriegstoten und seinem Vermächtnis so stark beeinflußt oder beeinträchtigt, daß er gar nicht seine individuellen Anlagen und Gaben verwirklichen konnte. Das sogenannte Vermächtnis dieser Toten und dessen unterschwellige Wirkungen sind oftmals an einer larvierten Depression und an jenen narzißtischen Störungen mitbeteiligt, die die gegenwärtige Therapieszene beherrschen. Diese unterschwelligen Ängste, die fortwährend durch den Thanatos-Komplex bzw. den Todeskomplex gespeist werden, ziehen oftmals auch Schuldgefühle nach sich, die sich im Einzelfall bis zur sogenannten Überlebensschuld steigern können. Ursprünglich und erstmalig wurde dieser Begriff von Juden in den USA, die den Holocaust überlebt hatten, verwendet. Während die Angehörigen in den Gaskammern umkamen, fühlten die Überlebenden sich in irrationaler Weise schuldig, da sie mit dem Leben davongekommen waren. Inzwischen wird der Begriff der Überlebensschuld auch von deutschen Menschen der Kriegsgeneration verwendet, die damit ihre irrationalen Ängste und andere diffuse Gefühle beschreiben. Häufig führen derartige Schuldgefühle auch dazu, daß man sich selber seine individuelle Entwicklung und Entfaltung schuldig bleibt.

Während nach theologischem Verständnis die Schuldgefühle überwiegend auf das Schuldigwerden vor Gott bezogen werden, zeigen empirische Untersuchungen, daß Schuldgefühle eine überwiegend soziale Komponente haben, indem man anderen Menschen etwas schuldet (z.B. unterlassene Hilfeleistungen, Lieblosigkeiten, Verletzungen etc.) und darüber hinaus auch selber hinter seinen Möglichkeiten zurückbleibt.

Unter einer ganz besonderen Nachwirkung im Kontext des Todesthemas haben nach therapeutischen und seelsorgerlichen Erfahrungen diejenigen Menschen zu leiden, die nicht gelernt haben, nach ihren Möglichkeiten ganzheitlich zu leben: Sie können nur besonders schwer sterben. Wer nicht gelebt hat, will und kann auch nicht sterben, lehrte schon ein Zeitgenosse Jesu, der römische Philosoph Seneca (4 v.Chr. bis 65 n.Chr.), was durch heutige tiefenpsychologische Erfahrung nur bestätigt werden kann.

Sollten Sie in einer Umbruchphase des Lebens sein oder wie ich zur Kriegsgeneration gehören, mögen Sie sich für Ihre Meditation oder zur Versöhnung mit den Wunden der Vergangenheit für Sie zutreffende und stimmige Leitsätze formulieren. Zur Anregung schlage ich folgende Affirmationen vor:

*

Ich versöhne mich endgültig mit den Schicksalsschlägen meiner Kindheit und meines Lebens.

*

Ich warte darauf, daß in den Wunden meiner Vergangenheit das Wunder neuen Lebens für die Zukunft entsteht.

*

Ich sehe die Brüche meines Lebens und den gegenwärtigen Umbruch als Chance für neue Saat und neues Wachstum.

*

Ich lausche auf meine innere Stimme, die mir in manchen wegweisenden Träumen eine Botschaft zuraunt.

Der Traum des Nebukadnezar (15. Jhd.)

Wenn der Lebensbaum umgehauen wird

*D*er biblische König Nebukadnezar erlebte in seinem Todestraum, wie sein Lebensbaum, das Sinnbild seiner Herrschaft und seines Lebens, umgehauen wird. Der König berichtet folgenden Traum: *»Ich, Nebukadnezar, lebte ohne Sorgen in meinem Hause und glücklich in meinem Palast. Ich hatte einen Traum, der mich erschreckte. Was ich auf meinem Lager vor mir sah, war dies: Ich schaute, und siehe, ein Baum stand mitten auf der Erde; der war sehr hoch. Der Baum wuchs und wurde stark, sein Wipfel reichte bis an den Himmel, seine Krone bis ans Ende der ganzen Erde. Sein Laubwerk war schön, und er trug Früchte, die Fülle, Nahrung für alle war an ihm. Unter ihm fanden Schatten die Tiere des Feldes, in seinen Zweigen wohnten die Vögel des Himmels, und von ihm nährte sich alles Lebende. Dann sah ich in den Gesichtern, die mir auf meinem Lager vor Augen traten, wie ein Wächter, ein Heiliger, vom Himmel herabstieg; er rief mit mächtiger Stimme und gebot: Hauet den Baum um und schneidet seine Zweige ab, schlagt sein Laub herunter und zerstreuet seine Früchte!«*

Erkenntnisgewinn und Verstehensmöglichkeiten für Sie: Wenn in Ihren Tagträumen oder Phantasien oder in einem nächtlichen Traum ein Baum abgehackt oder vom Sturm umgeknickt wird, mögen Sie überlegen, ob Ihre Gesundheit zur Zeit gefährdet ist. Es kann sich dabei um psychosomatische Störungen im körperlichen Bereich handeln oder um die Verarbeitung von Ängsten in Ihrer Seele oder um einen anstehenden geistigen Wandlungsprozeß Ihrer Lebenseinstellung. Aus dem Kontext Ihres Lebens und der zielgerichteten Dynamik der Lebensenergien im Traum können Sie entnehmen, ob Symbole (wie in meinem Traum) auf die anstehende Wandlung verweisen oder ob es ein Wahrtraum zum nahenden Tod ist (wie beim König Nebukadnezar).

Affirmation:

Wohl dem Menschen, der nicht dem Rat der Frevler folgt,
nicht auf dem Weg der Sünder geht,
nicht im Kreis der Spötter sitzt,
sondern Freude hat an der Weisung des Herrn,
über seine Weisung nachsinnt bei Tag und bei Nacht.

Er ist wie ein Baum,
der an Wasserbächen gepflanzt ist,
der zur rechten Zeit seine Frucht bringt
und dessen Blätter nicht welken.
Alles, was er tut,
wird ihm gut gelingen.

Psalm 1

Prophetische Wahrträume vom bevorstehenden Tod

Viele Menschen erleben im Umfeld des Todes prophetische Wahrträume vom nahenden Tod. Es scheint so zu sein, daß der nahende Tod in den sensiblen Seelen der Angehörigen ein besonderes Energiefeld konstelliert, das dann in Wahrträumen sichtbar wird. Weil derartige Todesträume meistens einen tiefen Eindruck hinterlassen, sind viele Menschen an einem Verständnis derartiger Erfahrungen interessiert. Solche Träume von dem dann später tatsächlich eingetretenen Tod können wir als prophetische Todesträume bezeichnen. In ihnen scheint die Seele der Zukunft vorauszueilen, oder umgekehrt scheint die Zukunft in die Gegenwart zu gelangen. Durch meine therapeutische Arbeit und die zahlreichen Traumseminare sind mir viele Erfahrungen und Berichte bekannt, nach denen derartige Träume oder außersinnliche Wahrnehmungen unter bestimmten psychischen Bedingungen entstehen. Insbesondere bei emotionaler Betroffenheit im Umkreis des Todes oder bei bedrohlichen Krankheiten können sich derartige paranormale psychische Phänomene ereignen. Ihnen scheint ein gemeinsames archetypisches Grundmuster zugrunde zu liegen, das ich mit dem Begriff des Thanatos-Komplex benenne.

Der Thanatos-Komplex als ein geistiges und seelisches Energiefeld wirkt nicht nur im einzelnen Menschen, sondern bewirkt und übermittelt auch Wissen von dem Tod eines anderen Menschen, selbst wenn dieser über hunderte oder gar tausende von Kilometern entfernt lebt und stirbt. Besonders häufig stellten sich diese Ereignisse während des letzten Weltkrieges ein, wenn zum Beispiel ein Vater oder geliebter Sohn in Rußland oder anderswo an der Front ums Leben kam. Vor allem sensible Mütter und intuitive Familienangehörige, die mit Angehörigen besonders seelisch stark verbunden waren, haben in solchen Todesstunden ein Zeichen empfangen. Bei solchen Präkognitionen, dem Vorauswissen künftiger Ereignisse oder des Todes, scheint unsere übliche Zeitvorstellung auf den Kopf gestellt zu werden, nach der die Zeit und wir Menschen aus der Vergangenheit und in der Gegenwart auf die Zukunft hin leben. Zukunft ist damit also etwas auf uns Zukommendes.

Aus Erfahrung wissen viele Menschen, daß Ereignisse in der Zukunft in unterschiedlicher Intensität auf sie treffen können. Wer als verliebter Mensch morgen den Besuch seiner Geliebten erwartet, erlebt den morgigen Tag in einem anderen Zeitgefühl als zum Beispiel ein schlechter Schüler, der mit Angstgefühlen der morgigen Klassenarbeit entgegensieht. Doch diese Erfahrungen sind im subjektiven Erleben angesiedelt, aus dem heraus die Intensität des Zeiterlebens verständlich wird.

Darüber hinaus gibt es nun bei archetypischen Träumen, die aus einer großen Seelentiefe kommen, ein anderes Zeitgefühl als beim normalen Fluß der Zeit. Im Umkreis des Todes wird die Zeit »dichter«, sie erreicht eine besondere Intensität. Dabei scheint die Zeit dann in umgekehrter Richtung zu fließen, eben von der Zukunft in die Gegenwart. Die Umkehrung des Zeitlaufs im seelischen Bereich und im Mikrokosmos wird von einigen Physikern, wie zum Beispiel von *Heisenberg,* als möglich angesehen. Er schreibt: »... Man müßte mit der Möglichkeit rechnen, daß Experimente über die Vorgänge in ganz kleinen Raum-Zeit-Bereichen zeigen werden, daß gewisse Prozesse scheinbar zeitlich umgekehrt laufen als es ihrer kausalen Reihenfolge entspricht.«[1] Was der Physiker für den Mikrokosmos für möglich hält, genau dies oder etwas ähnliches scheint sich im Unbewußten zu ereignen, wenn wir kommende Ereignisse oder den Tod vorausträumen.

Ähnliche Gedanken über die Relativität von Raum und Zeit entwickelt der amerikanische Wissenschaftler und Parapsychologe *J.B. Rhine,* die er mit dem Tiefenpsychologen und Psychotherapeuten C.G. Jung diskutierte. Als Ergebnis dieser Überlegungen schreibt Jung in einem Brief vom November 1945 folgendes:

»Ich kann außersinnliche Wahrnehmung nur durch die Arbeitshypothese der Relativität von Zeit und Raum erklären. Diese scheinen physisch relativ zu sein; d.h. was man z.B. absoluten Raum nennt, existiert nur in der Welt makrophysikalischer Aspekte. In der mikrophysikalischen Welt ist die Relativität von Zeit und Raum eine feststehende Tatsache. Soweit die Psyche Phänomene nichträumlichen oder nichtzeitlichen Charakters hervorruft, gehört sie anscheinend zur mikrophysikalischen Welt. Dies würde auch die offensichtlich nichträumliche Natur psychischer Gegebenheiten, wie etwa Gedanken etc., sowie die Tatsache der Präkognition erklären. Da die Psyche ein energetisches Phänomen ist, besitzt sie Masse, allerdings Masse von mikrophysikalischer Ausdehnung oder Gewicht. Aus dieser Tatsache können wir materielle Wirkungen der Psyche ableiten. Insofern die Relativität von Zeit und Raum die Relativität der Kausalität einschließt und insofern die Psyche an der Zeit-Raum-Relativität teilhat, relativiert sie auch die Kausalität; und insofern sie mikrophysikalisch ist, besitzt sie eine zunehmend relative Unabhängigkeit von der absoluten Kausalität.«[2]

Nach dieser manchem vielleicht etwas theoretisch erscheinenden Einleitung möchte ich berichten, wie ich zwölf Nächte vor dem Tod meines Vaters im Jahre 1975 durch den folgenden Traum auf den kommenden Tod meines Vaters vorbereitet wurde:

Ich sah meinen Vater im Sarg auf dem Kirchplatz unter einer alten Eiche liegen, die in unmittelbarer Nähe neben der Heimatkirche stand. Mit besonderer Betroffenheit und Trauer näherte ich mich zögernd dem Sarg, um mich von dem Vater zu verabschieden. Lange schaute ich meinem Vater aus etwa zwei Metern Entfernung tief bewegt ins Angesicht. Ich traute meinen Augen nicht, als er schließlich langsam und zunächst blinzelnd die Augen öffnete und mich ansah. Immer mehr belebte sich sein Gesicht, bis er mir ganz lebendig erschien. Dann richtete er sich sogar ein Stück weit auf, als wollte er mir etwas sagen. Der Traum endete damit, daß die aufgehende Sonne dem Vater ins Angesicht schien und es für mich eindrucksvoll verklärte.

In den Bildern und Motiven dieses für mich sehr ergreifenden Traumes erscheinen mehrere Tiefendimensionen, die ich etwas näher beschreiben möchte. Zum einen ist der Weg zum aufgebahrten Sarg des Vaters eine Vorahnung und Vorbereitung auf den nahenden Tod. Im Umkreis des Todes geschieht häufig ein Vorauseilen der Seele, um auf die kommenden Ereignisse vorzubereiten. Da das Sterben und der Tod die tiefgreifendste Erfahrung unseres Lebens ist, brauchen wir dazu eine außerordentliche Vorbereitung. Nach meinen Erfahrungen gehört zu einem derartigen Erscheinungstraum eine persönliche Empfangsbereitschaft und auch ein Sender für die Botschaft. Obwohl das Modell von Sender und Empfänger diese tiefe Erfahrung nur unzureichend erklärt, gewinnt mancher Leser vielleicht eine erste Verstehensmöglichkeit für derartige Träume.

Als weiteres Motiv ist mir das Öffnen der Augen sehr wichtig. Während ich den Vater lange anschaue, öffnet er zu meinem Erstaunen nochmals die Augen, um nach mir zu sehen. Vorsichtig und fragend möchte ich es so formulieren: Indem ich meinen toten Vater anblicke, öffnet er noch einmal für mich die Augen und schaut auch mich an. Dieser Augenblick hat mir damit eine Dimension der Tiefe eröffnet, die ich bisher nicht wahrgenommen hatte. Schließlich hat mich noch tief berührt, wie die aufgehende Sonne meinem Vater ins Angesicht schien und ihn in einem überirdischen Glanz verklärte. Dieser Sonnenschein war »mehr« als die erhebenden Augenblicke beim morgendlichen Sonnenaufgang.

Für mich war es eine Verklärung von »drüben«, vergleichbar mit der Verklärung Jesu, von der es heißt: »... und sein Angesicht leuchtete wie die Sonne.« In meinem Traum leuchtete das Angesicht des Vaters zwar nicht wie die Sonne, sondern wurde von der Sonne angestrahlt. Dieser Unterschied läßt auch eine wichtige theologische und symbolische Dimension aufscheinen. Das Angesicht verklärt sich nicht aus sich heraus oder einzig von innen, sondern es wird von außen angeleuchtet und verklärt. Dabei ist ganz wichtig, daß Innen und Außen nicht als Gegensätze angesehen werden, sondern als zwei Gestalten der Einheitswirklichkeit erscheinen können.

Der schwarze Vogel kündet den Tod an

Der folgende Traum einer 55jährigen Arztfrau wurde eine Nacht vor dem plötzlichen Herztod ihres Mannes geträumt. Ihre Partnerbeziehung war in den letzten Jahren zunehmend schwierig geworden und besonders im letzten Dreivierteljahr von starken Spannungen geprägt. Die Träumerin sehnte sich nach einer Beziehung, in der offen und ehrlich mit Gefühlen umgegangen werde. Ihr Mann dagegen arbeitete fast immer in seinem medizinischen Beruf. Auch zu Hause beschäftigte er sich mehr mit seinen medizinischen Fachzeitschriften und Fachbüchern, als sich um das persönliche Ergehen seiner Frau und seine eigene Gesundheit zu kümmern. Immer wieder verkroch er sich in seiner Arbeit und wurde dabei zunehmend depressiv. Dieser Traum lautet:

Ich sehe im Traum meinen Mann auf dem Rasen auf einem Gartenstuhl sitzen. Er liest wahrscheinlich wieder in einer medizinischen Fachzeitschrift. Im Hintergrund sehe ich den Wald, der an unseren Garten angrenzt. Ein schwarzer Vogel sitzt auf der rechten Schulter meines Mannes und befindet sich ganz dicht an seinem Kopf und Gesicht. Quer über den Körper des Vogels sehe ich zwei rote Streifen in seinem Federgewand. Sie sind scharf konturiert und deutlich zu sehen. Ich gehe etwas näher heran und will den Vogel auf meinen Finger locken, weil ich merke, daß der Vogel so nahe an meines Mannes Gesicht ist, was ihm unangenehm zu sein scheint. Andererseits sollte ich aber auch sehen, wie zahm er war. Dies vernahm ich und spürte ich aus dem Blick meines Mannes. Der Vogel flog aber nicht auf meinen Finger, sondern an mir vorbei auf das Treppengeländer und erschien mir dort mehr in einem goldenen Federgewand.«

Die Träumerin merkte zu ihrem eindrucksvollen Traum folgendes an:

»Mein Mann sollte wegen seiner Herzbeschwerden am übernächsten Tag zu einer diagnostischen Untersuchung in eine Fachklinik. Im Rückblick muß ich leider sagen, daß ich zu jener Zeit seine Beschwerden nicht ernst genug genommen habe. Ich fühlte zwar die seelische Not meines Mannes, seine Einsamkeit und in gewisser Weise auch seine Hilflosigkeit, doch ich wußte nicht recht darauf einzugehen. Ich spürte unbewußt, daß es ein bedeutsamer Traum war, und erzählte ihn morgens beim Frühstück meinem Mann. Ich wagte ihn dabei nicht anzuschauen, weil ich fürchtete, daß sein Augenausdruck die Botschaft des Traumes und das Wissen von dem nahenden Tod widerspiegeln könnte. Als ich mit ihm im Gottesdienst war, dem letzten gemeinsamen unseres Lebens, mußte ich immer wieder an meinen Traum und an meine Ahnungen denken. Da ich noch nicht wußte, daß ich bereits einige Stunden später meinen Mann sterbend in den Armen halten sollte, schob ich meine beängstigenden Ahnungen weit von mir weg. Heute, acht Monate nach dem Schicksalsschlag, denke ich über solche Wahrnehmungsfähigkeit und Wahrträume ganz anders als damals.

Zu dem Vogel im Traum kann ich im nachhinein sagen, daß er wohl ein Todesbote gewesen ist. Da die Vögel fliegen können und in der Luft leben, verstehe ich sie als Geistsymbole. Vögel und andere Tiere kommen öfter vor in meinen Träumen und machen mich nachdenklich. Der Vogel in meinem Traum sah so ähnlich wie ein Rabe aus. Durch die zwei roten Streifen in seinem Federkleid ist er für mich ein außergewöhnlicher Vogel. Einen ganz besonderen Eindruck hinterließ er, als er an mir vorbeiflog auf das Treppengeländer zu. Da erschien er mir golden. Dieser Vogeltraum hat mir in erschütternder Deutlichkeit gezeigt, wie klar die Bildersprache des Unbewußten sein kann, auch wenn wir zunächst noch nicht wissen, was im wirklichen Leben auf uns zukommen wird.

Es handelt sich bei dem vorliegenden Traum ganz offensichtlich um einen vorausahnenden prophetischen Todestraum. Derartige Wahrträume sind aus der Kulturgeschichte der Menschheit vielfach bekannt. Wir denken zum Beispiel an die spektakuläre Voraussage von Swedenborg von dem Großbrand in Stockholm. Viele werden auch aus ihrem Bekannten- und Freundeskreis von solchen vorausgeträumten Ereignissen gehört haben. Doch am meisten sind wir betroffen, wenn uns selbst ein prophetischer Traum Ereignisse anzeigt, die sich im nachhinein dann auch so tatsächlich ereignen.

Wie ist nun in dem vorliegenden Fall der vorausgeträumte Tod des Ehemannes tiefenpsychologisch zu verstehen und therapeutisch zu deuten? Nun, wir hörten schon von den Herzbeschwerden des am Herzinfarkt verstorbenen Gatten. Wie so häufig Sterbende ihren Tod ahnen oder träumen, so scheint im vorliegenden Falle das unbewußte Wissen des Betroffenen im Traum der Ehegattin ins Bewußtsein gedrungen zu sein. Da der Verstorbene als Mediziner sehr stark die naturwissenschaftliche Betrachtungsweise bevorzugte, scheinen sein inneres Wissen und seine seelischen Empfindungen in den Traum seiner Ehepartnerin ausgewandert zu sein. In meiner Traumarbeit und in meinen Traumseminaren habe ich gelegentlich derartige Erfahrungen zu hören bekommen. Besonders wenn der eine Partner für seelische Dinge und für Träume recht empfänglich ist, und der andere Partner oder die Partnerin eher dem analytischen und wissenschaftlichen Denken zugeneigt ist, können sich in engen partnerschaftlichen und seelischen Beziehungen derartige Phänomene wie in dem vorliegenden Fall ereignen. In der Traumpsychologie nehmen wir an, daß wir alle nicht nur von Dingen träumen, die uns selber bewegen, sondern auch von Ereignissen träumen können, die *zwischen* uns und unseren nächsten Angehörigen geschehen. So gesehen, scheint es plausibel, wenn unsere Träumerin das unbewußte Wissen des kurz vor seinem Tod stehenden Gatten aufnimmt und ins eigene Bewußtsein hebt.

Ein besonderes Symbol für die Todesbotschaft ist der schwarze Vogel. Er sitzt auf der rechten Schulter des Ehemannes ganz dicht an seinem Kopf, an seinem Gesicht. Das Traumbild betont sehr deutlich die Nähe zwischen dem Todesboten und dem Angesicht des vom Tode Gezeichneten. Es scheint so, als flüstere der schwarze Rabe dem Betreffenden die Botschaft ins Ohr, daß er am folgenden Tage sterben müsse. Im Gespräch erzählte ich der Träumerin von den Raben auf Wotans Schultern, die ihm auch eine Botschaft und künftige Ereignisse ins Ohr flüstern. Dieses Bild aus der germanischen Mythologie konnte die Träumerin besonders gut aufnehmen und so ihr eigenes Traumbild tiefer verstehen.

Abschließend möchte ich diesen Wahrtraum vom bevorstehenden Tod noch im Zusammenhang mit dem genannten Thanatos-Komplex zu deuten versuchen. Wenn sich derartige schicksalhafte Ereignisse im voraus im Traum, und selbst, wie im vorliegenden Fall, für einen nahestehenden Angehörigen zeigen, dann handelt es sich um einen archetypischen Traum, der seine besondere Energie aus dem genannten seelischen Energiefeld bezieht. Ähnlich wie ein Erdbeben von den sensiblen Meßgeräten auf weite Entfernung hin gemessen werden kann, so können nahende Todesfälle derartige Erschütterungen im seelischen Erlebnisfeld des Betreffenden oder von Angehörigen auslösen, so daß sie entweder ahnend wahrgenommen werden oder wie in dem vorliegenden Fall durch einen Wahrtraum in Erscheinung treten.

Nachdem wir mit den beiden Todesträumen Einblicke gewonnen haben, wie sich der nahende Tod in den Träumen von nahen Angehörigen ankündigt, möchte ich mit dem folgenden Traum einer 64jährigen Frau zeigen, welche spirituellen Erfahrungen sie mit ihrem Wahrtraum einige Wochen vor ihrem Tode machte. Bei einem Krankenbesuch erzählte mir Trude, wie ich die Träumerin nennen möchte, zunächst, daß sie seit Monaten keine Träume mehr behalten habe. Sie führte dies vor allem auf die starken Medikamente zurück, die sie wegen ihrer Krebserkrankung einnehmen mußte. Verwundert erzählte sie dann, daß sie in der Nacht vor meinem angekündigten Besuch den folgenden Wahrtraum vom nahenden Tod behalten habe:

Ein Auto ist umgekippt und liegt auf der Seite. Ein Kind und ich steigen unverletzt aus. Das Kind geht zielstrebig auf eine wunderschöne Villa zu. Ich jedoch muß noch einen Berg hoch, auf dem eine Kapelle im strahlenden Licht steht.

Trude erzählt zunächst, daß das umgekippte Auto genauso auf der Seite liege, wie sie jetzt im Krankenbett liegt. Ganz ruhig und ohne Angst steigen sie und das Kind aus dem verunglückten Auto aus. Sie wundert sich darüber, wie das Kind zielstrebig auf die Villa zugeht, ohne sich umzublicken. Die Träumerin schaut dem Kind wehmütig nach. Sie spürt keinen Impuls, dem Kind zu folgen. Irgendwie weiß sie, daß sie zunächst noch einen anderen Weg gehen muß, nämlich in die entgegengesetzte Richtung auf den Berg. Auf meine Nachfrage nach dem Alter und Aussehen des Kindes beschreibt sie es als »zeitlos«, es erscheint als alt und jung in einer Person. Da Trude das Kind nur von hinten sieht, kann sie auch nicht sagen, ob es ein Mädchen oder ein Junge sei. Wie es so zielstrebig in die Villa mit den davorstehenden Säulen geht, erweckt es für sie den Eindruck, als ob es nach Hause gehe. Auf meine Nachfrage kann die Villa nicht mit einem realen Haus aus der Lebensgeschichte in Beziehung gebracht werden. Dem Kind jedoch scheint das Haus und die geöffnete Eingangstüre bekannt und vertraut zu sein. Es erscheint so, als kehre es heim.

Während wir einige Minuten miteinander schweigen und die Bilder des Traumes auf uns wirken lassen, beachte ich die Bilder und Phantasien, die mir vor das innere Auge treten. Als erstes fällt mir zur Villa und der Heimkehr des Kindes das Wort aus den Abschiedsreden Jesu im Johannesevangelium ein: »Ich gehe hin, euch die Stätte zu bereiten. In meines Vaters Hause sind viele Wohnungen. Und wenn ich hingehe, euch die Stätte zu bereiten, so will ich wiederkommen und Euch zu mir nehmen, auf daß ihr seid, wo ich bin« (Joh 14.2.3). Da Trude als gläubige Christin bibelkundig ist, sage ich ihr, daß mich das Traumbild an das assoziierte Bibelwort erinnert: »Das Kind als dein spirituelles Selbst geht dir voraus, um dir im Hause deines himmlischen Vaters deine Heimkehr vorzubereiten. Nachdem ich in Betroffenheit und mit zitternder Stimme diese Botschaft ausgesprochen habe, nickt die Träumerin nach einigen Minuten der Besinnung zustimmend und legt sich von der Seite in ihrem Krankenbett auf den Rücken und schaut wie geistesabwesend an die

Decke. So verweilen wir eine Zeitlang schweigend, und jeder lauscht auf seine inneren Vorgänge. In meinem empathischen Schweigen und bei meiner Imagination des zweiten Teiles des Traumes gewinne ich den Eindruck, als ob Trude in ihrem entrückten Blick die Kapelle auf dem Berge vor sich sieht. Während ich erwäge, ob ich sie darauf ansprechen soll, sagt sie mit verhaltener Stimme: »Deine Worte brachten in mir den Chor aus dem Requiem von Brahms zum Klingen, den ich vor meinem Klinikaufenthalt zu Hause öfter in meiner bewußten Vorbereitung auf mein nahendes Ende angehört habe: ‹Wie lieblich sind deine Wohnungen, Herr Zebaoth!›« und wie ein Gebet sprach sie die weiteren Worte: »Meine Seele verlanget und sehnet sich nach den Vorhöfen des Herrn; mein Leib und Seele freuen sich in dem lebendigen Gott.«

Nach Minuten des betroffenen Schweigens überlege ich, ob ich zum Abschied noch ein kurzes Gebet und den Abschieds-Segen sprechen sollte, oder ob Trude noch Kraft habe, auf den zweiten Teil ihres Traumes einzugehen. Nachdem ich sie auf beide Möglichkeiten angesprochen habe, entschied sie, auch darüber noch sprechen zu wollen. Sie sei durch den Traum und meine Anwesenheit so gestärkt, daß sie die Zeit nutzen wolle, um ihren Traum ganz zu verstehen. Da Trude sich durch eine persönliche Analyse und durch zahlreiche Traum-Kurse um das Verständnis der Bildersprache in ihrer Seele in den zurückliegenden Jahren bemüht hatte, fragte ich sie nach der persönlichen Bedeutung ihres Weges auf den Berg mit der Kapelle im strahlenden Licht. Aus dem Gedächtnis fasse ich ihre letzten Worte zusammen: »Ich habe wohl noch etwas Zeit, bevor ich gehen muß. Morgen werde ich aus dem Krankenhaus entlassen. Zu Hause möchte ich noch letzte Dinge in Ordnung bringen. Ich muß mich wohl mit letzter Kraft noch den geträumten Hügel hinaufquälen. Hoffentlich wirken die Schmerzmittel so, daß ich die letzten Tage nicht so starke Schmerzen habe. Ich will versuchen, auf das helle Licht in der Kapelle zu schauen. Bald wird es ein Ende haben!« – Schweigen. Nach einer Zeit gemeinsamen Schweigens setze ich das tröstliche Traumbild in Beziehung zu dem Psalmwort:

Ich hebe meine Augen auf zu den Bergen:
Woher kommt mir Hilfe?
Meine Hilfe kommt vom Herrn,
der Himmel und Erde gemacht hat.
Er läßt deinen Fuß nicht wanken:
er, der dich behütet, schläft nicht.
Nein, der Hüter Israels
schläft und schlummert nicht.
Der Herr ist dein Hüter, der Herr gibt dir Schatten:
er steht dir zur Seite.
Bei Tag wird dir die Sonne nicht schaden
noch der Mond in der Nacht.
Der Herr behüte dich vor allem Bösen,
er behüte dein Leben.
Der Herr, behüte dich,
wenn du fortgehst und wiederkommst,
von nun an bis in Ewigkeit.

Psalm 121

Nachdem ich das Krankenzimmer verlassen hatte und sinnend zu
meinem Büro ging, fühlte ich mich spürbar gestärkt und berührt durch
diese spirituelle Erfahrung im Angesicht des Todes. Diese Begegnung
und der Todestraum von Trude vergewisserten mich in meiner langjährigen Erfahrung, daß Träume eine tröstende Funktion auch angesichts des nahenden Todes haben können. Während sich der sterbliche
und zerfallene Leib noch eine Zeitlang quälen muß, um den Gipfel
zu erreichen, eilt das spirituelle Selbst in Gestalt des Kindes schon
voraus, um die Heimkehr anzukündigen und vorzubereiten. Der
Traum dieses alten und zugleich jungen Kindes erinnert mich an das
Wort Jesu: »Wer das Reich Gottes nicht so annimmt, wie ein Kind,
der wird nicht hineinkommen« (Lukas 18,17).

Abschließen möchte ich meine Betrachtungen und Deutungen der
Todesträume und der intuitiven Wahrnehmungen von dem nahenden
Tod mit dem tragischen frühen Tod von Tanja, die mit knapp 14

Jahren unerwartet starb. Ich lernte die trauernden Eltern bei einem Seminar über Todesträume und Trauerarbeit kennen, wo sie ausführlich die Begleitumstände und die Anzeichen des nahenden Todes ihrer Tochter und ihre eigenen Todesträume erzählten und mir die Erlaubnis zur Veröffentlichung ihrer persönlichen Aufzeichnungen erteilten. In ihrem Nachruf schreiben die trauernden Eltern:

»Tanja litt seit zweieinhalb Jahren an gelegentlichen Ohnmachtsanfällen, welche etwa zwei bis drei Mal im Jahr auftraten. Anfangs waren wir stark beunruhigt, suchten die verschiedensten Spezialisten auf und ließen alle nur möglichen Untersuchungen durchführen. Nachdem sich nicht der kleinste Hinweis auf irgendeine Erkrankung ergab, erklärten wir uns die Ohnmachten im Zusammenhang mit der Pubertät und mit Tanjas schnellem Wachstum, in der Hoffnung, daß diese mit Abschluß der körperlichen Entwicklung wieder verschwinden würden. Wir versuchten auch, im Sinne einer gesunden Entwicklung unseres Kindes, die Sache nicht zu dramatisieren.

Tanja war ein lebensfrohes, temperamentvolles Mädchen, offen – spontan – strahlend, aggressiv – liebevoll, fordernd – gebend, großzügig, vielseitig interessiert, aktiv, neugierig auf das Leben mit seinen unzähligen Möglichkeiten. Sie hat intensiv gelebt – aus dem Vollen geschöpft. Nur 13 Jahre und neun Monate. Hat sie darum so viel hineingepackt?«

Die letzten Wochen und Monate vor Tanjas unerwartetem Tod waren von zahlreichen Erlebnissen geprägt, die erst im nachhinein in ihrer tiefen Bedeutung für die Eltern verständlich wurden. In den letzten Urlauben der Familie besuchte Tanja gerne Friedhöfe oder stand morgens früh auf, um alleine in einen Gottesdienst zu gehen, während die Eltern noch schliefen. Ferner fand sie auf der Ferieninsel Lipari schwarze Edelsteine, Obsidiane, vulkanischen Ursprungs und war davon außerordentlich fasziniert. Etwa ein Jahr später las die Mutter in einem Edelsteinbuch über die Wirkungen des Obsidians, daß er in Zeiten der Umwandlung, des Verlustes und des Sterbens dazu verhelfe, diese Erfahrungen besser zu verarbeiten. Besonders zu denken gab der Mutter, daß Tanja in den letzten Wochen häufig darum bat, daß die Mutter vor dem Schlafengehen mit ihr bete. Als die Mutter Tanja fragte, was sie sich dabei denke und warum ihr das so wichtig sei, sagte sie: »Ich stelle mir vor, daß ich ein Engel mit Flügeln werde und in den Himmel fliege!« Über eine merk-würdige Erfahrung in der letzten Nacht vor dem plötzlichen Tod von Tanja berichtet die Mutter: »Plötzlich gegen 1/2 11 Uhr hörte ich deine Schritte auf der Treppe und dann standest du in meiner Schlafzimmertüre: ‹darf ich heute bei dir schlafen›, fragtest du mich. Das war schon lange nicht mehr vorgekommen und ich fragte dich, weshalb? Du konntest es mir nicht erklären und sagtest: ‹es ist etwas – ich weiß auch nicht› und legtest die Hand auf die Brust. Heute weiß ich, du wolltest die letzte Nacht ganz nahe bei mir verbringen.«

Während Tanja den geahnten frühen Tod durch die berichteten tiefsinnigen Symbolhandlungen und unbewußt gesteuerten Verhaltensweisen zum Ausdruck brachte, kündigte sich der nahende Tod in Träumen der Mutter an:

Wir sitzen im Flugzeug und überfliegen das Meer. Es ist Nacht. Tanja sitzt neben mir, mein Mann hat seinen Platz weiter vorne. Aus einem mir unbekannten Grund kann das Flugzeug unsere Insel nicht erreichen und muß eine Notwasserung vornehmen. In unserer Nähe gibt es einen offenen Notausgang: »Komm, Tanja, wir müssen da schnell hinaus!« Es herrscht ein Durcheinander und Panik unter den Passagieren. Wir sind im Wasser, das schwarz und aufgewühlt ist. Um uns ist Dunkelheit. »Komm, Tanja, schwimm, wir müssen weg vom Flugzeug, sonst zieht es uns hinunter, wenn es sinkt.« Ich habe große Angst, mein Kind in der Dunkelheit und den hohen Wellen zu verlieren. Wir schwimmen nebeneinander und kämpfen, um von dem Flugzeug wegzukommen. Plötzlich sehe ich in der Ferne einen kleinen Lichtpunkt. »Wir müssen auf das Licht zuschwimmen, das ist ein Fischerboot!«

Die Mutter berichtet, daß sie nach diesem eindringlichen Traum aufgewühlt und erschöpft aufwachte. Im Vordergrund stand für sie die Angst, ihr Kind zu verlieren. In den folgenden Monaten vor Tanjas Tod mußte die Mutter immer wieder an diesen Traum denken und konnte die Botschaft noch nicht endgültig verstehen. Erst nach dem Tod ihres Kindes und nachdem sich die Träumerin intensiver mit ihren Träumen auseinandersetzte, begann sie die Botschaft ihres Unbewußten zu verstehen und vermerkt zu diesem Traum:

Flugzeugkatastrophe – etwas, das überraschend auf uns hereinbricht und auf das wir keinen Einfluß nehmen können. Das Wasser als Symbol für das Seelenleben und die Gefühlswelt war bedrohend tief, aufgewühlt und schwarz. Zu Wasser und Meer assoziierte ich normalerweise Lebensfreude, Freiheit und Sonne. In meinem Traum jedoch war Dunkelheit, Angst um mein Kind. Das einzig Wichtige für mich war, Tanja in Sicherheit zu bringen. Da die jeweiligen Gefühle in Verbindung mit einem Traum von großer Bedeutung sind und weil er mich immer wieder in meinen Gedanken beschäftigte, fühle ich heute, daß er mich auf eine Katastrophe vorbereiten wollte. In den bildhaften Andeutungen teilte mir das Unbewußte eine Botschaft mit.

Aus dem schriftlich aufgezeichneten Erfahrungsbericht der Eltern geht auch eindrucksvoll hervor, wie die Trauerarbeit nach Tanjas Tod von verschiedenen Erscheinungsträumen von Tanja begleitet wird. Drei Monate nach Tanjas Tod träumt die Mutter:

Tanja steht vor mir und lacht. Wir scherzen. Ich umarme sie – ich spüre sie – ein großes Glücksgefühl und Liebe zu Tanja. Dann der Gedanke: das ist doch gar nicht möglich. – Ich erwache.

Die Mutter berichtet, daß sie im Taum Momente des Glückes und des Trostes erlebte und zugleich die Realität wahrnahm, daß es nicht möglich sei:

Tief in meinem Innern herrscht das Wissen, daß ich in Wirklichkeit mein Kind nicht mehr in die Arme schließen kann. Ich werde darauf aufmerksam gemacht, daß ich es akzeptieren muß. Nie mehr werde ich dein Lachen hören und deine blitzenden Augen sehen, nie mehr deine Stimme hören, nichts mehr für dich tun können. Viele Gegenstände im Hause erinnern an dich. Es ist ein tausendmaliges Abschiednehmen. Ich weiß, mein Schatz, daß du in guten Händen geborgen bist – aber das Heimweh nach dir ist übermächtig.

Etwa zwei Monate nach Tanjas Tod träumt der Vater:

Ich bin mit dem Lastwagen unterwegs. Tanja ist auch dabei. Ich weiß, daß sie da ist, aber ich kann sie nicht sehen. Die Straße ist eng, ich habe große Mühe voranzukommen. Ich suche Tanja und rufe nach ihr. »Da bin ich«, ruft sie und reckt die Hand hoch, winkt mir zu. Sie ist vorausgegangen.

Auch für den Vater ist das Erscheinen von Tanja tröstlich und schmerzlich zugleich.

In den folgenden Monaten durchleiden die Eltern die verschiedenen Trauerphasen und erzählen ihre Träume, die sie an Tanja erinnern oder in denen Tanja erscheint. Darüber hinaus lesen die trauernden Eltern verschiedene Bücher über Todeserfahrungen, Trauerarbeit und Todesträume. Besonders hilfreich waren den Eltern in diesen Monaten die Zeilen von Elisabeth Kübler-Roß:

»Unsere Forschungen über den Tod und das Leben nach dem Tod haben über jeden Zweifel hinaus offenbart, daß diejenigen, die den Übergang vollziehen, lebendiger und mehr umgeben sind von bedingungsloser Liebe und Schönheit, als sie sich je vorstellen können. Sie sind nicht wirklich tot. Sie sind uns in der Evolutionsreise, auf der wir uns alle befinden, nur vorausgegangen. Das einzige, was ihnen bleibt, ist das Wissen um die Liebe und Fürsorge, die sie empfangen und die Lektionen, die sie während ihres physischen Lebens gelernt haben.«[3]

Erkennungszeichen
für den nahenden Tod

Viele Menschen fragen nach Erkennungszeichen für prophetische Todesträume, die den wirklichen Tod ankündigen. Dazu ist grundsätzlich zu sagen, daß es keine absolut eindeutigen Todessymbole in den Träumen gibt, die einem Menschen den nahenden Tod unbedingt ankündigen. Wenn Sie einen persönlichen Todestraum hatten und dadurch beunruhigt wurden, dann sollten Sie als erstes die vorstehenden Deutungshilfen zum persönlichen Umgang mit Todesträumen benutzen und die Liste mit den 16 Fragen (vgl. S. 110) auf ihren persönlichen Traum anwenden. Wenn Sie danach durch Ihren Todestraum immer noch verunsichert sind und ahnen, daß er Ihnen eine noch tiefere Botschaft vermitteln möchte, dann könnten die folgenden Erkennungszeichen für Sie hilfreich sein.

Auch wenn den meisten Menschen die Stunde ihres tatsächlichen Todes verborgen bleibt, gibt es in vielen doch ein besonderes Gespür oder ein Ahnungsvermögen vom nahenden Tod. Wenn es sich tatsächlich um einen prophetischen Wahrtraum vom bevorstehenden Tod handeln sollte, dann wohnt diesem meistens eine derart überzeugende Wirkung inne, daß man sich der Botschaft des nahenden Todes nicht verschließen kann. Manche Menschen haben eine derartige Intuition, daß ihnen das Ahnungsvermögen und die Erscheinungsbilder in den Träumen von Verstorbenen die Botschaft übermitteln, daß sie jetzt gehen müssen.

Folgenden Erscheinungsbildern von Toten und Todessymbolen wohnt eine große Wahrscheinlichkeit inne, daß der nahende Tod angezeigt wird:

Wenn Verstorbene uns abholen oder erwarten

In der Sterbeliteratur gibt es viele Zeugnisse darüber, daß Sterbende »Drüben« von Angehörigen oder anderen Verstorbenen erwartet werden. Meistens winkt der Verstorbene von einem jenseitigen Ufer oder geht auf das Haus zu, in dem der Sterbende wohnt. Hinter derartigen Traumerscheinungen steht die weitverbreitete Auffassung, daß die Toten unsichtbar in uns weiterleben und dann erscheinen, wenn jemand stirbt. Elisabeth Kübler-Ross hat in ihren umfangreichen Sterbebegleitungen beobachtet, daß selbst Kinder vor ihrem Tod in ganz besonderer Weise von verstorbenen Angehörigen sprechen. Daraus folgert sie: »Ich kann mir diese Tatsache nicht anders erklären, als daß ich mich der Behauptung anschließe, daß diese Sterbenden sich schon der Gegenwart ihrer verstorbenen Familienmitglieder bewußt sind. Jene haben auf die Hinübergehenden gewartet, um sich in einer unterschiedlichen Daseinsform mit ihnen wieder vereinigen zu können.«[1]

Eine weitere Verstehensmöglichkeit (auf der sogenannten Subjektstufe) lautet, daß wir in diesen Symbolen eigene Wesensmerkmale und Lebenserfahrungen repräsentiert sehen. Wenn uns also Verstorbene im Traum erscheinen, sollten wir uns auch fragen, welche Werte sie vergegenwärtigen und welche Erfahrungen sie für uns verkörpern. Viele Menschen wissen aus der Familiengeschichte bestimmte Einzelheiten von ihnen und erinnern sich noch an Erfahrungen mit ihren Verstorbenen. Wenn diese uns nun erscheinen, ahnen und spüren wir, daß neue Erkenntnisse oder wichtige Einsichten in unser Bewußtsein drängen, für die jene Menschen ein Erscheinungsbild sind.

Die letzte Reise zur Toteninsel oder nach Übersee

Das mit merkwürdigen Empfindungen begleitete Traumbild einer letzten Reise zu einer Insel oder nach Übersee kann ein weiteres Erkennungszeichen für den nahenden Tod sein. So träumte ich persönlich vor dem Tod meiner Mutter, daß sie in Cuxhaven ein sonderbares Schiff betrat und nach Übersee fuhr. Schon im Traum wurde mir bewußt, daß dies nicht Amerika war, sondern das jenseitige Totenland. Ähnliche Traumbilder, zum Beispiel von einer Zugreise, können auch den Abschied und die Versöhnung mit Toten signalisieren. So träumte eine ältere Dame von einer Filmschauspielerin, die sich das Leben genommen hatte, daß diese ganz versöhnlich hinter der Fensterscheibe eines Eisenbahnabteils erschien und freundlich zum Abschied winkte. Die Träumerin hatte nach diesem Selbstmord Schuldgefühle, weil sie die Tat nicht hatte verhindern können. Durch die Besprechung und Meditation der versöhnlich erscheinenden Verstorbenen wurde die positive Traumkraft in der Träumerin wieder lebendig, und sie konnte sich nochmals bewußt von der Verstorbenen verabschieden, sie reisen lassen und zugleich ihren Schuldgefühlen den Abschied geben.

Neben den vertrauten Bildern für die letzte Reise aus der diesseitigen Welt gibt es bei allen Völkern und allen Religionen auch mythologische Bilder für die Seelenreise ins Totenland. Den Verstorbenen oder Eingeweihten stehen dazu verschiedene Transportmittel zur Verfügung: prächtig geschmückte Schiffe, Wagen, die von geflügelten Rossen gezogen werden, wie es häufig auf etruskischen Grabsteinen dargestellt wird. Besonders bekannt sind die Grabschiffe der Indianer, die die Seelen der Verstorbenen häufig zusammen mit Tieren oder dem Totemtier oder einem Seelenvogel in die jenseitige Welt übersetzen. Im alten Ägypten fuhren die Verstorbenen mit dem Sonnengott Amun-Re in der Sonnenbarke durch die Unterwelt. Nach der griechischen Mythologie werden die verstorbenen Seelen von dem Totenfährmann Charon über den Styx, den stinkenden Fluß der Unterwelt, gefahren. Diese und zahlreiche weitere mythologische Bilder kann die Seele aufgreifen und abwandeln, um einen Sterbenden über seine letzte Reise ins Bild zu setzen.

Schwarze Seelenvögel
können den Tod ankündigen

Schwarze Vögel, wie Raben, Krähen, Geier oder andere Raubvögel, können den nahenden Tod desjenigen ankündigen, mit dem sie in Verbindung stehen. Es sei an den mitgeteilten Traum jener Arztfrau erinnert, die von einem schwarzen Vogel träumte, der auf der rechten Schulter ihres Mannes sitzt und sich ganz dicht an den Kopf und an das Gesicht anschmiegt. Es wurde schon berichtet, daß der Ehemann am folgenden Tat tatsächlich verstorben ist. Aus dem Kontext der Traumbilder ist meistens ersichtlich, wann und ob ein schwarzer Vogel ein Todesbote ist. Die Vogelgestalt kann auch vermischt mit einem Menschen erscheinen, wie in dem Traum eines 35jährigen Akademikers, der von einer Frau mit Vogelgesicht träumte, die dann tatsächlich den eintretenden Tod ankündigte. Als diese Gestalt mit einem schwarzen Schleier vor den Augen in das Zimmer trat, hatte der Träumer den Eindruck, als ob eine Norne oder das Schicksal selbst einträte. Die Frau im Traum ähnelte sehr seiner Frau, die bald danach verstarb. Derartige Mischwesen, halb Vogel, halb Mensch oder in anderen Zusammensetzungen, sind aus der Mythologie als Todesdämonen bekannt. Aus den gleichen oder ähnlichen Quellen scheint die Seele derartige Todessymbole zu inszenieren.

Der erschreckende schwarze Höllenhund

In den Bildern eines furchterregenden merkwürdigen Hundes, Wolfes oder Kojoten kann Kerberos, der Höllenhund, erscheinen. Es ist bei diesen Erscheinungen nicht an die uns vertraute natürliche Gestalt eines Hundes zu denken, sondern grausame Zerrformen eines Wesens, das in furchterregender, schwarzer Gestalt erscheint, oder mit einem Riesenmaul einen Menschen verschlingt. Der Todesaspekt des Hundes oder Wolfes begegnet uns ferner in der abergläubigen Vorstellung, daß jemand stirbt, wenn nachts die Hunde so schauerlich jaulen. Ein ähnliches Hundegebell oder ein schauererregender Hund können uns auch in den Träumen begegnen und entweder die notwendige und persönliche Wandlung oder den kommenden Tod ankündigen. Der Hund ist besonders in der griechischen Mythologie ein Todessymbol. Der schon genannte Höllenhund Kerberos mit seinen drei schlangenbedeckten Köpfen läßt die Toten in die Unterwelt eintreten, aber niemanden zurückkehren. Der Hund galt in der Antike als unreines und unheimliches Tier, weil er Leichen fraß und zur Totenwelt in Beziehung stand. In der Alchemie haben der Hund und der Wolf eine symbolische Bedeutung im Hinblick auf den seelischen Wandlungsprozeß.

Wenn Menschenkörper verfaulen oder Tiere zerstört werden

Gelegentlich wird der nahende körperliche Tod in Bildern von der totalen Zerstörung von Tierkörpern oder von verfaulenden Menschenkörpern geträumt. Als Beispiel erwähne ich den Traum eines 17jährigen Mädchens, das träumte, daß nachts ein furchtbarer Lärm im Haus losgeht. Sie sah nach und entdeckte, daß ein scheues Pferd in der Wohnung herumraste. Endlich findet das Tier die Türe auf den Korridor und springt nun durch das Korridorfenster aus dem vierten Stock auf die Straße hinunter. Das Mädchen sah mit Schrecken, wie das Tier unten zerschmettert liegenblieb. Andere Menschen sehen sich als Leiche, die in den Verwesungsprozeß übergegangen ist.

Stillstand der Zeit oder einer Uhr

Im Umfeld von realen Todesereignissen kommt es häufig zum Stillstand einer Uhr. In Träumen, die den nahenden Tod ankündigen, kann die Zeit im subjektiven Erleben des Menschen tatsächlich stehenbleiben. Gelegentlich werden Stillstand der Lebensuhr und die abgelaufene Lebenszeit noch durch weitere dramatische Zeichen ergänzt. So sah jemand auf seinem Sterbebett, wie der Zeiger der

Uhr, der sich eben noch bewegt hatte, stehenblieb. Dann öffnete sich ein Fenster hinter der Uhr, und helles Licht strömte herein. Die Fensteröffnung wurde schließlich zu einem Tor, und das Licht zu einem leuchtenden Weg, auf den der Sterbende hinausgeht und entschwindet.

Manche Sterbenden erleben zweierlei Zeit, wie es auch in Todesträumen geschehen kann. Das eine ist die normale, übliche Zeit, in der sozusagen alles im Fluß und in Bewegung ist. Dem anderen Zeiterleben entsprechen der absolute Stillstand der Zeit und das merkwürdige Empfinden, außerhalb von Raum und Zeit zu stehen. Manche kennen ähnliche Erfahrungen, wenn sie an einem Ort weilen, wo es »totenstill« ist; man bekommt dort eine Ahnung von der Ewigkeit als einer überzeitlichen Dimension. Von solchen Zeit-losen Todesträumen geht meistens eine verwandelnde Wirkung aus.

Wenn der Lebensbaum umgehauen wird oder verbrennt

Wir haben schon den Baum als ein besonderes Sinnbild für das menschliche Leben kennengelernt. Wenn nun das Leben oder die Gesundheit eines Menschen bedroht sind, dann kann sich solches im Fällen eines Baumes oder dadurch, daß dieser sogar zu Asche verbrennt, ankündigen oder widerspiegeln. Auch durch eine geträumte Naturkatastrophe kann der Lebensbaum vernichtet werden, wie dies ein junger Mann drei Tage vor seinem Tod träumte: »Ich sehe einen Wald, über den ein Sturm hereingebrochen sein muß. Die Tannen liegen kreuz und quer. Waldarbeiter sind da. Sie verladen die Bäume und transportieren sie ab. Mich wundert, daß der Wald, der in voller Kraft zu stehen schien, dem Sturm nicht trotzen konnte. Ich schaue traurig zu.« Über den Wald ist eine höhere Gewalt hereingebrochen. Obwohl die Bäume in voller Kraft stehen, können sie den Naturgewalten nicht trotzen, genausowenig, wie der junge Mann seinen Herzinfarkt nicht überleben konnte. Betroffen fragte er sich, ob dieser Traum ihm den nahenden Tod ankündige.

Vom eigenen Tod träumen bedeutet meistens Wandlung

Abschließend sei nochmals an die Todesträume als Wandlungssymbole für das diesseitige Leben erinnert. Die Volksweisheit sagt: Wer vom eigenen Tod träumt, wird lange leben. In meiner therapeutischen Arbeit und der Traumarbeit hat sich diese Weisheit oftmals bewährt. Dennoch sollten die beschriebenen Erkennungszeichen und Merkmale der Wahrträume vom bevorstehenden Tod beachtet werden und zumindest zur Auseinandersetzung mit dem eigenen Tod beitragen. Bei den eigenen Träumen mit Symbolen vom Tod und den Träumen anderer Menschen sollten wir äußerst behutsam und sensibel mit derartigen Deutungen sein, damit Menschen nicht in Todesangst versetzt werden. Wenn Menschen jedoch durch einen Todestraum die Botschaft erhalten und auch intuitiv spüren, daß sie gehen müssen, dann sollten wir ihnen dieses innere Wissen durch oberflächliche Redensarten oder Vertröstungen nicht zerstören.

Todesträume selber deuten

Jedermann träumt seine eigenen Träume, und jedermann kann sich auch bemühen, etwas von der Bildersprache seiner Träume zu verstehen. Anfänglich mag es jemanden, der recht bildhaft denkt und eine lebhafte Phantasie hat, leichter fallen, seine Traumsymbole zu entschlüsseln, als jemandem, der mit Hilfe seines Denkens und seiner Rationalität sein Leben gestaltet und seine Entscheidungen fällt. In diesem Buch wurde mehrfach davon gesprochen, daß unsere Träume und auch unsere Todesträume bisher verborgene Seiten unseres Seelenlebens widerspiegeln und dadurch an der Ganzwerdung unseres Lebens mitwirken. Oftmals beeinflußt uns ein wichtiger Traum derart, daß wir häufig an ihn denken müssen und wir den Einfluß seiner Bilder und Symbole deutlich spüren. Viele Menschen fragen sich dann: Was will mir dieser Traum sagen? Was mag er bedeuten?

Aus unzähligen Gesprächen über Träume und aus meiner langjährigen Arbeit mit Träumen habe ich die nachfolgenden Fragen zu Träumen zusammengestellt. Dazu möchte ich Ihnen jetzt einige Vorschläge und Vorbereitungen mitteilen, wie Sie mit diesen Fragen versuchen können, einen persönlichen Traum zu bearbeiten und zu deuten. Sie sollten Ihren Todestraum oder einen Traum, in dem Ihnen Verstorbene erschienen sind, aufgeschrieben vor sich liegen haben. Für die folgende Meditation Ihres Traumes ist es wichtig, daß Sie nicht unter Zeitdruck stehen, sondern an einem ruhigen Wochenende oder im Urlaub sich einige Stunden Zeit für den Umgang mit Ihrem Traum nehmen. Sie sollten sich also in einen Raum zurückziehen, sich sammeln und sich durch eine Ihnen vertraute Meditationsübung oder durch besinnliche Musik auf die erneute Begegnung mit Ihrem Traum und dessen Symbolen vorbereiten. Nach dieser Einstimmung sollten Sie sich Ihren Traum in allen Einzelheiten nochmals vergegenwärtigen. Versuchen Sie, in das Traumgeschehen hineinzugehen und an der Traumhandlung Anteil zu gewinnen. Lassen Sie sich von der Traumstimmung ansprechen und von den im Traum vorherrschenden Gefühlen berühren. In Ihrer entspannten und meditativen Haltung werden Ihnen dann bestimmte Einfälle kommen, die Sie kurz notieren können. Üben Sie auf Ihre Phantasie keinen Druck und keine moralische Zensur aus. Alles, was im Traum dargestellt ist, sind persönliche Anteile und seelische Empfindungen von Ihnen. Jetzt nehmen Sie meine Fragen zu Hilfe, die durch die Anmerkungen zusätzlich erläutert sind. Wenn Ihnen zu einer Frage keine Einfälle und Phantasien kommen, können Sie getrost zu einer der nächsten und einer der weiteren Fragen übergehen. Die hier vorgegebene Reihenfolge ist für Sie nicht zwingend. Sie müssen auch nicht alle Fragen zu Ihrem Traum beantworten können. Wenn Sie den größten Teil der Fragen gelassen und beharrlich zu beantworten versuchen, werden Ihnen die Bilder und Symbole Ihres Traumes verständlicher werden.

Die Botschaft Ihres Todestraumes sollten Sie weder als letzte Wahrheit über Ihr Leben noch als Todesurteil verstehen.

Was Sie von Ihrem Todestraum als Botschaft verstanden haben, können Sie in der Folgezeit mit einem Ihrer Angehörigen oder Freunden besprechen, um Ihre persönliche Sicht durch die Meinung anderer Menschen zu ergänzen.

Wenn Sie die Botschaft eines Todestraumes ängstigt oder stark beunruhigt, sollten Sie das Gespräch mit einem kundigen Traumpsychologen oder Psychotherapeuten suchen.

TRAUERARBEIT UND TODESERFAHRUNG

1. Ist Ihr Todestraum ein Ausdruck der Trauerarbeit und des Trauerprozesses nach dem Tod eines Angehörigen?

Oft sind unsere Träume von Toten und Verstorbenen ein Ausdruck der persönlichen Trauerarbeit nach dem Verlust eines Angehörigen oder eines nahestehenden Menschen. Auch wenn wir mit vollem Bewußtsein eine Zeitlang getrauert haben, kann dies für unsere Seele noch nicht genug sein. Besonders aber wenn wir uns nach einem Todesfall mit Willensstärke über den Verlust haben schnell hinwegsetzen können, nimmt sich die Seele Zeit für die Trauerarbeit.

2. Erinnert Sie das Erscheinen eines bestimmten Verstorbenen an eine schicksalhafte Schuldverstrickung?

Häufig können sich Menschen auch nach einem längeren Trauerprozeß deswegen nicht von einem Verstorbenen lösen, weil begründete (oder unbegründete) Schuldgefühle sie an den Toten binden. Besonders wenn eine gegenseitige Aussöhnung zu Lebzeiten nicht möglich war, weil der Tod plötzlich und unerwartet kam, erinnern die Toten an eine Auflösung dieser Schuldverstrickung. Dies kann geschehen, indem die Schuld gesühnt wird, der Betroffene einen Versöhnungsbrief schreibt oder am Grab innigst um Verzeihung bittet. Gläubige und religiöse Menschen haben darüber hinaus noch die Möglichkeit, Gott oder die höhere Macht um Vergebung zu bitten. Jeder muß hier seine persönlichen Möglichkeiten entdecken.

3. Ist Ihr Todestraum oder Ihre Todesphantasie Ausdruck eines Wunsches nach Verbundenheit mit geliebten Verstorbenen?

In vielen Menschen lebt eine starke Sehnsucht nach der Wiedervereinigung mit einem geliebten Menschen im Jenseits. Dieses starke Gefühl findet häufig einen symbolischen Ausdruck im Erscheinen dieser Person im Traum. Gelegentlich kann es dabei zu einer derart gefühlsstarken Begegnung kommen, daß von einer »Todeshochzeit« oder einer Heiligen Hochzeit der Seele gesprochen werden kann. In welcher klärenden Erkenntnis können Sie Ihre Erfahrung beschreiben?

4. *Wie werden Sie durch den Todestraum in das Geheimnis des Todes eingeweiht?*

Unsere Seele lebt in den Bildern der Träume. Diese haben zwei Wurzeln: das seelische Erleben sowie das ganze Leben und die Totenwelt. Neben der Wechselbeziehung von Traum und Leben ist auch die Beziehung Traum und Tod zu beachten. So wie uns viele Träume mit der dunklen Welt in uns konfrontieren, führen uns andere zur Begegnung mit der Totenwelt. Wie manche Nacht eine kleine Todeserfahrung sein kann, kann uns mancher Todestraum in das Geheimnis des Todes einweihen. Mit welchen Worten können Sie einen Aspekt dieses Geheimnisses beschreiben?

BEWUßTSEINSERWEITERUNG DURCH TODESTRÄUME

5. *Was trägt der Todestraum zur Bewußtseinserweiterung bei?*

In den Träumen arbeitet die Seele unaufhörlich an unserer Bewußtseinserweiterung, indem sie unbekannte und dunkle Seiten des Lebens bewußt werden läßt. Zu diesem andauernden seelischen Prozeß gehört auch die Durchleuchtung des Geheimnisses des Todes. Wenn wir die Botschaft eines Todestraumes begreifen, indem wir zugleich von der geheimnisvollen Macht des Todes ergriffen werden, treiben wir tiefe Wurzeln in das Reich des Todes.

6. *Könnte Ihr Traum vom Schattenreich des Todes auch Ausdruck Ihres eigenen Schattens sein?*

Unter dem »Schatten« verstehen wir in der Jung'schen Tiefenpsychologie alle dunklen und verdrängten Seiten des Lebens. Diese Schattenseiten gehören zu uns, wie der Schatten, den wir in der Sonne werfen oder wenn wir im Licht stehen. Je stärker und länger wir unsere Schattenseiten verdrängen, um so bedrohlicher können sich dunkle Triebkräfte in Bildern vom Schattenreich des Todes darstellen. Da die Auseinandersetzung mit dem Schatten ein Leben lang währt, kann die Integration nur teilweise gelingen. Doch die Schatten werden kürzer, je mehr wir das Licht des Bewußtseins erlangen. Wer seine Schattenseiten erkennt und benennt, ist ihnen nicht mehr ahnungslos ausgeliefert. Welche Schattenseiten spiegelt Ihr Traum?

7. Führte Ihr Todestraum zu einer Wandlung Ihres Zeitgefühls und erweitert er Ihr Gegenwartsgefühl?

Im Angesicht des Todes wird unser Verhaftetsein an Raum und Zeit erweitert und unsere Anwesenheit im Hier und Jetzt geläutert. Wer dem Tod oder dem Erscheinungsbild eines Toten begegnet ist, bekommt ein erweitertes Zeitgefühl, indem er sich rückschauend in die Vergangenheit versetzt fühlt, tiefer in der Gegenwart verwurzelt wird oder vorausschauend in der Zukunft weilt. Versuchen Sie in Ihren Worten die Wandlung des Zeitgefühls im Traum zu beschreiben.

8. Hat der Todestraum Ihren Lebenswillen gestärkt oder beeinträchtigt?

Wenn Sie durch einen Traum mit der Welt des Todes konfrontiert wurden, kommt es meistens zu einem heilsamen Erschrecken und zur Bewußtwerdung des eigenen Standpunktes und zur Standortbestimmung im Leben. Überlegen Sie, wie Ihr Lebenswille durch einen Todestraum mobilisiert und gestärkt wurde. Registrieren Sie auch, ob Sie durch das Erscheinen eines Verstorbenen geängstigt wurden oder sich niedergeschlagen fühlten. Beschreiben Sie Ihre Erfahrungen mit einem Todestraum im Hinblick auf Ihren Lebenswillen.

GANZHEITLICHE BEGEGNUNGEN MIT TOTEN

9. Welche Gedanken kommen Ihnen zu dem Todestraum?

Mit Hilfe des Denkens und des Nachdenkens sollten wir ein umfassendes Verstehen und eine ganzheitliche Ansicht über den Tod und das Sterben anstreben. In den Träumen wird uns diese Verstehensmöglichkeit in bildhafter Sprache nahegebracht. Durch unsere Gedanken und Einfälle arbeiten wir aktiv und bewußt an der Enträtselung unserer Todesträume. Mit Hilfe des Denkens verstehen wir die Botschaft des Traumes.

10. Weckt dieser Todestraum angenehme oder unangenehme Gefühle? Was fühlen Sie als innere Stimme und Stimmung?

In den Träumen streckt die Seele ihre Fühler weit über das Bewußtsein hinaus aus. Was wir uns bewußt nicht denken können, spüren wir häufig in den Träumen. Im Fühlen spricht eine innere Stimme zu uns und verhilft uns zu einem Werturteil darüber, ob wir die Beziehungen zwischen Tod und Leben richtig oder falsch sehen. Nicht nur was Sie über den Tod denken ist wichtig, sondern auch, wie Sie diese Wirklichkeit erspüren.

11. Welche Empfindungen weckt dieser Todestraum?

Mit der Empfindungsfunktion nehmen wir die Realität um uns wahr und erspüren mit allen Sinnen, wie es um uns steht. Da Todesträume auch in der Lebensmitte geträumt werden, machen sie auf leidvolle Umstellungen im persönlichen Leben aufmerksam. Diese Erfahrung kann außerordentlich betroffen machen und bewirkt in überzeugender Weise eine persönliche Wandlung und neue Lebenseinstellung.

12. Welche Ahnungen über das Geheimnis des Todes vermittelt Ihnen die Intuition in diesem Todestraum?

Unter Ahnung verstehen wir eine innere Wahrnehmung und ein seelisches Gespür, das über das rationale Verstehen hinausgeht. Wenn wir das Geheimnis eines Todestraumes erahnen, kommen wir den Urbildern unserer Seele nahe. Wenn wir intuitiv im Bilde sind, ahnen wir etwas von der Weisheit unserer verstorbenen Ahnen.

BOTSCHAFTEN DER TODESTRÄUME

13. Wie trägt der Todestraum zur Auseinandersetzung mit der eigenen Sterblichkeit bei?

Wenn uns ein Verstorbener erscheint oder wir durch einen Todestraum in die Unterwelt geführt werden, sind wir zur Auseinandersetzung mit der eigenen Sterblichkeit aufgerufen. Viele Menschen, die sich nicht mehr zu den religiös Gläubigen zählen, erhalten von ihren Glaubensgemeinschaften und Kirchen keine Anleitungen zur »Kunst des Sterbens«. Damit keiner dem Tod unvorbereitet entgegengeht, schickt die Seele von Zeit zu Zeit einen Todestraum.

14. Empfinden Sie Ihren Todestraum als eine Vorahnung des nahenden Endes?

Viele Träumer berichten davon, daß ein Todestraum sie stark berührt habe. Häufig stellen sich unter diesem Eindruck Phantasien und Vorahnungen des nahenden Lebensendes ein. Solche prophetischen Träume lösen tiefes Erstaunen aus. Doch diese Bilder bedeuten häufig auch, daß unser altes Ich und ein Anteil des bisherigen Lebens endet und etwas Neues beginnen soll. Die Stärke der Betroffenheit und die anhaltende Vorahnung sollten auf die »kleinen Tode« als Wandlung im Leben und auf den letzten Tod hin befragt werden.

15. Welches Bild oder Symbol des Traumes bleibt Ihnen noch ein dunkles Geheimnis?

Da die Todeserfahrung uns in dunkle Tiefen führt und die Auseinandersetzung mit der Sterblichkeit keine endgültige Lösung finden kann, bleiben auch manche Todesträume unverständlich. Bei solchen Träumen können wir uns in der Geduld und Selbstbescheidenheit üben, einmal Unverstandenes stehen zu lassen und zu akzeptieren. Indem Sie es dennoch in Worte kleiden, verliert es etwas von seiner bedrohlichen Unverständlichkeit. Bei wichtigen und sogenannten Großen Träumen brauchen wir ein Leben lang, um das Geheimnis des Todes zu »buchstabieren«.

16. Welche Botschaft vermittelt Ihnen der vorliegende Todestraum?

Versuchen Sie für sich persönlich die Bedeutung und den Sinn Ihres Traumes zu erkunden. Wenn Sie die meisten Fragen beantwortet haben, werden Sie so etwas wie einen »roten Faden« gefunden haben. Indem Sie bestimmte Zusammenhänge aufdecken und die Gefühle und Stimmungen erspüren, haben Sie eine Spur zum Verständnis entdeckt. Wenn Sie diese Erfahrungen weiter geistig durchdringen und die Bilder umdenken, wird sich etwas von der Botschaft erschließen lassen.

Ähnlichkeiten zwischen Todesträumen und Nah-Todeserfahrungen

Wenn ich mit Ratsuchenden die Todesträume bearbeite, fallen mir immer wieder Ähnlichkeiten und Parallelen zu den Nah-Todeserfahrungen auf, welche R. Moody, K. Ring, E. Kübler-Ross und viele andere berichten und untersuchen. Es scheint so zu sein, daß in der Seele bestimmte Urbilder (Archetypen, nach C.G. Jung) und Lebensmuster bereitliegen, welche bei Todesträumen Gestalt annehmen und auch in den Nah-Todeserfahrungen in Erscheinung treten. Obwohl in vielen Fällen die Sprachbilder nicht genau identisch sind oder die zugrundeliegenden Erfahrungen variieren, so ist doch allein schon die festzustellende Ähnlichkeit beachtenswert. Noch wichtiger als die genannte Ähnlichkeit in den bildhaften oder sprachlichen Ausdrucksformen sind die Parallelen in den Wirkungen für die Betroffenen: zum Beispiel in einer grundlegenden Lebensumgestaltung, in der Umwertung der bisherigen Wertewelt, in der Findung eines Lebenssinnes und einer überzeugenden Spiritualität, sowie in zahlreichen weiteren Gesichtspunkten, mit denen wir uns jetzt befassen wollen.

Schocktherapie

Todesträume führen zu einem Bewußtseinswandel durch Schocktherapie. Die vielen Todesträume, die ich in meinen Seminaren gehört und mit den Betroffenen besprochen habe, wurden nahezu alle von den Betroffenen als Alpträume empfunden. Ähnlich äußerten sich die befragten 633 Träumerinnen und Träumer, von denen ich meinem Buch: Träume vom Tod[1] berichte. In panischen Ängsten wachten die meisten der Frauen und Männer schweißgebadet auf. Sie alle hatten Angst und machten sich Sorgen, demnächst tatsächlich sterben zu müssen. Eine ganze Reihe der Leute bezeichneten es als eine Art Schocktherapie, die eine starke Erschütterung auslöste und zu dem Entschluß führte, ihr Leben zu ändern und wichtige Dinge zu ordnen. Weil das Ende nahe schien und der Tod an die Türe geklopft hatte, schrieben Emil, ein 53jähriger Angestellter, und Uta, eine 35jährige Lehrerin, spontan nach ihrem Todestraum ihren letzten Willen auf und machten vorsichtshalber ein Testament. Bis auf wenige Ausnahmen fanden es im nachhinein fast alle richtig und hilfreich, durch eine derartige Schocktherapie auf einen neuen Weg im Leben gekommen zu sein. Nicht Aufrufe zu einem besseren Leben oder positiven Lebenswandel oder ein gedanklicher Entschluß sein Lebenskonzept zu ändern, waren der Anstoß zur persönlichen Wandlung, sondern ein Todestraum.

Besonders nachdenklich hat mich die Aussage einer 46jährigen Christin gemacht, die sich als kirchliche Mitarbeiterin besonders in der Kirche engagiert. Elvira, wie ich sie mit einem Pseudonym nennen möchte, sagte, daß sie im Verlaufe der Jahre schon so viele Predigten darüber gehört habe, was sie tun solle und wie sie ein christliches Leben zu führen habe, worum sie sich auch nach besten Kräften bemüht habe. Letztlich habe aber immer die Entschlußkraft zu einem radikalen Wandel gefehlt. Durch ihren Todestraum im Juni 1991 sei ihr schlagartig ihr dahinplätscherndes Leben vor das innere Auge getreten, und sie sei durch den Schock ihres Alptraumes zu einer Neuorientierung ihres Lebens gekommen. Als tiefenpsychologisches Verstehensmodell für den geschilderten Bewußtseinswandel möchte ich anführen, daß häufig nicht rationale Appelle oder geistige Ansprüche oder religiöse Gebote einen Wandel herbeiführen, sondern ein emotionaler Durchbruch aus der Seelentiefe, dem dann eine solche Überzeugungskraft innewohnt, daß man schließlich gar nicht anders kann. Je länger ich als Lebensberater, Seelsorger und Therapeut arbeite, um so klarer wird mir, daß ein Sinneswandel durch emotionale Beweggründe und durch die sinnlichen Wahrnehmungsorgane zustandekommt. Die geschilderten Schockerlebnisse durch die Todesträume sollten dafür ein Beispiel sein.

Meine Erfahrungen mit den Todesträumen fand ich bestätigt durch Moody, K. Ring und andere, die ebenfalls das Wort Schocktherapie oder Schockbehandlung für die Wirkungen der Nah-Todeserfahrungen bei ihren Probanden verwenden. So erinnert sich Sonja und erzählt dem Autor K. Ring: »Wissen Sie, was ich mir oft gedacht habe, daß diese Nah-Todeserfahrung, die ich hatte – ob ich die nicht einfach selbst gemacht habe … ich glaube nämlich, daß manche Leute wirklich fähig sind, sich ihre eigene ‹Schockbehandlung› zu verschaffen, und manchmal kommt es mir fast so vor, als ob dieses Erlebnis so 'ne Art von Schocktherapie ist … damit man sich endlich mal klar wird über alles.«[2] In ähnlicher Weise äußern sich weitere Frauen und Männer, die über ihre Nah-Todeserfahrungen berichten. Nach meinen Erfahrungen und Einschätzungen bedürfen wahrscheinlich die meisten Menschen eines derartigen Schocks, um etwas Grundlegendes in ihrem Leben zu ändern.

Wenn Sie zu dem Kreis jener Personen gehören, die durch einen erschreckenden Todestraum oder durch ein Nah-Todeserlebnis eine Art von »Schocktherapie« erlebt haben, werden Sie sicherlich mit gemischten Gefühlen an dieses Erlebnis zurückdenken. Von zahlreichen Frauen und Männern habe ich gehört, daß sie im nachhinein diese Erfahrung niemals missen möchten, weil dies zu einem grundlegenden Wandel ihres Lebens geführt hat. Das Schockerlebnis und das Erschrecken wurden zu einer Erweckung zu einem neuen Leben. Diese Erfahrung, daß gerade eine Todeserfahrung den Anstoß gibt zu einem ganzheitlichen Leben oder sogar zu einer spirituellen Lebensform, erscheint mir persönlich als ein tiefes Geheimnis. Nach einer derartigen tiefen Erfahrung werden Sie sicherlich den Leitsatz zustimmend nachsprechen können, daß die Auseinandersetzung mit dem Tod Sie im Leben vorangebracht hat.

Sollten Sie (noch) nicht zu diesem Personenkreis mit symbolischen Todeserfahrungen oder körperlichen Nah-Todeserlebnissen gehören, so dürfte auch für Sie die Auseinandersetzung mit dem eigenen Tod wichtige Einsichten für Ihre weitere Lebenseinstellung oder sogar für Ihre Lebensgestaltung bringen. Vielleicht gibt Ihnen zu denken, was Max Frisch in seinem Tagebuch, 1946 bis 1949, schrieb: »Das

Bewußtsein unserer Sterblichkeit ist ein köstliches Geschenk. Nicht die Sterblichkeit allein, die wir mit den Molchen teilen, sondern unser Bewußtsein davon; das macht unser Dasein erst menschlich, macht es zum Abenteuer …«

Wenn Sie sich in der Meditation oder in einer besinnlichen Stunde etwas persönlicher mit dem Tod auseinandersetzen wollen, können Ihnen dazu die folgenden Leitsätze hilfreich sein. Sie können die eine oder andere Affirmation, die Sie besonders anspricht und die Sie bejahen können, mindestens zehnmal halblaut vor sich hinsprechen, um die Botschaft tiefer in sich zu verankern. Eine weitere Möglichkeit könnte sein, daß Sie selber einen konstruktiven Leitsatz formulieren, in dem Sie Ihre derzeitige Einstellung zum Tod ausdrücken. Besinnliche Musik und eine Ihnen wohltuende Atmosphäre werden die Wirkung bei dieser Übung sicherlich verstärken. Wenn Ihnen die folgenden Affirmationen nicht zusagen, finden Sie auf den folgenden Seiten am Ende eines jeden Abschnittes zahlreiche weitere Leitsätze, von denen einige sicherlich in Ihre derzeitige Befindlichkeit hineinpassen.

Affirmationen:

Im nachhinein erkenne ich, daß die Auseinandersetzung mit dem Tod mich im Leben vorangebracht hat.

Ich akzeptiere, daß der Tod die andere Seite des Lebens ist.

Ich bin dankbar für das bisher geschenkte Leben.

Bewußtseinserweiterung

Der allgemeine Bewußtseinswandel durch Todesträume und Nah-Todeserfahrungen hat auch eine Bewußtseinserweiterung zur Folge. Eine Folge dieser Bewußtseinserweiterung ist der Blick für das Wesentliche im Leben und eine Abgrenzung vom Unwesentlichen. Menschen, die diese Erfahrung gemacht haben, sehen ihre Mitmenschen wesentlich klarer und schärfer und verstehen auch viele Probleme besser. Der größer gewordene geistige Horizont und der Durchblick durch viele Zusammenhänge führen dazu, daß die Zeit und die Lebenskraft überwiegend in konstruktiver Weise genutzt werden können, wo doch die Masse der überwiegend unbewußt gesteuerten Menschen häufig in Mißverständnisse, Streitereien und Uneinsichtigkeiten verwickelt wird, was im privaten Bereich, wie auch am Arbeitsplatz viele Energien unnötig verzehrt. Die hier angesprochene Bewußtseinserweiterung können wir vergleichen mit der Landgewinnung an der Nordseeküste, wenn durch Eindeichungen dem Meer ein Stück Land abgerungen wird. Von dieser Bewußtseinsveränderung oder -erweiterung sprechen ebenso auch alle Todesforscher in ihren Zeugnissen von den Menschen, die eine Nah-Todeserfahrung gemacht haben.

Zu Beginn unserer persönlichen Auseinandersetzung mit dem Tod und den daraus erwachsenden Wachstumskräften für die Bewußtseinserweiterung zitiere ich ein Gedicht von Nelly Sachs, die in ihrer Lyrik sehr eindrucksvoll das Thema Tod behandelt hat. Sie soll einmal gesagt haben, daß der Tod ihr eigentlicher Lehrmeister gewesen sei. In ihren Klageliedern über Sterben und Tod führt sie uns in eine ganz besondere Gefühlstiefe.

An die Erde das lauschende Ohr,
Und ihr werdet hören,
Durch den Schlaf hindurch
Werdet ihr hören
Wie im Tode
Das Leben beginnt.[3]

Edvard Munch: Tod und Leben (1897)

Die dreifache Gestalt des Lebens

Der Maler Edvard Munch hat in vielen Bildern die dreifache Gestalt des Lebens und des Weiblichen im Zusammenhang mit dem Tod zum Ausdruck gebracht. Durch persönliche Todeserfahrungen in der Jugendzeit und durch tiefste Anteilnahme am Tod seiner 15jährigen Schwester und am Tod der Mutter kann Munch in ganz besonderer Weise die Visionen und Träume im Umkreis des Todes einfühlsam nacherleben lassen. Auf der nebenstehenden Lithographie sehen wir diese Dreigestaltigkeit in der schwangeren jungen Frau, die sich an den Lebensbaum anlehnt. Die Füße der Gebärenden sind ganz verwoben mit dem Baum und der Erde, die in einen runden Totenschädel übergehen. In der offenen Erdhöhle liegt eine Frau, die vermutlich zwischen ihren ausgebreiteten Beinen gerade ein Kind gebiert. Der linke Arm der Frau ist angelehnt an ein vielfältiges Wurzelwerk, in dem weitere Schädel oder Kinderköpfe sichtbar werden. Dieses Wurzelwerk verweist uns auf das Netzwerk des Lebens, in welchem Werden und Vergehen unlöslich miteinander verbunden sind.

Das sogenannte Dreifrauenthema – bei Munch wird die Frau in den drei Lebensformen als helle und sinnliche Gestalt sowie als das dunkle Weibliche gezeichnet –, das in der Kunstdeutung vielfältige Interpretation erfährt, stellt sich mir im Hinblick auf das Mysterium von Leben und Tod dar in der Frau als der Gebärenden, der Todesmutter und der Mutter Natur.

Übertragen auf unser persönliches Leben, heißt das, daß wir alle unserer Mutter das Leben verdanken und durch ihre Fürsorge und Liebe unseren Platz im Leben finden können. Zu diesem Platz im Leben sollten auch Naturverbundenheit und schließlich das im Tode in Mutter Erde Verwesen und Ver-wesentlichen gehören.

Affirmationen:

Ich bin meiner Mutter dankbar für das geschenkte Leben.

*In meiner Naturverbundenheit (und Tierliebe)
bin ich verwurzelt mit Mutter Erde.*

Im Tode vertraue ich mich der Barmherzigkeit Gottes an.

Ich lade Sie ein, sich eine Zeitlang in diese eindrucksvollen Sprachbilder zu vertiefen, indem Sie sich in der Phantasie, in einer Imagination oder in einer gelenkten Traumreise vorstellen, wie Sie sich zur Erde beugen und das Ohr zum Lauschen auf eine Wiese legen. Vielleicht können Sie auf einem Spaziergang oder bei einer Wanderung diese Übung körperlich nachvollziehen. Wenn Sie gerne Gartenarbeit machen und mit den Händen die Erde berühren, dann haben Sie sicherlich schon öfter die Erfahrung gemacht, wie die Berührung mit der Erde bei entsprechender Wahrnehmungsfähigkeit in vielfältiger Weise seelische Empfindungen oder sogar geistige Prozesse auslösen kann. Sollten Sie dagegen zu der großen Zahl gehören, die in der Stadt leben und den Kontakt zur Erde und zur Natur sehr wenig oder noch niemals gesucht haben, dann sollte Sie das Sprachbild von Nelly Sachs und meine Anregung für eine entsprechende Übung doch neugierig machen, im Urlaub oder auf einer Wanderung vielleicht einmal das lauschende Ohr an die Erde zu legen.

Zu einem ganzheitlichen Lebenskonzept gehört, daß Bewußtseinserfahrung nicht nur heißt, den Kopf noch höher zu tragen und alleine den Geist zu schulen, sondern sich auch um einen Zugang zu seinen Wurzeln zu bemühen. Dieses Bemühen wollen auch die folgenden Affirmationen unterstützen. Sprechen Sie in Ihrer Meditation den einen oder anderen Leitsatz mindestens zehnmal:

Ich will aus meinen Wurzeln leben.

Ich höre, wie im Tode das Leben beginnt.

Das Bewußtsein vom Tode gibt meinem Leben Tiefe.

Der Gedanke an den Tod motiviert mich, bewußter zu leben.

Zuwendung zum Leben

Durch die seelische Todeserfahrung im Traum und/oder die körperliche Nah-Todeserfahrung wenden sich die betroffenen Menschen aufmerksamer und bewußter dem Leben zu und erleben eine tiefere Liebe zu den Mitmenschen und der Mitwelt.

Es trifft also nicht zu, was manche Leute meinen oder was als allgemeines Vorurteil verbreitet ist, daß man durch die Auseinandersetzung mit dem Tod und durch die Beschäftigung mit den letzten Fragen dem Leben entfremdet wird oder sogar »abhebt«, wie mir einige Kritiker nachgesagt haben. Im Gegenteil, dem Tod begegnet zu sein bedeutet intensiver zu leben.

Umgekehrt läßt sich dagegen sagen, daß diejenigen, die den Tod aus ihrem Leben und aus ihren Gedanken verdrängen, meistens auf der Flucht vor dem Leben sind, indem weitverbreitete Lebensangst oder zumindest Lebensunsicherheit sie an einer befriedigenden Teilhabe am Leben hindern. Die durchlebte Todesangst führt dazu, daß bei den meisten meiner Klientinnen und Patienten die Angst vor dem Tod geringer wurde. Dies bedeutet jedoch nicht, daß sie keine Angst vor dem physischen Sterben hatten, das meistens mit Schmerzen oder Leiden verbunden ist. Auffällig ist nach meinen Erfahrungen die Zunahme der Liebesfähigkeit. Die gleiche Erfahrung beschreibt Nancy Clark in einem Brief an K. Ring:

»Für alles und jedes, womit ich in Kontakt komme, empfinde ich eine tiefe Liebe – ich fühle mich eins mit ihm und spüre, daß wir alle ein Teil voneinander sind und schließlich Teil eines größeren Bewußtseins – Gott. Zum erstenmal in meinem Leben bin ich mir der Dinge um mich herum wirklich bewußt, meine Augen haben sich geöffnet, um endlich zu sehen: Die einfachsten Dinge, ein Blatt, ein Baum, ein Grashalm, ein Frosch – alles ist für mich ein Wunder der Schöpfung, ich lasse mir Zeit, es zu bewundern, denn ich fühle das Band des Lebens zwischen uns.«[4]

Ich nehme an, daß auch für Sie ein ganzheitliches Leben ein erstrebenswertes Ziel ist. An dieses Bemühen werden wir in den glücklichen Stunden unseres Lebens wohl seltener denken, weil wir von den Freuden des Lebens besetzt und erfüllt sind. In den trüben Tagen jedoch, wenn unsere Seele durch Ängste oder Probleme gequält wird oder körperliche Beschwerden unsere Lebensenergien schwächen, bemühen wir uns intensiver, für unsere Heilung und Ganzwerdung etwas zu tun.

Ganzheitliches Leben ist kein theoretisches Konzept, sondern wird erfahren in vielen kleinen oder großen Vollzügen, wie Nancy Clark es eben beschrieben hat. In allen Höhen und Tiefen des Lebens können wir etwas von dieser Ganzwerdung erfassen und wie beim Puzzlespiel Teilchen und Bilder in das Gesamtbild einfügen. Insbesondere im Umkreis des Todes, wenn in unserer Familie jemand todkrank oder im Freundeskreis jemand gestorben ist, können wir die genannten Ganzheitserfahrungen sammeln. Dazu möchten uns auch die folgenden Zeilen Goethes anleiten. Nachdem Goethe, der das Ableben vieler Menschen in seinem engsten Umkreis erlebte, die Nachricht vom Tode seiner Schwester Cornelia erfuhr, schrieb er anderntags an seine Brieffreundin Auguste Gräfin zu Stolberg:

Alles gaben die Götter, die Unendlichen,
Ihren Lieblingen ganz,
Alle Freuden, die Unendlichen,
Alle Schmerzen, die Unendlichen,
Ganz!

Zur Einübung der Ganzwerdung empfehle ich diese Leitsätze:

Ich will gesund werden und ganzheitlich leben.

✱

Ich suche die Balance zwischen Leib, Seele und Geist.

✱

In Freud und Leid strebe ich nach Ganzwerdung.

✱

Ich bin ein Teil des Ganzen.

Andrea Verrochio: Erzengel Raphael mit Tobias auf dem Weg (um 1470)

Der Heilengel Raphael
vertreibt Todesgedanken

Nach therapeutischen Erfahrungen gibt es viele Menschen, die in ihren depressiven Stimmungen oder in spirituellen Lebenskrisen von Todesgedanken oder ernsthaften Selbstmordabsichten gequält werden. Mit gutgemeinten Worten oder tröstendem Zureden alleine sind derartige trübe Gedanken, böse Geister oder lebenzerstörende Dämonen in der Regel nicht zu vertreiben. Es müssen schon stärkere Lebensenergien mobilisiert werden, um die Todestriebe zu vertreiben. Besonders hilfreich für diesen Seelenkampf und das innere Ringen ist der Beistand des persönlichen Schutzengels. Er ist eine Symbolgestalt jener spirituellen Energien, die stärker sind als die niederziehenden depressiven Kräfte.

Diesen Beistand möchte ich mit Hilfe jener biblischen Geschichte beschreiben, als der Heilengel Raphael den Tobias begleitet und ihm hilft, den Todesdämon in der schönen Sarah zu vertreiben. In der märchenhaft wirkenden Liebesgeschichte (nachzulesen im Buch Tobit des Alten Testamentes) wird erzählt, wie der junge Tobias den zunächst unbekannten Reisegefährten Raphael kennenlernt und von ihm erfährt, wie er den Todesdämon in Sarah durch das Räucheropfer von Herz und Leber eines Fisches und durch die Macht des Gebetes vertreiben kann. Sarah hatte nämlich schon sieben Mal die traurige Erfahrung gemacht, daß nach der Brautnacht morgens der junge Bräutigam neben ihr tot im Bett lag.

Was in der damaligen Zeit bösen Geistern oder dämonischen Kräften zugeschrieben wurde, verstehen wir heute mit Hilfe der tiefenpsychologischen Modellvorstellungen als negative Energiefelder des Unbewußten, die sich in psychosomatischen Funktionsstörungen ausdrücken und durch eine Therapie behandelt werden können. Darüber hinaus können auch spirituelle Übungen und Rituale eine weitere Unterstützung sein.

Affirmation:

Raphael heile die Erde,
die durch die böse Macht verderbt wurde,
verkünde der Erde Heilung,
auf daß ihre Leiden gewendet werden.
Henoch 6

Heilkräfte

Vielen mag es paradox klingen, daß durch Erfahrungen im Umkreis des Todes und insbesondere durch Träume von einem symbolischen Tod therapeutische Heilkräfte erweckt werden können. Ich wurde vor ungefähr 10 Jahren auf dieses Phänomen durch meinen persönlichen Todestraum aufmerksam, als ich mich als einen Gestorbenen identifizieren sollte (s.S. 69). Seitdem empfinde ich mein Leben nicht nur intensiver, sondern meine therapeutische Arbeit verläuft für die Ratsuchenden hilfreicher und wirkungsvoller, wie ich durch Rückmeldungen erfahre und durch meine kritische Selbsteinschätzung wahrnehme. Ähnliches beobachte ich seit Jahren auch bei meinen Patientinnen und Klienten, die häufig dann von ihrem Tod träumen, wenn der Heilungsprozeß und die existentielle Wandlung in die entscheidende Phase eintreten.

Um Mißverständnissen vorzubeugen, müssen wir diese besondere Art von Todesträumen von all jenen Motiven in den Träumen abgrenzen, die auch den Tod zum Gegenstand haben, jedoch aus anderen Quellen stammen. Zu derartigen Todesträumen, die wir hier ausgrenzen wollen, gehören jene, in denen sich Tagesreste nach der Teilnahme an einer realen Beerdigung oder ähnliche Erfahrungen im Umfeld des Todes spiegeln. Ferner kann eine seelische Verarbeitung von Todesängsten die Ursache für derartige Traumbilder sein. Schließlich kann auch ein prophetischer Todestraum den tatsächlich nahenden Tod ankündigen. Wenn diese Anlässe und Ursachen für den Todestraum ausgeschlossen sind, und nur noch das Todesmotiv als existentielle Wandlung übrigbleibt, kann es zu der genannten Erweckung von Heilkräften kommen.

Ähnliche Erfahrungen sind uns aus Märchen, Mythen und dem Schamanismus bekannt. Ich verweise auf das Märchen vom Gevatter Tod, der dem erfolgreichen Arzt als Pate zur Seite stand. Immer wenn dieser Arzt zu einem Kranken gerufen wurde, verhalf der Tod als Pate durch seine Erscheinung zur richtigen Diagnose und damit zur erfolgreichen Behandlung[6]. Von ähnlichen Zusammenhängen wissen die griechischen Mythen zu berichten, indem die späteren Heilgötter ursprünglich als Todesgötter verehrt wurden (s. bei Asklepios). Solche Zusammenhänge finden wir auch bei dem Toten-Fährmann Charon, dessen Name durch die Veränderung eines Vokals zu Chiron, dem großen Arzt und Heiler wurde. Schließlich noch ein Beispiel aus dem Schamanismus:

»Der Schamane erlangt die Fähigkeit zu seinem Beruf als Heiler, Seher und Visionär im Verlauf von Selbstverwundung, Tod und Wiedergeburt. Die am eigenen Leibe gewonnene Erfahrung von Krankheit, Hinfälligkeit und Tod stärkt ihn für seine wahre Aufgabe. Er öffnet sich ja solchen Leidenserfahrungen aus gesellschaftlichen, nicht aus persönlichen Gründen. Seine Arbeit gilt den Kranken, die er heilt, und der Gesellschaft, deren Ordnung innerhalb größerer kosmischer Bezüge er schützt. Doch ist er nicht nur ein verwundeter Heiler, sondern vermag sich auch selbst zu heilen. Er besitzt die Kraft zur Wandlung. Als Toter geht er durch das Feuertor ins Reich des erwachten Bewußtseins. Er erfährt die Unsterblichkeit, und sein Menschenherz füllt sich mit dem Lachen des Mitgefühls. Das Leid, das er erfährt, wird zum Spiel. Er ist zugleich im Diesseits und im Jenseits zu Hause«.[7]

Ähnliche Erfahrungen bezeugen die Todesforscher von ihren Probanden, die durch die Nah-Todeserfahrung die Gabe zur Heilung bekommen.

Wir haben schon bei der Beschreibung der »Schocktherapie« (s. S.115) einige Hinweise darüber erhalten, wie die Auseinandersetzung mit dem Tod zu einer Bewußtseinserweiterung führt und damit das Streben nach einem ganzheitlichen Leben fördert. Den Tod sollten wir nach der Empfehlung des Existenzphilosophen Sören Kierkegaard »jetzt zu einem Ansporn im Leben machen«[8]. Ähnlich wie eine positive Deutung der Probleme uns zu einem neuen Lebensentwurf motivieren kann, und Leiden und Schmerzen durch therapeutische Begleitung Geburtswehen zu einem neuen Lebenskonzept werden können, so sollte der Tod ein Ansporn für die Erweckung von Heilkräften zur Ganzwerdung sein.

In ähnlicher Weise sieht auch C.G. Jung den Tod als Vollender des Lebens, wenn er aufgrund seiner ärztlichen und psychotherapeutischen Erfahrung schreibt:»Der Anblick des Todes hat schon manche Vollendung erzwungen, die vordem keiner Willensanstrengung oder guten Absicht möglich war. Er ist ein großer Vollender, der unter die Bilanz eines Menschenlebens seinen unerbittlichen Schlußstrich setzt«[9].

Meine persönliche Empfehlung für Sie wäre, den Tod nicht nur als Ende Ihres Lebens anzusehen, sondern durch die Auseinandersetzung mit ihm Anstöße und Impulse zur Vollendung Ihres Lebens zu gewinnen und damit Ihrem Leben eine ganzheitliche Gestalt zu geben. Dazu können auch die folgenden Affirmationen beitragen:

Ich aktiviere die Selbstheilungskräfte meiner Seele.

✳

Ich sehe und verstehe den Tod als Ansporn zum Leben.

✳

Ich vertraue darauf, daß der Tod alles mit Leben erfüllt.

Emotionale Ekstase

Wenn die Seele in die Todeszone gelangt oder Todessymbole hervorbringt, erleben die Betroffenen meistens eine emotionale Ekstase und damit eine nie zuvor gekannte Gefühlstiefe. Eine mich besonders beeindruckende Erfahrung schildert C.G. Jung, als er mit 69 Jahren einen Herzinfarkt hatte und in unmittelbarer Todesgefahr schwebte. In einem Zustand von Bewußtlosigkeit hatte er Visionen und befand sich in einem Zustand der Ekstase:

»Es schien mir, als befände ich mich hoch oben im Weltraum. Weit unter mir sah ich die Erdkugel in herrlich blaues Licht getaucht. Ich sah das tiefblaue Meer und die Kontinente. Tief unter meinen Füßen lag Ceylon, und vor mir lag der Subkontinent von Indien. Mein Blickfeld umfaßte nicht die ganze Erde, aber ihre Kugelgestalt war deutlich erkennbar, und ihre Konturen schimmerten silbern durch das wunderbare blaue Licht. An manchen Stellen schien die Erdkugel farbig oder dunkelgrün gefleckt wie oxydiertes Silber. ‹Links› lag in der Ferne eine weite Ausdehnung – die rotgelbe Wüste Arabiens. Es war, wie wenn dort das Silber der Erde eine rotgelbe Tönung angenommen hätte. Dann kam das Rote Meer, und ganz weit hinten, gleichsam ‹links oben›, konnte ich gerade noch einen Zipfel des Mittelmeers erblicken. Mein Blick war vor allem dorthin gerichtet. Alles andere erschien nur undeutlich. Zwar sah ich auch die Schneeberge des Himalaya, aber dort war es dunstig oder wolkig. Nach ‹rechts› blickte ich nicht. Ich wußte, daß ich im Begriff war, von der Erde wegzugehen.«[10]

In seinem weiteren Bericht schildert Jung dann die Gefühlsschwankungen zwischen Tages- und Nachterleben, zwischen der Realität und dem Gefühl von Seligkeit wie folgt:

»In jenen Wochen lebte ich in einem seltsamen Rhythmus. Am Tage war ich meist deprimiert. Ich fühlte mich elend und schwach und wagte mich kaum zu rühren. Voll Betrübnis dachte ich: Jetzt muß ich wieder in diese graue Welt hinein. – Gegen Abend schlief ich ein, und mein Schlaf dauerte bis etwa gegen Mitternacht. Dann kam ich zu mir und war vielleicht eine Stunde wach, aber in einem ganz veränderten Zustand. Ich befand mich wie in einer Ekstase oder in einem Zustand größter Seligkeit. Ich fühlte mich, als ob ich im Raum schwebte, als ob ich im Schoß des Weltalls geborgen wäre – in einer ungeheuren Leere, aber erfüllt von höchstmöglichem Glücksgefühl. – Das ist die ewige Seligkeit, das kann man gar nicht beschreiben, es ist viel zu wunderbar! dachte ich.«[11]

Das Gefühl der Schwerelosigkeit und des Schwebens im Raum schildern viele Menschen nach ihrem Nah-Todeserlebnis. Das unbeschreibliche Gefühl der Glückseligkeit hörte auf, weil die Betroffenen wieder in die Realität, oder, wie Jung sagt, »in diese graue Welt« zurück mußten. Ähnlich schildert es ein Zeuge von K. Ring: »Mir war klargeworden, daß ich wieder auf diese Erde zurückmußte, so gelitten habe ich noch nie – weder davor noch danach. Es war so entsetzlich, daß ich mir nichts Schlimmeres vorstellen kann. Ich wollte nicht zurück.«[12] Es mag für Sie vielleicht zunächst merkwürdig klingen, wenn ich hier darauf zu sprechen komme, daß die Begegnung mit dem Tod oder eine symbolische Todeserfahrung zu einer größeren Gefühlstiefe beitragen können, die sich in besonderen Augenblicken bei manchen Menschen zu einer emotionalen Ekstase steigern können. An Beispielen möchte ich Ihnen dies verdeutlichen, zum einen an erotischen Skulpturen auf manchen Gräbern, zum anderen an Mozarts Zauberflöte.

Vielleicht haben Sie bei einem besinnlichen Gang über einen alten Friedhof auch schon einmal Plastiken gesehen, die einen besonderen Anmutscharakter haben oder einen Menschen in einer besonderen erotischen Ausdrucksgestalt zeigen. Dem Künstler oder dem jeweiligen Auftraggeber erschien es offensichtlich sehr wesentlich, im Angesicht des hier begrabenen Menschen auch die andere Seite des Todes zu zeigen, die besondere Gefühlstiefe, die man mit den hier Begrabenen erlebt hat. Wenn Ihnen bisher solche Darstellungen noch nicht zu Augen gekommen sein sollten, dann können Sie diese sicherlich bei einem Gang über einen alten Friedhof entdecken.

Das andere Beispiel ist die Musik Mozarts und insbesondere seine »Zauberflöte«, die im Angesicht des Todes geschrieben wurde und von daher eine ganz besondere Gefühlstiefe birgt und bei Menschen wiederum diese Seite zum Klingen bringen kann. Die Musikwissenschaftler Carl Marguerere und Rexroth und viele andere haben nachgewiesen, daß in dieser Oper eine Wahrnehmung des nahenden Todes von Mozart mitschwingt. Die Todessehnsucht Paminas z.B. in der Verschmelzung von Trauer und Verzweiflung konnte Mozart vermutlich nur durch die persönliche Imagination des Todes unnachahmlich zum Ausdruck bringen. Wie sehr Mozart den Tod in sein Leben hineingenommen hat, zeigt ein Brief vom 4. April 1787, in dem er seinem Vater schrieb:

»Da der Tod (genau zu nehmen) der wahre Endzweck unseres Lebens ist, so habe ich mich seit ein paar Jahren mit diesem wahren, besten Freunde des Menschen so bekannt gemacht, daß sein Bild nicht alleine nichts Schreckendes für mich hat, sondern recht viel Beruhigendes und Tröstendes. Und ich danke meinem Gott, daß er mir das Glück gegönnt hat, mir die Gelegenheit zu verschaffen, ihn als den Schlüssel zu unserer wahren Glückseligkeit kennenzulernen.«[13]

Wenn Sie Musik lieben und gerne hören, dann rate ich Ihnen, in einer ruhigen Stunde einmal die Arien der Pamina aus der Zauberflöte unter diesem Gesichtspunkt anzuhören. Sich mit dem Tod vertraut wie mit einem guten Freunde zu machen, oder ihn als Paten fürs Leben zu gewinnen, wie ich es in meiner tiefenpsychologischen

Deutung des Märchens »Gevatter Tod« geschrieben habe, mag manchem vielleicht noch etwas befremdlich sein. Andere wiederum, die entsprechende Erfahrungen gemacht haben, werden bestätigen, daß sie im Angesicht des Todes zu einer großen Gefühlstiefe gelangt sind. Mit meinen Ausführungen wollte ich Sie darauf aufmerksam machen, daß die Erfahrungen im Umkreis des Todes nicht nur etwas Todtrauriges sind, sondern uns auch in der Tiefe der Seele berühren und damit in eine größere Gefühlstiefe führen können. Wenn Sie sich in Gedanken oder in der Meditation mit diesen Erfahrungen vertrauter machen möchten, dann wählen Sie vielleicht die eine oder andere Affirmation zu diesem Aspekt der Gefühlstiefe aus, oder überlegen sich im Laufe der nächsten Zeit einen persönlichen Leitgedanken, wie Sie zu einer größeren Gefühlstiefe im Angesicht des Todes gelangen können.

Angesichts des Todes spüre ich, daß ich ein Mensch voller Lebensfreude bin.

✳

Der Gleichklang der Gefühle mit einem geliebten Menschen oder einem Verstorbenen erweitert meine Gefühlstiefe.

✳

Meine Todeserfahrungen oder die Sterbebegleitung führen mich zu einer größeren Gefühlstiefe.

Neue Identität

Träumerinnen und Träumer, die einen symbolischen Tod ihres alten Ichs und ihrer bisherigen Lebensformen im Traum oder in der Imagination erlebt haben, berichteten mir bei der Besprechung dieser Träume, daß sie in den Wochen danach ein Gefühl einer neuen Identität gewonnen hätten. Die Betroffenen verstehen darunter in unserem Zusammenhang die Wahrnehmung und Feststellung, daß in ihrer eigenen Person die verschiedenen Persönlichkeitsanteile zusammengehören. Neben dem vertrauten bisherigen Leben in der geschichtlichen Existenz gibt es auch das Außergewöhnliche und Ekstatische, von dem wir in den vorausgehenden Abschnitten schon gesprochen haben. Einige meiner Klienten sprachen auch von einem Alleinheitsgefühl oder von der Zusammengehörigkeit der Gegensätze in der eigenen Seele. Während in der Psychose die Identität der Person zerstückelt oder sogar ganz aufgehoben wird und ein archetypisches Bild, wie z.B. Christus zu sein oder ein Engel, das Bewußtsein oder das Ich überschwemmen, und damit die Steuerung des eigenen Lebens fragwürdig wird oder nicht mehr möglich ist, bleibt die Identität der Person mit allen ihren Persönlichkeitsanteilen durch einen Todestraum oder im Nah-Todeserlebnis erhalten. Bisher ist mir jedenfalls kein Fall bekanntgeworden, wo es zu einer Zerstückelung der Persönlichkeit und zu einer Auflösung des Personenkerns gekommen ist.

Die Ausweitung der persönlichen Identität, die ich oben in anderem Zusammenhang schon als Bewußtseinserweiterung beschrieben habe, bringt nach meinen Erfahrungen auch einen Erkenntniszugewinn über den unlöslichen Zusammenhang zwischen Leben und Tod. Diejenigen zum Beispiel, die behaupten, daß mit dem Sterben jegliche Form des Lebens zu Ende sei, und daß mit dem Tod radikal alles aus sei, zerstückeln die Ganzheit der Person und lösen damit die Einheit der Person im Leben und im Tod auf. Wenn jemand durch seinen symbolischen Tod im Todestraum einen Einblick in die bewußtseinstranszendente Dimension erhält und an den Auswirkungen dieser sonst verborgenen Wirklichkeit erfährt, wie dies ein Leben verändert und wandelt, dann ist eine Beziehung zu ihr hergestellt. Der Betreffende beginnt, diese spirituelle Anderwelt zu seiner Sache zu machen.

Paul Klee: Eros (1923)

Die Anziehungskraft von Eros erhebt die Seele

In dem nebenstehenden Aquarell Eros von Paul Klee (1879-1940) aus dem Jahre 1923 wird der Betrachter durch die zwei dunklen Pfeile verwiesen auf ein rotes Dreieck mit der Spitze nach unten. In den mathematisch proportionierten 14 Farbbewegungen des gro-ßen unteren Dreiecks mit verschiedenen Schichten werden wir durch die zwei Pfeile nach oben verwiesen. Die verschiedenen Farbab-stufungen gehen aus einer blauen Basisfarbe hervor, in die von links eine Gelbabstufung einfließt und von rechts eine Rotstufung kommt. In den verschiedenen Ecken und Überschneidungen des Dreieckes kommt es durch die Farbmischungen der genannten drei Farbkomponenten zu neuen Farbtönen mit Orange, Grün und Violett. In der Mitte des großen unteren Dreiecks zentriert sich das Farb-spektrum in der grauen Farbe, die bei den zehn Energiefeldern und Farbausstrahlungen des Lebensbaumes (vgl. mein Buch »Heil-kräfte im Lebensbaum«) zur Weisheit gehört. Aus dem oberen Farb-dreieck mit überwiegend grünlichen und orangenen Farbtönen ver-dichten sich schließlich die Farben in dem energievollen roten Dreieck, in dem Klee den Eros verdichtet sieht. Der große schwarze Pfeil und der kleine Pfeil verweisen den Betrachter auf das erotische Energiefeld. Aus der Fülle der beschriebenen farblichen Ebenen und deren Farbmischungen werden das Auge und die Aufmerksamkeit des Betrachters durch die richtungweisenden Pfeile unmittelbar auf Eros gelenkt. Nach dem altgriechischen Mythos von Plato ist der kosmogonische Eros jene therapeutische Kraft, welche Mann und Frau durch die Liebe zueinander führt und in der geglückten Be-ziehung und Vereinigung der Geschlechter die verletzte und geteilte Natur wieder verbindet und heilt. Paul Klee und jener Mythos erinnern daran, daß es in dem Chaos unseres Lebens und der Todesbedrohung durch Eros eine Kraft zur Ordnung, Gestaltung und Heilung gibt.

Affirmationen:

Die Liebe überwindet den Tod.

Eros heile meine Wunden!

In meiner Wunde erwarte ich das Wunder der Heilung.

Die Identität der Person im Leben und im Tod wird auch in der Bibel bezeugt und im christlichen Glauben bekannt: »Ich glaube an die Auferstehung der Toten und das Leben in der zukünftigen Welt!« Der Apostel Paulus schreibt: »Als die Sterbenden, und siehe wir leben!«[14] Mit diesen wenigen Hinweisen möchte ich deutlich machen, daß zwischen den Traumerfahrungen, den Nah-Todeserfahrungen und den biblischen Glaubensüberzeugungen keine Gegensätze bestehen, sondern daß die Erfahrungen im Grenzbereich zwischen Leben und Tod nahezu identisch sind. Dies mag auch der Grund dafür sein, daß Menschen, die einen symbolischen Tod erlebt haben, nach meinen Erfahrungen keine Mühe haben, sich mit dem Satz des Glaubensbekenntnisses »Ich glaube an das Leben in der zukünftigen Welt« zu identifizieren.

In dem späteren Kapitel über den Himmel als archetypisches Kraftfeld Gottes und bei dem Todestraum des Gerontius, in dem wir von spirituellen Belehrungen der Engel hören werden, werden zu Identität der Person im Leben und im Tod weitere Ausführungen und Beispiele folgen.

Aus den Weisheiten vieler Völker können wir lernen, daß wir ohne den Tod letztlich gar nicht wüßten, daß wir leben. Diese Lebensweisheit möchte ich für unseren Zusammenhang so verstanden wissen, daß wir durch das Bewußtsein von unserem Tod auch ein Wissen um unsere Identität erlangen. Identität in diesem Sinne meint letztlich Ganzwerdung oder wenn ein Mensch seine tiefe Zufriedenheit bezeugen kann. Auf dem Wege der Individuation und der Annäherung an das wahre Selbst erleben viele Menschen trotz der Widrigkeiten des Lebens ein tiefes Identitätsgefühl. Das Identitätsgefühl wird ferner durch Selbstdefinition erweitert, indem ein Mensch die sogenannte innere Landkarte seines Lebens und seiner Seele gestaltet und aus seiner Wertewelt heraus seine Entscheidungen trifft. C.G. Jung schreibt in »Psychologie und Religion«:

»Wenn man zusammenfaßt, was die Menschen einem über ihre Ganzheitserfahrung erzählen, so kann man es ungefähr so formulieren: Sie kamen zu sich selber, sie konnten sich selber annehmen, sie waren imstande, sich mit sich selbst zu versöhnen, und dadurch wurden sie auch mit widrigen Umständen und Ereignissen ausgesöhnt. Das ist fast das gleiche, was man früher mit den Worten ausdrückte: Er hat seinen Frieden mit Gott gemacht ...«[15]

Wenn Ihnen zur Zeit das Bemühen um Ihre Individuation, Individualität und Identität wichtig ist, dann mögen Sie dazu durch die folgenden Affirmationen ermutigt werden, die Sie wiederum durch eigene Leitgedanken ergänzen können:

Mein Leben ist dann stimmig, wenn ich auf die Stimme meines Gewissens höre.

✳

Ich will meine Fehler und Schwächen einmal im milden Licht des Mondes betrachten.

✳

Ich will in den Schicksalsschlägen die Anrufe des Lebens beachten.

✳

Wenn ich versöhnlicher mit mir selber umgehe, kann ich auch persönlicher und liebevoller mit meinen Nächsten umgehen.

Veränderung der Wertmaßstäbe

Die symbolische Todeserfahrung aufgrund eines Todestraumes, einer beeindruckenden Imagination oder einer Übung einer Seelenreise in die Anderwelt, sowie die körperlich physiologische Erfahrung durch das Nah-Todeserlebnis führen häufig auch zu einer Veränderung der persönlichen Wertmaßstäbe. Während man sich vor diesem Erlebnis über die Werte kaum oder wenig Gedanken machte oder einfach so jeden Tag dahinlebte, wie die Masse der Menschen handelt, so werden einem danach geistige und spirituelle Werte wichtig und man lebt mehr aus der Liebe heraus und handelt nach seinem erleuchteten Gewissen. Ein Klient drückte diesen Zugewinn von neuen Wertmaßstäben einmal bildlich so aus: »Früher habe ich einäugig gelebt und machte mir weiter keine Gedanken über mein Handeln, seit mir die Augen für die geistige Welt geöffnet wurden, sehe ich mein Leben in einem göttlichen Licht und stimme meine Entscheidungen mit meinem höheren Selbst ab!«

Eine Frau, die in schwierige Erbschaftsangelegenheiten verwickelt war und zunächst vor ihrem Erlebnis mit Hilfe eines guten Rechtsanwaltes alles zu ihren Vorteilen hindrehen wollte (obwohl dies nicht der Wahrheit entsprach und von ihr als Ungerechtigkeit erkannt wurde), verzichtete nach ihrem spirituellen Erlebnis darauf; sie war in den Jahren danach sehr froh darüber, ihren Frieden behalten zu haben.

Ein junger Mann, der sich im Bereich der christlichen Jugendarbeit engagierte, leistete nach einem Verkehrsunfall, der ihn mit dem Tode konfrontierte, seinen Beitrag zur Bewahrung der Natur und der Schöpfung.

Als letztes möchte ich aus unzähligen weiteren Beispielen die 57jährige Frau K. erwähnen, der es nach ihrem erschütternden Todestraum wichtig wurde, ehrenamtlich in der Sterbebegleitung der Hospiz-Bewegung zu arbeiten und mitzuhelfen, daß Menschen eine neue Einstellung zum Tode finden.

Wenn ich meine Erhebung zum Thema von 633 Personen betrachte und die zahlreichen Todesträume von Klienten an meinem inneren Auge vorüberziehen lasse, so kann ich global feststellen, daß sich bei den allermeisten Personen die persönlichen Wertmaßstäbe nach diesem spirituellen Erlebnis entscheidend verändert haben.

Als ich diese Erkenntnis mit den Auswirkungen der Nah-Todeserfahrung verglich, fand ich die Bestätigung: Menschen erlebten in ihrem Selbstwertgefühl eine beachtliche Steigerung und wurden darüber hinaus auch in der Kommunikation mit den Mitmenschen zu einem tiefen Mitgefühl und zur Liebe fähig. Dazu bezeugt eine Frau:

»Ich freue mich am Lächeln eines anderen. Ich bemerke auch, daß die Menschen mehr als früher auf mich ansprechen … ich scheine ihnen ein gutes Gefühl zu vermitteln. Das weiß ich – wenn es in der Familie ein Problem gibt, kommen alle zu mir … ich habe jetzt viel mehr Verständnis für andere Menschen … Ich verliere nur noch ganz selten die Geduld oder gerate in Wut. Der Kummer, den ich meinem Gegenüber ansehe, macht es mir unmöglich. Deshalb tun die Menschen ja einander weh, weil sie nicht wirklich verstehen … Das Wichtigste, das wir besitzen, sind unsere Beziehungen zu anderen … Es läuft alles auf Fürsorge und Mitgefühl und Liebe für unsere Mitmenschen hinaus … Liebe ist die Antwort. Sie ist die Antwort auf alles.«

Das folgende Beispiel zeigt die neugewonnene Lebenseinstellung eines geheilten Alkoholikers, der fast an einem Leberversagen gestorben wäre:

»Ich weiß, daß ich jetzt ein völlig anderer Mensch bin. Es ging mir früher wirklich miserabel, ich tat alles, um mich selbst zu zerstören, und jetzt bin ich zufrieden und ruhig und glücklich und nutze jede der 24 Stunden am Tag, indem ich versuche, ein wenig für andere zu tun, und wenn ich nur einen Menschen anlächle, der unglücklich aussieht« (K. Ring).

Ich möchte mich noch mit einem Vorurteil auseinandersetzen, das ich im Verlaufe der Jahre immer wieder zu hören bekam. Von extravertiert lebenden Erfolgsmenschen, die für sich in Anspruch nehmen, daß sie Realisten seien und mitten im Leben stehen, höre ich immer wieder die irrtümliche Meinung, daß die Beschäftigung mit inneren Werten doch nichts für die Auseinandersetzung mit den wahren Problemen unserer Gesellschaft bringe (wie z.B. Gewalt, gerechtere Verteilung der Arbeitsmöglichkeiten etc.). Diese Leute wollen allein mit Reformprogrammen, schärferen Gesetzen oder polizeilichen Maßnahmen die Lebensbedingungen verbessern. Ihnen halte ich entgegen, daß in unseren Tagen viele verantwortliche Politiker und Gesellschaftswissenschaftler dazu aufrufen, Wertmaßstäbe wieder bewußter in den Mittelpunkt zu stellen und damit ein verantwortlicheres Zusammenleben zu ermöglichen. Nach meiner therapeutischen Erfahrung kann dies nicht alleine durch die göttlichen Gebote der Kirchen oder die Gesetze des Staates geschehen, sondern am wirkungsvollsten durch die überzeugenden Erfahrungen jener Menschen, die durch symbolische Todeserlebnisse oder eine Nah-Todeserfahrung ihre Wertmaßstäbe grundlegend verändert haben. Diese Wandlung wird auch in ihrer Umwelt wahrgenommen und motiviert wiederum andere Menschen, verantwortlich in der Gemeinschaft zusammenzuleben.

Ich könnte noch zahlreiche weitere Beispiele dafür berichten, wie die Auseinandersetzung mit dem Tod zur Wertschätzung des Lebens verhilft. Dazu hat der Lebensphilosoph Wilhelm Dilthey (1833-1911) einmal geschrieben: »Das Verhältnis, welches am tiefsten und allgemeinsten das Gefühl unseres Daseins bestimmt, ist das des Lebens zum Tode; denn die Begrenzung unserer Existenz durch den Tod ist immer entscheidend für unser Verständnis und unsere Schätzung des Lebens.«[16] Wir alle wissen, wie stark unser Leben von Gefühlen und dem Erleben bestimmt wird und leiten daraus Wertmaßstäbe für unsere Lebensgestaltung ab. Am tiefsten nun bestimmt das Verhältnis des Lebens zum Tode, oder persönlicher ausgedrückt, meine ganz persönliche Einstellung zum Tode mein Lebensgefühl.

Ich habe die Erfahrung gemacht, daß die Frage nach den Werten und das Finden von gesunden Wertmaßstäben die meisten Menschen in ihrem Erleben und Selbstverständnis dann besonders stark berührt, wenn es um das eigene Selbst-Wert-Gefühl geht. Indem ich diesen, im heutigen psychologischen Sprachgebrauch weit verbreiteten Begriff mit Bindestrichen schreibe, will ich die drei Aspekte hervorheben. Es geht, um es kurz zu sagen, nicht um äußere oder kollektive Wertvorstellungen allgemeiner Art, zu denen ich mich so oder anders verhalten kann, sondern es geht um das persönliche Erleben der Werte und der eigenen Wertigkeit. Das Gefühl und das persönliche Werterleben stehen fortwährend in einer Wechselbeziehung und beeinflussen einander. Als dritter Faktor kommt das Selbst hinzu, das ich im Sinne von C.G. Jung als innersten und steuernden Kern der Persönlichkeit verstehe. Dieses Selbst hat nichts mit narzißtischer Selbstbezogenheit eines egoistischen Menschen oder mit einer übertriebenen Selbstverwirklichung auf Kosten eines anderen oder gar der Gemeinschaft zu tun. Dieses höhere Selbst, das manche auch als spirituelles Selbst bezeichnen, setzt jene Wertmaßstäbe, nach denen das persönliche Leben gestaltet werden sollte. Die Selbst-Verwirklichung wäre in diesem Sinne die Fähigkeit des Menschen, seine Gaben, Kräfte und Talente innerhalb seines persönlichen und wirklichkeitsnahen Wertrahmens zu seiner Befriedigung zu realisieren.

Die folgenden Affirmationen wollen eine erste Hilfe sein, sich in diesem komplizierten Wertgefüge zurechtzufinden.

Ich lerne zu unterscheiden, was ich unbedingt tun sollte, und was ich lassen kann.

✳

Auch ich bin ein wertvoller Mensch und tue etwas Gutes für die Gemeinschaft.

✳

Ich akzeptiere mich, wie ich bin und will damit zufrieden sein, was ich bisher geschafft habe.

✳

Mein Selbstwertgefühl wächst, wenn ich mich selber liebe.

Lichterfahrung

Zu den Kernerfahrungen eines verwandelnden Todestraumes oder einer Nah-Todeserfahrung gehört die Erscheinung eines außergewöhnlichen Lichtes, das auf die Betroffenen einen tiefen Eindruck macht und dessen Erfahrung die meisten wohl niemals vergessen werden. Um die spirituelle Dimension dieser Lichterfahrung deutlich zu machen, werde ich von einem tatsächlichen Widerfahrnis erzählen. In einem derartigen Widerfahrnis stößt dem Betroffenen etwas zu, was ihn nicht nur emotional berührt, sondern auch den spirituellen Lebensquell zum Fließen bringt. Man erlebt den Anschluß an eine bisher nicht wahrgenommene spirituelle Dimension.

Wie gesagt, solche Lichterfahrungen finden wir in den vielen Zeugnissen jener Menschen, die ein Nah-Todeswiderfahrnis hatten. So berichtet Stella Dr. Ring:

»Mir wurde allmählich klar, daß ich wieder wegmußte von dort, aber ich wollte nicht weg (beginnt zu weinen) ... Ich hörte, wie jemand meinen Namen rief, und spürte eine mächtige Kraft, die mich fortzog; dann hörte ich die Stimme ein zweites Mal (sie weint noch immer), stärker, plötzlich war ich (schluchzt) draußen, vor der Stadt. Ich versuchte, mich an der Mauer festzuhalten, ich wollte nicht fort (schluchzt)! Ich suchte nach einer

Möglichkeit, dort zu bleiben … dieses Licht, das von den glitzernden Farben auszugehen schien, von ganz innen … und als ich die Mauer berührte, konnte ich noch immer die Wärme dieses Lichts spüren und den Frieden, den es ausstrahlte, und die Liebe in diesem Licht.«

Wenn Sie bisher noch keine Lichterfahrung in einem Todestraum gemacht haben, aber sich dennoch nach einem solchen Erlebnis im Umkreis des Todes sehnen, dann empfehle ich Ihnen folgende Übung, die ich durch ein Ritual von Frau B. kennengelernt habe. Sie hatte als junge Frau durch einen tragischen Verkehrsunfall ihren über alles geliebten Mann verloren. In den ersten Monaten war sie untröstlich und weinte viel. Oft suchte sie Trost im Gottesdienst und durch christliche Lieder. Als eines Sonntags in der Kirche das Morgenlied »Morgenglanz der Ewigkeit« gesungen wurde, kam sie durch die folgende erste Strophe auf eine außergewöhnliche Idee.

Morgenglanz der Ewigkeit,
Licht vom unerschöpften Lichte,
schick uns diese Morgenzeit deine Strahlen zu Gesichte
und vertreib durch deine Macht unsere Nacht!

Bei dem Singen der zweiten Zeile: »Schick uns diese Morgenzeit deine Strahlen zu Gesichte und vertreib durch deine Macht unsere Nacht!« wurde sie plötzlich so angerührt, daß sie weinen mußte. Weil sie dafür keine Erklärung fand, dachte sie in den folgenden Tagen immer mal wieder an diese bisher unerklärliche Ergriffenheit. Als sie einige Tage später im Garten saß und phantasierte, wie ihr Leben durch die Gegenwart ihres Mannes noch von Liebe und Licht erfüllt war, fielen ihr beim in die Sonne Blinzeln plötzlich wieder diese Liedzeilen ein. Spontan kam ihr der Gedanke, dieses Sprachbild in die Tat umzusetzen und morgens beim Sonnenaufgang zum Grab ihres Mannes zu gehen und sich das Licht der Morgensonne ins Gesicht scheinen zu lassen. Zunächst schien ihr dieser Plan etwas absurd, aber da sie eine phantasievolle Frau ist und zudem ihre Liebesgefühle zu ihrem Mann nach dem Abklingen der Traurigkeit wieder stärker wurden, gestattete sie sich schließlich die romantischen Gefühle, morgens beim Sonnenaufgang zum Grab ihres Mannes zu gehen und ihm mit ihren Phantasien und Liebesgefühlen nahe zu sein. Als sie locker die Augen schloß und in die aufgehende Sonne blinzelte, spürte sie eine tiefe Verbundenheit mit ihrem Mann und wurde in großer Gefühlstiefe ergriffen. Wann immer in den folgenden Sommermonaten das Wetter es zuließ, ging sie zum Sonnenaufgang auf den Friedhof und machte im Verlaufe der Zeit immer neue Lichterfahrungen. Da Frau B. kinderlos, nicht erwerbstätig und zudem noch mit Kreativität begabt ist, konnte sie die geschilderte Erfahrung auch zeitlich immer mehr vertiefen. Besonders beeindruckt wurde sie beim folgenden Osterfest durch die Predigt ihres Pfarrers, der es in seiner einfühlsamen Art anschaulich schilderte, wie Maria Magdalena und Maria, des Jakobus' Mutter und Salome sehr früh zum Grabe Jesu gingen, als gerade die Sonne aufging. In der Grabkammer sahen sie dann einen jungen Mann sitzen, der mit einem weißen Gewand bekleidet war (und ihnen wohl wie ein Engel erschien) und ihnen verkündigte, daß Jesus auferstanden sei (Markus 16). Frau B. wurde durch diese Ostergeschichte sehr in ihrem eigenen Tun bestätigt und schloß sich schließlich einem feministisch und spirituell orientierten Frauenkreis an. Als sie dort die Methode der geführten Imagination kennenlernte, konnte sie bei schlechtem Wetter und im folgenden Winter ihre Sonnenaufgänge auch in ihrer Meditation zu Hause erleben. Durch die Bildkräfte, die in den Sprachbildern des Liedes verdichtet sind, und mit Hilfe ihrer Einbildungskraft konnte Frau B. eines Tages auch die tröstlichen Wirkungen der letzten Zeile dieser Liedstrophe erfahren, daß dem Licht der Morgensonne und dem Morgenglanz eine solche Macht innewohne, daß sie die Nacht und die Dunkelheit der Seele vertreiben und durch eine derartige Lichterfahrung Hoffnung angesichts des Todes erweckt werden könne.

Es bleibt Ihnen überlassen, ob Sie eine ähnliche Erfahrung mit der aufgehenden Sonne in den Bergen oder der untergehenden Sonne am Meer oder andere Lichterfahrungen machen werden. Es könnten Ihnen dazu die folgenden Affirmationen hilfreich sein.

Das innere Licht zeige mir Spuren auf dem äußeren Weg.

*

Im weißen Licht fühle ich mich geborgen und geschützt.

*

»Das ewige Licht leuchte ihnen.«

Gemeinschaft mit den Verstorbenen

Zu den außergewöhnlichen Widerfahrnissen aus der jenseitigen Welt gehören die spirituelle Gemeinschaft mit den Verstorbenen und hilfreiche Botschaften der Toten für die Lebensentscheidungen von Hinterbliebenen. Bevor ich das Gemeinte an einem Fall aus meiner Praxis ausführlich beschreibe, möchte ich ein allgemein bekanntes Beispiel erwähnen, das den meisten vertraut sein dürfte.

So erzählte Frau H., daß sie nach dem frühen Tod ihres Mannes bei anstehenden Entscheidungen überlegte: Wie würde mein Mann in diesem Fall handeln und entscheiden? Durch die intensiven Erfahrungen in den wenigen gemeinsamen Jahren hatte sich eine tiefe Verbundenheit bei den beiden Ehepartnern entwickelt, und zu bestimmten Fragen dachte der eine so wie der andere und hätte auch so entschieden. Diese Lebenserfahrung, das dahinterstehende Lebensmuster und die Teilhabe an einer gemeinsamen Wertewelt ermöglichten es Frau H., auch viele Jahre über den Tod des Mannes hinaus bei bestimmten Fragen auch in seinem Sinne zu entscheiden.

In ähnlicher Weise erlebte Frau R. ihren verstorbenen Vater in ihren Erscheinungsträumen bei bedrängenden Geschäftsangelegenheiten und wie eine Art Schutzengel in schwierigen Lebenssituationen. Wörtlich sagte mir Frau R.: »Vater stand oft wie ein Schutzengel neben mir und führte mich!« Nach dem Tod des Vaters weilte Frau R. zunächst täglich an seinem Grab; sie erinnerte sich an ihn und die gemeinsamen Erlebnisse in einem stillen Zwiegespräch. Frau R. ist zu jenem Zeitpunkt Mitte 50 und kann sich aufgrund ihres gut entwickelten Ahnungsvermögens in ihren Phantasien und Imaginationen besonders intensiv auf den verstorbenen Vater einstellen und daher von ihm über den Tod hinaus Botschaften für die eigenen Lebensentscheidungen empfangen. Zu diesen Erfahrungen möchte ich Frau R. jetzt etwas ausführlich wörtlich zur Sprache kommen lassen. Sie erzählte mir:

»Schon als Kind hatte ich ein sehr enges Verhältnis zu meinem Vater. Das Verhältnis zur Mutter dagegen war recht problematisch. Ich erlebte sie als ängstlich. Ihre Schwierigkeiten versuchte sie durch Strenge in der Erziehung zu kompensieren. Die letzten 17 Jahre ihres Lebens hat sie an Schizophrenie gelitten und ist in einer Klinik gestorben. Weil die Mutter so streng war und dann krank, habe ich mich mehr und mehr ganz dem Vater angeschlossen. Ihm verdanke ich es, daß ich innerlich gesund geblieben bin. Er gab mir Vertrauen ins Leben und zu mir selber. Besonders nach dem Tod der Mutter hat der Vater mir viel Zuspruch und Ermutigung gegeben. Ich konnte mich immer an Vater halten. Die letzten Lebensjahre litt Vater auf beiden Augen an Star-Erblindung. Es wurde für ihn zunehmend schwieriger, seine Schreibarbeiten zu erledigen und seine beruflichen Aufgaben als Baumeister zu verrichten. Daher habe ich ihm meine Augen geliehen. Vater erklärte mir alle monatlichen Abrechnungen für die Mitarbeiter und das Geschäft. Vor seinem unerwarteten Tod war ich zu einer längeren Fortbildung in einer anderen Stadt. Ich weiß noch wie heute, daß mich plötzlich die Ahnung überkam, nach Hause zum Vater fahren zu müssen. Die anderen fragten mich entsetzt, ob ich träume, daß ich so plötzlich diesen Entschluß faßte. Ich fühlte und ahnte, daß er sterben würde. Als Vater mich am Bahnhof abholte, war es anders als sonst zwischen uns. Am Sonntag sagte er zu mir, daß er sich nicht wohl fühle. Montag kam er vom Büro heim, legte sich hin, und in der Nacht bekam er infolge eines perforierten Blinddarms eine Bauchfellentzündung. Ferner stellte sich eine Darmverschlingung ein, an deren Folgen er starb. Nachträglich kann ich sagen, daß meine Ahnung zutreffend war. Mir ist klargeworden, warum ich Wochen und Monate vorher bedrückt war und dafür zunächst keine Erklärung fand. In meiner Niedergeschlagenheit hatte ich oft das Gefühl, daß ich eine unsichtbare Last zu tragen habe.

Nach dem Tod des Vaters war der Schmerz so groß, daß ich keine Träne weinen konnte. Es vergingen Monate, bis sich dieser Krampf löste. In dieser Zeit besuchte ich Vater nahezu jeden Tag auf dem Friedhof. Langsam begann ich zu spüren, daß ich auf dem Heimweg nicht mehr so niedergeschlagen war wie auf dem Hinweg. Später bin ich oft getröstet vom Friedhof heimgekehrt. Wenn ich am Grab des Vaters verweilte, begann ich ein stilles Zwiegespräch mit ihm. Ich erinnerte mich an bestimmte Gespräche mit ihm und sah viele Lebenssituationen wie im Traum vor mir. Dabei hatte ich oft den Eindruck, daß ich vom Vater einen Rat und Hilfe bekomme. Nach einigen Monaten erlebte ich, daß ich gar nicht mehr zum Friedhof hingehen mußte, sondern mit dem Vater auch zu Hause sprechen konnte. Besonders mein Geschäftsleben konnte ich mit ihm teilen. Oft hatte ich den Eindruck, daß Vater wie ein Schutzengel neben mir stand und mich führte. In dieser Zeit fragte ich den Vater oft: ›Wie soll ich's machen? Was meinst du?‹ Heute habe ich den Vater oder das Vaterbild in meiner Seele integriert. Für mich ist Vater jetzt eine innere Figur und eine Kraft geworden, die mich begleitet. In kritischen Situationen weiß ich, wie ich vorgehen muß. Ich lasse mich von Geschäftspartnern und anderen Leuten nicht mehr in bestimmte Schwierigkeiten hineinmanövrieren. Durch Vater bin ich vorsichtig geworden und sehe künftige Dinge vor mir. Der Rat und die Hilfe, die ich früher vom Vater erbat, ist mit zunehmendem Lebensalter ein Teil von mir selber geworden. Ich bin inzwischen älter und reifer geworden und verwirkliche jetzt aus mir heraus das, was ich früher vom verstorbenen Vater erwartete.«

Es geht nun nicht darum, daß Sie die persönlichen Erfahrungen von Frau R. nachahmen, sondern für sich persönlich Möglichkeiten und Wege entdecken, wie Sie auch nach dem Tod eines geliebten Menschen oder durch die spirituelle Gemeinschaft mit einem für Sie hilfreichen Lehrer oder einer Lehrerin für Ihre Lebensgestaltung und Ihre Lebensentscheidungen Hilfen finden können. Wenn Sie mit der religiösen Literatur des Ostens etwas vertraut sein sollten oder sich in der spirituellen Literatur des Westens auskennen, dann haben Sie sicher schon davon gelesen, wie Menschen sich einem spirituellen Lehrer zuwenden können, der selbst schon viele Jahre oder Jahrhunderte tot ist. Wenn Sie dagegen von derartigen imaginativen Beziehungen oder spirituellen Erfahrungen mit einem verinnerlichten Lehrer oder einer Lehrerin noch nichts gehört haben, dann könnte die Verehrung der Heiligen in der katholischen Kirche und deren Hilfe für Sie ein Anknüpfungspunkt sein, um das Gemeinte zu verstehen. Auch im christlichen Glaubensbekenntnis ist diese Verbundenheit und die Gemeinschaft mit den Heiligen ausgedrückt:

Ich glaube an die Gemeinschaft der Heiligen und der Heilenden.

*

Ich erkenne, daß ich nicht alleine bin,
weil ich zu einer spirituellen Gemeinschaft gehöre.

Sinngebung und Spiritualität

Die Begegnung mit dem Tod führt bei den allermeisten Menschen zu einer spirituellen Krise, weil sie plötzlich oder vorbereitet durch eine Krankheit in eine Grenzsituation des Lebens kommen. In solchen Krisen können einzelne oder mehrere der bisher besprochenen Aspekte maßgeblich zur Sinngebung oder auch zu einer neuen Spiritualität im persönlichen Leben beitragen. Spiritualität kann in diesem Zusammenhang heißen, wieder Vertrauen ins Leben gewinnen oder sich geborgen fühlen in einem größeren Sinnzusammenhang, zu dem bei Christen auch Gott dazugehört. Ein besonderer Ausdruck dieser Spiritualität ist, daß mit dem Tode nicht alles aus ist, sondern daß die Seele unsterblich ist und wir an ein Leben in der zukünftigen Welt glauben. Dieser tröstliche Gedanke hat seine Wirkungen für die Lebenseinstellung und trägt für viele Menschen auch dazu bei, durch eine Krise oder eine Krankheit in dem Bewußtsein hindurchzugehen, daß alles seinen Sinn hat.

Die Sinnfindung im Leben oder in einer Krise oder einer Krankheit ist nach meinen Erfahrungen für Menschen mit einer spirituellen Grundhaltung eher möglich als für Menschen ohne tiefere geistige Orientierung. Gerade in Krisen- oder Leidenszeiten setzt Spiritualität Lebenskräfte frei, die zum Durchstehen und zur Bewältigung dringend gebraucht werden. Ich teile mit vielen die Auffassung, daß es besonders in der dritten Lebensphase, etwa ab 56 oder 60, ganz besonders wichtig ist, sowohl im Rückblick auf das bisherige Leben als auch bei dem Blick in die Zukunft den Fragen nach Lebenssinn und

Spiritualität breiten Raum zu geben. Mögen dazu auch die abschlie-
ßenden Affirmationen einen Beitrag liefern:

*Ich sehe in den Fügungen meines Lebens und selbst in den Schick-
salsschlägen einen Sinn.*

✻

*Wenn ich auf die Weisheit meines Herzens höre, finde ich den Sinn
in meinem Leben.*

✻

*Der Umgang mit Sinnbildern und Symbolen gibt meinem Leben einen
Sinn.*

✻

Ich bitte, daß der Schutzengel mich begleitet auf meinem Weg.

Die Erotik des Todes

Im Umkreis des Todes gibt es bei manchen Menschen nicht nur Gefühle der Trauer und tiefen Betroffenheit, sondern auch die Erweckung von starken Liebesgefühlen und erotischen Empfindungen. Weil in der weitverbreiteten Sterbeliteratur der Gegenwart nach meiner Kenntnis bisher wenig oder nichts dazu geschrieben wurde, möchte ich unsere Aufmerksamkeit auf die vielfältigen Aspekte des Todes richten, in denen die genannten Liebesgefühle anklingen. So fragte mich z.B. ein Klient nach der Beerdigung seiner 83jährigen Mutter, ob seine starke erotische Empfindung und sexuelle Erregung noch »normal« seien? Er hätte in der Nacht vor der Beerdigung nach einer Phase der tiefen Traurigkeit eine starke Lust verspürt, mit seiner Frau zärtlich zu sein und mit ihr zu schlafen. Seine Frau dagegen hätte nicht solche Empfindungen gehabt und daher sein Ansinnen abgelehnt, hätte es angesichts des Todes auch nicht als normal empfunden. In unserem Gespräch fanden wir heraus, daß durch die Traurigkeit verschüttete Emotionen freigelegt worden waren; sie kamen im sexuellen Begehren und den erotischen Empfindungen erneut zum Ausdruck. In den Wochen und Monaten zuvor waren diese Emotionen mehr und mehr verblaßt, und die Liebesbeziehung zu seiner Frau war durch reale Beziehungsprobleme und die Erkrankung der Mutter erstarrt. Zu seiner Verwunderung regten sich seine Gefühle von neuem, nachdem die Mutter den letzten Atemzug getan hatte.

In den weiteren Gesprächen fanden wir heraus, daß dieser Klient sich durch seine enge Mutterbindung bisher in seinem Gefühlsleben stark von der Mutter kontrolliert gefühlt hatte. Auch bei seinen aufkommenden erotischen Phantasien fragte er sich oft: Was würde meine Mutter dazu denken und sagen? Besonders wenn er an das Bett der sterbenden Mutter trat, schämte er sich über seine so ganz anderen Gedanken und sexuellen Regungen. Seit dem Tod der Mutter fühlte er sich erstmals richtig frei. In diesen sehr gerafft zusammengefaßten Erfahrungen dürfte einsichtig geworden sein, wie es zur Erweckung und Belebung der erotischen Phantasien gekommen ist.

Etwa spiegelbildlich zu dem geschilderten Fall erlebte Frau M. ein Neuerwachen ihrer Gefühle nach dem Tod ihres Vaters. In ihrem Herzen und in ihrem inneren Erleben fühlte sie sich als »des Vaters geliebte Tochter« und wurde dadurch in ihrem Liebesleben mit ihrem Lebenspartner spürbar gehemmt. Auch für sie kam nach den Wochen der Trauerarbeit eine lustvolle Zeit mit dem Aufbruch von bisher nicht gekannten erotischen Phantasien und sexuellem Begehren. Nachdem in der Seele das verinnerlichte Vaterbild mehr und mehr zu verblassen begann, konnten sich die »beaufsichtigten erotischen Phantasien« frei äußern und damit das seelische Erleben aktivieren.

Als letztes Beispiel erzähle ich noch kurz von dem tragischen Liebesleben des 39jährigen Herrn B., der seine Frau durch eine Krebserkrankung verloren hatte. Die Eheschließung mit 22 Jahren war eine Liebesheirat gewesen, doch nach drei Jahren verflüchtigte sich die Liebe, und die Beziehung bestand in den folgenden Jahren immer mehr aus Pflichten. Erst durch die Erkrankung entwickelte sich neben der Fürsorge auch ein neues Gefühl der Zusammengehörigkeit und der Zärtlichkeit. In den Monaten nach dem Tod von Frau B. kam für den hinterbliebenen Partner eine intensive Traumzeit mit zahlreichen erotischen Träumen. Häufig erschien Frau B. als reizende junge Frau, wie in der Zeit der ersten großen Liebe. In mehreren Träumen kam es zu stürmischen Küssen und intensiven Umarmungen, so daß Herr B. beim Erwachen meinte, seine verstorbene Frau sei tatsächlich anwesend gewesen. In einigen Träumen waren die erotischen Empfindungen derart stark, daß Herr B. eine reale sexuelle Verschmelzung mit seiner verstorbenen Frau erlebte und beglückt aufwachte und sich dann erst langsam und mühsam mit der Realität abfinden konnte. Obwohl dieses Erwachen einerseits schmerzlich war, eröffnete es andererseits bisher verschüttete Quellen der Erotik in der eigenen Seele.

Nachdem ich in den folgenden Jahren von zahlreichen Klientinnen und Patienten ähnliche Erfahrungen gehört hatte, wurde ich zunehmend aufmerksamer und neugieriger auf die Zusammenhänge zwischen Tod und Erotik. So machte ich mich auf die Entdeckungsreise und suchte, was Dichterinnen und Schriftsteller zu diesem Thema sagen. Davon möchte ich einiges mitteilen. Ich beginne mit dem Text eines oder einer Unbekannten, genannt Anonymus:

Mir träumte heute Nacht, Phillis sei wiedergekehrt,
Schön, wie sie es beim Licht des Tages war,
Sie wollte, daß noch ihr Schattenbild die Liebe genösse,
Und daß ich, wie Ixion, eine Wolke in die Arme nähme.

Nackt schlüpft ihr Schatten zu mir ins Bett
Und sagt mir: »Dämon, Liebster, hier bin ich wieder.
Ich ward nur noch schöner an jenem traurigen Ort,
Wo das Los mich zurückhielt, seit ich Dich verließ.

Ich kam, um den Schönsten aller Liebsten nochmals zu küssen;
Ich kam um nochmals in Deinen Umarmungen zu sterben.«
Nachdem an dieser Gottheit meine Flamme sich verbraucht,
Sagte sie zu mir: »Leb wohl, ich geh' fort zu den Toten.«[1]

Sicherlich werden Sie Ähnlichkeiten zu den erotischen Phantasien und Liebesträumen meiner Klienten entdecken. Manchen Menschen wird nicht nur der erbitterte Ver-lust eines geliebten Menschen nach dem Todesfall bewußt, sondern es ereignet sich auch eine Belebung der Lust und der erotischen Vorstellungswelt. Mit der besonderen Schreibweise des schmerzlichen Ver*lust*es und den Verweis auf die Lust, möchte ich Sie anregen, sich selber weitere Gedanken über diese Zusammenhänge zu machen. Auch die weitverbreitete Verlustangst als eine besondere Form des Liebeskummers verweist uns auf die Zusammenhänge von absterbenden Liebesgefühlen und (im weitesten Sinne) damit von Tod einerseits und andererseits im positiven Erlebnisbereich auch von Lust, Erotik und Lebensfreude.

Während unter Erotik im allgemeinen das Liebesverlangen verstanden wird, fasse ich hier den Begriff weiter: Es geht auch um die geistigen und seelischen Formen der Liebe. Im Umkreis des Todes verstehe ich Erotik als die liebevollen Erinnerungen an einen geliebten Menschen, die bei sensiblen Menschen erotische Schwingungen im Gefühlsbereich auslösen können. Viele Dichter und Dichterinnen haben sich, oft durch persönliche Betroffenheit, dieses Themas angenommen und ermöglichen uns so den Einblick in eine für viele Menschen verschlossenen Erlebnisbereich.

Nachklänge der Liebe im Echo des Todes

Nach dem Tod eines geliebten Menschen lebt die Liebe im Nachklang der Erinnerungen. Zu diesen Erfahrungen möchte ich jetzt einige Schriftsteller und Schriftstellerinnen zu Wort kommen lassen, die dazu besondere und anrührende Sprachbilder gefunden haben. Ich beginne mit dem irischen Dichter *Thomas Moore* (1779-1852), der in seinen erzählenden Dichtungen aus alten irischen Texten die mystische Tiefe und Hintergründigkeit des Lebens in erotischen Sprachbildern zum Ausdruck bringen kann. Der folgende Text dürfte auf realen Erfahrungen beruhen und schildert, wie der hinterbliebene Geliebte die Erinnerungsstätten der gemeinsamen Liebe aufsucht. Dort stimmt er das leidenschaftliche Lied an, das sie einst mit Wonne gemeinsam gehört und erlebt haben:

Edvard Munch: Das Mädchen und der Tod (1894)

Die Liebende küßt den Tod

Zu einem zentralen Motiv des 19. Jahrhunderts: »Eros und Tod« hat Edvard Munch die nebenstehende Radierung »Das Mädchen und der Tod« geschaffen. Bei der Betrachtung dieses erotisch anmutenden Bildes sollte als erstes genau der Titel beachtet werden. Am Anfang steht das Mädchen, das auch den größten Teil des Bildes einnimmt. Die erotisch erscheinende junge Frau umarmt leidenschaftlich den Tod und gibt ihm einen Kuß. Wie eine Verliebte hat sich die Gestalt auf die Zehenspitzen gestellt, um den tödlichen Partner leidenschaftlich umarmen zu können.

Vielleicht stellen Sie sich als Betrachterin oder Betrachter einmal die Frage: Wer hier wen küßt? Wer ist der aktive Handelnde in dieser Radierung?

Ich schlage vor, die erotische Liebesszene zunächst von der jungen Frau aus zu betrachten. Zur Deutung des Motivs möchte ich die Sexualphantasien junger Mädchen und die erotischen Liebesträume von Frauen vor der Hochzeit heranziehen. Aus meiner therapeutischen Praxis und der Literatur zu diesem Thema ist mir bekannt, daß die aufschäumenden Liebesgefühle pubertierender Mädchen und die Ängste sowie Liebesphantasien von Frauen vor einer totalen Bindung und Hingabe an einen Mann sich häufig mit Todesgedanken oder sogar mit geheimen Todesängsten verbinden. Während die bürgerlichen Vorstellungen dahingehen, daß eine Frau vor der Hochzeit sich doch wie eine glückliche und strahlende Braut fühlen müsse, denkt diese oftmals verstärkt gerade jetzt an den Tod. Wie ist diese geheimnisvolle Beziehung zwischen Eros und Liebe einerseits und den Todesphantasien andererseits zu verstehen? In meiner tiefenpsychologischen Deutung dieser Phänomene gehe ich von der Erfahrung aus, daß die starken Liebesgefühle des Mädchens, in das sich der Künstler so eindrucksvoll eingefühlt hat, das Ich und das bisherige Gefühlsleben bedrohlich überfluten: Die Todesgestalt ist ein symbolischer Ausdruck dafür.

Affirmationen:

Durch meine Todesgedanken lasse ich mich nicht von der Liebe abhalten.

*

Meine erotischen Liebesgefühle sind gut!

*

Vor der sexuellen Hingabe und der totalen Verschmelzung brauche ich keine Angst zu haben.

In der mitternächtlichen Stunde, wenn Sterne weinen,
da eile ich zu dem einsamen Tal, das wir liebten,
als Leben noch warm in deinem Auge strahlte;
und ich denke oft, wenn es Geistern vergönnt ist,
aus dem luftigen Reich sich hiederzustehlen,
um vergangene Stätten der Freude wieder aufzusuchen,
so wirst du mir dort nahen und mir sagen,
unsere Liebe lebe noch in der Erinnerung, sogar in den Himmeln.
Dann singe ich das leidenschaftliche Lied,
das wir einst mit solcher Wonne anhörten,
als unsere sich vermischenden Stimmen, wie eine einzige,
den Gesang uns in die Ohren hauchten;
und während, weit entfernt,
Echo mein schwermütiges Gebet durch das Tal hinrollen läßt,
stelle ich mir vor, o meine Liebste! es sei deine Stimme,
die aus dem Königreich der Seelen erklingt
und noch immer der Weise sanft antwortet,
die uns einst so teuer war.[2]

Wenn Sie ebenfalls den Verlust eines geliebten Menschen verarbeiten müssen oder wenn Sie sich überlegen, was Sie in einer künftigen Situation einmal tun könnten, so gibt Ihnen dieser Text einige praktikable Empfehlungen. Sie können die vertrauten Orte aufsuchen und Erinnerungen auffrischen an die einst erlebte gemeinsame Liebe. Und wenn Sie singen mögen, können die Schwingungen Ihrer Stimme ein Echo sein für den Gesang Ihrer verschiedenen Geliebten.

Ähnliche Erinnerungen an die tote Geliebte beschreibt *Friedrich Rückert* (1788-1866), ein Zeitgenosse von Thomas Moore. Der 24-jährige Dichter schreibt in »Agnes Totenfeier«, wie der hinterbliebene Geliebte zu wenige Blicke und Lächeln empfangen hat, um sich in der Erinnerung daran zu trösten und zu erquicken. Bei den »süßen Gaben« im Text klingen weitere Liebesbeweise und erotische Empfindungen an, die der Geliebte sich gewünscht hätte:

Ich wünschte, daß du reichlicher gemessen
Mir hättest einst dein Lächeln, Grüßen, Blicken,
Daß ich mich hätte dürfen mehr erquicken
Und mehr mich jetzt erquickt' Erinn'rung dessen.

O nein! Ich wünschte, daß du ganz vergessen
Mich hättest, mir geschenkt kein einzig Nicken;
So würde des Verlustes Weh umstricken
Mich minder nun, je minder ich besessen.

Nein, dennoch wünscht' ich, daß du mehr begnaden
Mich hättest mögen mit den süßen Gaben,
Obwohl sie jetzt mich so mit Weh beladen.[3]

Lou Andreas-Salome (1861-1937), die einstige Geliebte von Rainer
Maria Rilke, äußert in ihrem Werk »Lebensrückblick« die folgende
Todesbitte:

Lieg ich einst auf der Totenbahr
– ein Funke, der verbrannt –,
Streich mir noch einmal übers Haar
Mit der geliebten Hand.

Eh' man der Erde wiedergibt,
Was Erde werden muß,
Auf meinem Mund, den Du geliebt,
Gib mir noch Deinen Kuß.

Doch denke auch: im fremden Sarg
Steck ich ja nur zum Schein,
Weil sich in Dir mein Leben barg!
Und ganz bin ich nun Dein.[4]

Diese Todesbitte möge Sie anregen, in Ihr Vermächtnis als letzten Wunsch an die Hinterbliebenen vielleicht ähnliche Wünsche zu schreiben und damit gegebenenfalls die Unbeholfenheit oder depressive Erstarrung der Hinterbliebenen durch zärtliche letzte Liebesbeweise und liebevolle Handlungen zu lösen. Aus zahlreichen Beispielen habe ich erfahren, daß Menschen, die sich in den guten Zeiten ihres Lebens auf einen derartigen Abschied vorbereitet haben, dann im Ernstfall trotz der Betroffenheit und tiefen Traurigkeit wußten, was sie im Einzelfall als letzte Liebesbeweise tun wollten. Der umgekehrte Fall dürfte Ihnen in Ihrem Bekanntenkreis vielleicht auch begegnet sein, daß Menschen, die sich niemals mit Abschiedsritualen beschäftigt haben, beim Eintritt eines Todesfalles derart unbeholfen reagieren, daß sie lange Zeit danach noch Schuldgefühle haben, nicht etwas Angemessenes beim Abschied praktiziert zu haben.

Imaginäre Verbundenheit über den Tod hinaus

Viele Menschen erleben nach dem Tod eines geliebten Angehörigen in ihren Gedanken und Phantasien noch lange eine Art von imaginärer Verbundenheit mit einem oder einer Toten. Zahlreiche Dichter und Schriftstellerinnen haben in beeindruckenden Sprachbildern diese Erfahrungen in schöne Texte gekleidet. Die süddeutsche Schriftstellerin *Isolde Kurz* (1853-1944), die sich in ihrem Werk um eine Synthese zwischen Romantik und Realismus bemühte, vermittelt uns durch ihre Neigungen zu Mythen und Märchen eine besondere Seite am Tode durch das folgende Gedicht:

Hans Thoma: Selbstbildnis mit Amor und Tod (1885)

Zwischen Amor und Tod

Ähnlich wie ein Künstler nehmen viele kreative Menschen in ihren Phantasien und Imaginationen die Nähe zwischen Leben und Tod, zwischen Eros und Thanatos (Tod) wahr. Ob Menschen dies jedoch auch anerkennen und wahrhaben wollen, oder ob sie diese Dramatik beschönigen oder verdrängen, ist die große Frage, der wir am Selbstbildnis von Hans Thoma (1839-1924) nachgehen wollen. Der Künstler stellt sich zwischen Eros und Tod dar. Der Tod, der über die rechte Schulter schaut, ist mit einem verwelkten Lorbeerkranz umgeben. Dies ist ein mehrschichtiges Sinnbild und weist zum einen auf die künstlerische Selbstwertkrise des Malers hin (er ist zu diesem Zeitpunkt 36 Jahre alt) und darüber hinaus weist der Totenschädel auf die Auseinandersetzung und Begegnung mit dem Tod hin. Der Lorbeer, der sonst als Siegeskranz verwendet wird, soll hier wohl sagen, daß der Tod am Ende Sieger sein wird. Das Gesicht des Malers und sein Augenpaar bilden den Blickfang des Bildes. Während die Augenhöhlen des Todes leer sind, und der augenzwinkernde Blick Amors verliebt dreinschaut, blicken nur die Augen des Malers zielgerichtet in die Ferne. Während der Künstler dem Tod das Ohr leiht, folgt sein ausdrucksstarker Blick den verliebten Blicken des Amor. Aus der Biographie von Thoma ist bekannt, daß er in dieser Zeit seine große Liebe zu einem bildhübschen Malermodell Bonicella Berteneder entdeckte. Er vermerkte dazu in seinem Tagebuch: »Für mich begann der schönste Frühling, voll Blumen und Liebe.« Mit dem Amor, der den Kopf des Künstlers berührt, scheint er sagen zu wollen, daß er zur Zeit nichts wie Liebe im Kopf hat, und daß diese all sein Denken übersteigt.

Während der Maler Böcklin in seinen Todesbildern dem Betrachter den furchterregenden Blick in die andere Dimension des Lebens zumutet, scheint Thoma diese Schauder und Dynamik zwischen Eros und Tod abzumildern. Der Pinsel, den der Maler wie einen Wurfspeer in der Hand hält, dürfte in einer geheimen Verbindung zu den Pfeilen des Amor stehen. Ferner dürfte der Pinsel, den der Künstler empfindsam in der Balance hält, ein Hinweis darauf sein, die persönliche Balance zwischen Leben und Tod herzustellen. Obwohl das Symbol der Liebe im Bild höhergestellt ist, zeigt doch das Gesicht des Malers etwas von der Todesfurcht, die ihm buchstäblich im Nacken sitzt. Dies könnte für den Betrachter ein wichtiges Sinnbild sein, den Tod nicht zu verleugnen und fähig zu werden, ihn über die Schultern blicken zu lassen, etwa nach dem Motto: Bei allem, was du tust und siehst, bedenke das Ende.

Affirmationen:

In der Mitte des Lebens spüre ich die besondere Spannung zwischen Liebe und Tod.

Der Tod treibt mich zur Mitte meines Lebens.

Im Spannungsfeld zwischen Amor und Tod können kreative Leistungen entstehen.

Vom Lichte dieses Lebens möcht ich scheiden,
Ein Leben – andre nennens Tod – erlangen,
Doch Tod ist lieblich, seit er sie umfangen,
Daß um das Sterben Götter uns beneiden.

Ja, Tod ist süß, und Süßes will ich meiden,
Nur Bittres such ich, seit sie hingegangen,
In deren Licht die Himmel heller prangen.
Drum will ich dieses Daseins Herbe leiden.

Von nun an sollen diese Augen weinen,
Von nun an soll dies trübe Herz verzagen
Um seiner schönen Sonne Niedergang.

Im Trauern soll sich Amor mir vereinen,
Die Grazien und die Musen sollen klagen.
Und wer bleibt kalt bei ihrem Klaggesang?[5]

Zum Troste verklärt die Autorin den Tod, indem sie ihn als lieblich bezeichnet und als süß. Doch dann wird die Aufmerksamkeit auf die Ambivalenz der Gefühle angesichts des Todes gerichtet und gerade das Trauern als Möglichkeit genannt, sich mit Amor zu vereinen. Hinter diesen Sprachbildern steht nach meiner Deutung die merkwürdige Erfahrung, daß manche Menschen sich erst nach dem Tode eines geliebten Partners mit diesem tiefer, seelischer und erotischer verbunden fühlen als zu Lebzeiten.

In ganz besonderer Weise kann uns noch Novalis – eigentlich *Georg Philipp Friedrich Freiherr von Hardenberg (1772-1801)* – aufgrund seiner tiefen seelischen Erschütterungen über den Tod seiner 15jährigen Verlobten Sophie von Kühn die Beziehungen der Geliebten über den Tod hinaus einsichtig machen. Nach dieser Todeserfahrung wandte sich Novalis der Mystik zu und verband Traum und Wirklichkeit. In seinen »Hymnen an die Nacht« (1800) erhöht Novalis den Eros ins Mystische und läßt eine Todesüberwindung ahnen.

Hinüber wall ich,
Und jede Pein
Wird einst ein Stachel
Der Wollust sein.
Noch wenig Zeiten,
So bin ich los,
Und liege trunken
Der Lieb im Schoß.
Unendliches Leben
Wogt mächtig in mir
Ich schaue von oben
Herunter nach dir.
An jenem Hügel
Verlischt dein Glanz –
Ein Schatten bringet
Den kühlenden Kranz.
O! sauge, Geliebter,
Gewaltig mich an,
Daß ich entschlummern
und lieben kann.
Ich fühle des Todes
Verjüngende Flut,
Zu Balsam und Äther
Verwandelt mein Blut –
Ich lebe bei Tage
Voll Glauben und Mut
Und sterbe die Nächte
In heiliger Glut.[6]

Ähnlich wie bei Isolde Kurz das tiefe Gefühl der Trauer dazu beitragen kann, eine tiefere Verbundenheit zu einem Verstorbenen und darüber hinaus zum Leben erneut zu erfahren, macht uns auch Novalis darauf aufmerksam, daß jede Pein auch eine Stimulation für die Wollust und damit für die Erotik und das tiefere seelische Erleben sein kann. Aus therapeutischen Erfahrungen und der Begleitung von Menschen in der Trauerarbeit kann ich das gleiche bezeugen, was Novalis als das wogende Leben im Schoß der Liebe beschreibt. Obwohl einerseits der Sog von Drüben Menschen auch in Todesnähe ziehen kann (worüber später noch berichtet wird), so kann andererseits von dem Tod das Gefühl einer verjüngenden Glut ausgehen. Das Sterben in den Nächten voll heiliger Glut ist die ganz besondere Erfahrung der Wiederkehr der Liebenden in den Träumen.

Die Wiederkehr der Liebenden in Träumen

Von vielen Dichterinnen und Schriftstellern finde ich die Ergebnisse meiner langjährigen Forschungen über die Todesträume bestätigt[7], daß Geliebte (und Ungeliebte) in unseren Träumen wiederkehren können. Oftmals ist dann die liebende Umarmung und erotische Begegnung inniger und tiefer, als dies zu Lebzeiten möglich war. Für die Erscheinungen und die Wiederkehr von Verstorbenen in Träumen hat der rumänische Dichter *Mihai Eminescu* (1850-1889) das symbolische Sprachbild von den Traumschwingen gefunden, auf denen die Geliebte aus dem Schattenreich des Todes herüberkommt.

Wenn selbst die Stimmen
    der Gedanken schweigen,
Durchgeht wie süße Andacht
    mich ein Singen –
Wenn ich dann rufe,
    wird es zu dir dringen?
Wirst du den kalten Nebeln
    dann entsteigen?

Und wirst das Dunkel
    du der Nacht bezwingen,
Mit großen Augen friedvoll
    dich mir neigen?
So tritt doch aus der
    Zeiten Schattenreigen,
Daß ich dich nahen seh
    auf Traumesschwingen!

Ach steige, immer tiefer,
　　zu mir nieder,
Daß unter deinem Lächeln
　　ich erwarme,
Daß mir ein Seufzer
　　deine Liebe beichte;

Berühre mit den Wimpern
　　mir die Lider,
Laß spüren mich die Schauer
　　deiner Arme –
Geliebte du und
　　ewig Unerreichte![8]

Fragend und bittend wendet sich der Dichter an die verstorbene Geliebte. Er macht uns darauf aufmerksam, daß der günstigste Zeitpunkt für eine derartige Zwiesprache von Seele zu Seele jener ist, wenn die Gedanken und die Stimmen schweigen. Diese können durch Meditation, Yoga oder ähnliche Übungen tatsächlich zum Schweigen gebracht werden; dann kann die »süße Andacht« beginnen. Eine weitere Übung wäre die aktive Imagination nach C.G. Jung oder eine gelenkte Traumreise, in der sich die Seele in die Bilderwelt aufmacht, und es zu einer liebenden Begegnung kommen kann. In ähnlicher Weise wünscht sich der Dichter das Nahen der Geliebten auf Traumesschwingen. Im Wissen um das ewig Unerreichbare sind auf diesem Wege zärtliche Begegnungen und erotische Schwingungen möglich.

Ähnlich beschreibt der französische Lyriker *Paul Verlaine* (1844-1896) in dem folgenden Text die Erscheinung der geliebten Unbekannten mit der dunkelfarbenen Stimme.

Ich träume wieder von der Unbekannten,
die schon so oft im Traum vor mir gestanden.

Wir lieben uns, sie streicht das wirre Haar
mir aus der Stirn mit Händen wunderbar.

Und sie versteht mein rätselhaftes Wesen
und kann in meinem dunklen Herzen lesen.

Du fragst mich: ist sie blond? Ich weiß es nicht.
Doch wie ein Märchen ist ihr Angesicht.

Und wie sie heißt'? Ich weiß nicht. Doch es klingt
ihr Name süß, wie wenn die Ferne singt, –

wie eines Name, den du Liebling heißt,
und den du ferne und verloren weißt.

Und ihrer Stimme Ton ist dunkelfarben
wie Stimmen von Geliebten, die uns starben.[9]

Mit der dunkelfarbenen Stimme der Geliebten hat der Dichter für uns ein Sprachbild gefunden für den Zusammenhang zwischen Liebe und Tod. Viele Dichter, Lyrikerinnen und Schriftsteller vergleichen das intensive Verschmelzungserlebnis der Liebe mit dem Tod und deuten die Auflösung des Ich und die Weitung des Bewußtseins. In meiner Analyse dieser Phänomene kehre ich den Prozeß nun um und mache auf die Erweckung von Liebesgefühlen und die Belebung von erotischen Phantasien im Umkreis des Todes aufmerksam.

Die tiefen Zusammenhänge zwischen Erotik, Wollust und Todeslust beschreibt der Schriftsteller und Arzt *Hans Carossa* (1878-1956) als ein besonderes Mysterium der Liebe in dem folgenden Gedicht:

Wer um die Wollust wirbt, erwirbt den Tod.
Uns aber schreckt nicht mehr die dunkle Kunde,
Stehn wir doch längst mit Blutsgefahr im Bunde!
O Tod, wir Liebenden durchschaun dich gut,
Wir sehn den Stern, der in dir kreist und ruht!
Doch dann, wenn wir hinflutend uns vereinen,
Den schönen Stern schon zu berühren meinen,
Stürzt er samt unsrer Lust hinaus ins Nichts,
Dann trauern wir, verhüllten Angesichts –
Geliebte komm! Wir wollen Größeres wagen,
Voll Todeslust den Stand der Welt zerschlagen![10]

Während ich in den bisherigen Gedichten von dem Echo und den
erotischen Schwingungen eines geliebten Verstorbenen ausgegangen
bin, hören wir hier aus ärztlicher Menschenkunde, wie letztlich jeder
tiefere Liebesakt ein kleiner Tod ist und daher ein Vorgeschmack
auf den kommenden Tod.

Die Toten können unersättlich sein

Besonders eindrucksvoll gemahnt uns *Heinrich Heine* (1797-1856)
daran, daß die geliebten Toten uns einerseits mit »Wollustglut«
beleben können und andererseits unsere Seele austrinken können.

Du hast mich beschworen aus dem Grab
Durch deinen Zauberwillen,
Belebtest mich mit Wollustglut –
Jetzt kannst du die Glut nicht stillen.

Preß deinen Mund an meinen Mund,
Der Menschen Odem ist göttlich!
Ich trinke deine Seele aus,
Die Toten sind unersättlich.[11]

Heine hat in seinen Dichtungen besonders auf den Zusammenhang
zwischen Todessehnsucht und enttäuschter Liebe aufmerksam gemacht. Er zeigt in seinem bekannten Volkslied »Ich weiß nicht, was

soll es bedeuten«, die innere Beziehung zwischen Melancholie und Todessehnsucht auf. An diese Unersättlichkeit der Toten sollten alle jene besonders denken, die zu enge Bindungen über viele Jahre aufrechterhalten und schließlich spüren müssen, wie sie merklich ihrer Kräfte und der Lebensenergien beraubt werden. Die Toten können unersättlich sein und unsere Seele austrinken.

Als letztes Beispiel möchte ich die junge Schriftstellerin *Karoline von Günderode* (1780-1806) mit einem längeren Text zu Worte kommen lassen. Die Autorin war mit dem Dichter-Ehepaar Brentano befreundet und hat sich wegen ihrer unglücklichen Liebe zu dem bekannten Heidelberger Philologen G.F. Kreuzer als 26jährige das Leben genommen. Sie läßt uns in dem folgenden Gedicht teilhaben an ihren tiefen Erfahrungen.

Ach! mein Geliebter ist tot! er wandelt im Lande der Schatten
Sterne leuchten ihm nicht, ihm erglänzet kein Tag
Und ihm schweigt die Geschichte; das Schicksal der Zeiten
Gehet den mächtigen Gang, doch ihn erwecket es nicht;
Alles starb ihm mit ihm, mir ist er doch nicht gestorben
Denn ein ewiges Band eint mir noch immer den Freund.
Liebe heißet dies Band, das an den Tag mir geknüpft
Hat die erebische Nacht, Tod mit dem Leben vereint.
Ja ich kenne ein Land, wo Tote zu Lebenden reden,
Wo sie, dem Orkus entflohn, wieder sich freuen des Lichts,
Wo von Erinn'rung erweckt, sie auferstehn von den Toten
Wo ein irdisches Licht glühet im Leichengewand.
Seliges Land der Träume! wo, mit Lebendigen, Tote
Wandeln, im Dämmerschein, freuen des Daseins sich noch.
Dort, in dem glücklichen Land, begegnet mir wieder der Teure.
Freuet, der Liebe, sich meiner Umarmungen noch;
Und ich hauche die Kraft der Jugend dann in den Schatten,
Daß ein lebendig Rot wieder die Wange ihm färbt,
Daß die erstarreten Pulse von warmen Hauche sich regen,
Und der Liebe Gefühl wieder den Busen ihm hebt.
Darum fraget nicht, Gespielen! was ich so bebe?
Warum das rosigste Rot löscht ein ertötendes Bläß?
Teil ich mein Leben doch mit unterirdischen Schatten,
Meiner Jugend Kraft schlürfen sie gierig mir aus.[12]

Auch hier finden wir nochmals die Mahnung, daß die unterirdischen Schatten, die Toten, gierig die Kräfte und Lebensenergien schlürfen. Dennoch können sich geliebte Menschen im Diesseits und im Jenseits in einem seligen Land der Träume treffen. Die vor Liebesverlust und Traurigkeit erstarrten Pulse können durch die erotischen Imaginationen ein tiefes Gefühl der Liebe erwecken.

In meinen Ausführungen über die Zusammenhänge zwischen Erotik und Todeserfahrung konnte ich aus dem Bereich der Dichtung nur einen kleinen Ausschnitt bringen. Vielleicht sind Sie, wenn Sie künftig Lyrik oder Texte zu diesem Thema lesen, dafür sensibel geworden, wie in eindrucksvollen Sprachbildern erotische Schwingungen im Zusammenhang mit dem Tod zur Sprache kommen. Die Liebe, die Erotik und die Gefühle der Lust können den Ver-lust eines geliebten Menschen eine zeitlang überflügeln. Die liebevollen Erinnerungen an einen Verstorbenen können gelegentlich erotische Phantasien und gefühlvolle Empfindungen wecken. Sie bestätigen damit die Erfahrung vieler Hinterbliebener, daß die Liebe stärker ist als der Tod.

Der Tod
kann auch die Tödin sein

Nachdem ich fünf Jahrzehnte meines Lebens wie selbstverständlich davon ausgegangen war, daß *der* Tod eine männliche Symbolgestalt sei, machte ich vor einigen Jahren neue Erfahrungen, die mich veranlaßten, mir über *die* Tödin Gedanken zu machen. Davon möchte ich einleitend erzählen und dann berichten, was ich durch meine Nachforschungen über die Tödin erfahren habe. Zum einen sah ich in einer Zeitschrift die inzwischen bekannten Plastiken von Niki de Saint Phalle. Besonders die Plastik »La Morte« (siehe Abbildung) faszinierte mich außergewöhnlich, so daß ich nach ähnlichen Erfahrungen mit anderen Bildern und Plastiken vermutete, daß hier mehr als ein Einzelfall vorliegen müsse. Als Jung'scher Therapeut dachte ich daran, daß solche besonders ansprechenden Kunstwerke der Ausdruck eines im künstlerischen Schaffen Gestalt gewordenen Archetypus sein können. Wie so oft in den letzten Jahren erlebte ich parallel zu dieser Begegnung mit der Plastik von Niki de Saint Phalle in meiner therapeutischen Arbeit, daß zwei Patienten Träume wiedergaben, in deren Todesthematik eine weibliche Figur wie eine »Göttin« erschien und die Sterbende abholte. Vor ihrem Tod im Traum erschien einer Analysandin zunächst die vor zwölf Jahren verstorbene Mutter und gab zu erkennen, daß sie sich freue, daß nun die Tochter zu ihr käme. Plötzlich verwandelte sich die Erscheinung der Mutter zu einer unbekannten Frau, die einen furchterregenden Eindruck auf die Träumerin machte. Da sich diese Patientin seit einigen Jahren mit feministischer Theologie und Matriarchats-Forschung befaßte, gab sie dieser Gestalt die Bezeichnung einer Göttin.

Niki de Saint Phalle: La Morte

Der Archetypus der Tödin
auf dem Pferd

Die emanzipierte Frau als Herrin über Leben und Tod und als Überwinderin des Patriarchats mit der Vorherrschaft des Männlichen ist das zentrale Thema im Werk von Niki de Saint Phalle (künftig: Niki). Die Skulpturen und Werke von Niki sprechen viele moderne Menschen und insbesondere um Emanzipation bemühte Frauen unmittelbar an, weil sie alte Symbole und Träume verlebendigen, bedrängende Phantasien bewußt machen und somit befreiend wirken.

Am Anfang des künstlerischen Schaffens von Niki (1961) stehen merkwürdige Schießaktionen: Sie schießt auf ihren Vater, den Bruder, die Männer, die Gesellschaft und die »Kirche«. In diesen Symbolhandlungen und Ritualen agiert sie ihre Aggressionen und ihre (Selbst)-Zerstörung aus. Doch die Künstlerin bleibt nicht bei ihren subjektiven Aktionen stehen, und läßt sich nicht in die anfängliche Radikalität der Frauenbewegung verstricken, sondern erinnert in ihren Frauendarstellungen die Frauen an ihre ureigene Würde und ihren besonderen Auftrag in den gesellschaftlichen Veränderungen der zweiten Hälfte unseres Jahrhunderts.

Im Hinblick auf unsere Auseinandersetzung mit dem Tod möchte ich mich hier begrenzen auf die Beschreibung der Plastik »La morte«. Die nur dreiundvierzig Zentimeter große Polyesterplastik hat inzwischen eine außerordentliche Breitenwirkung erlangt. Angeregt durch psychoanalytische und esoterische Schriften und durch die Tarotkarte »Der Tod« zeigt uns die Künstlerin eine Frau auf dem Todesroß. Die mit üppigen Körperformen dargestellte Frau und das kraftvolle Tier erinnern daran, daß der Tod als Sensenmann abgelöst ist durch die Tödin. Das Pferd, das ursprünglich ein Muttersymbol war, wurde im Patriarchat für Krieger und Könige zu einem Renommierobjekt. Die Frau und die Mutter als Leben Gebende wird in ihrem Badekostüm und mit ihren üppigen Körperformen auch in ihrer erotischen Bedeutung dargestellt. Die blutrote Sichel in ihrer Hand stellt eine Verbindung her zur Sichel des Mondes und verweist damit auf kosmische Weiblichkeit. Auch die Sterne auf dem blauen Mantel des Pferdes und die Wellenlinien, die an das Wasser erinnern, führen *uns kosmische Ursymbole vor Augen. Die zerstückelten Leichenteile und die herumliegenden Knochen von einem männlichen Oberkörper mit Krawatte und einem König mit Krone führen symbolisch die gebrochene Herrschaft des Patriarchats vor Augen und erinnern zugleich an die uralte Weisheit aller Religionen, daß im Tode alle Menschen gleich sind. Diese Plastik vermag viele Assoziationen zur Auseinandersetzung mit dem Tod zu erwecken und erinnert an die Aktualität des Archetypus der Tödin.*

Affirmationen:

Am Anfang meines Lebens hat mich meine Mutter geboren und am Ende wird mich eine mütterliche Tödin empfangen.

Am Ende hoffe ich auf die Barmherzigkeit mit dem Herzen einer guten Mutter.

Mein Engel begleite mich ins ewige Licht.

Das andere Beispiel stammt von einem 49jährigen Mann, der von einem kraftvollen weißen Pferd träumte, das die Treppe eines Schlosses hochgaloppierte und dann aus dem Fenster sprang. Der Analysand vermerkte dazu, daß dieses Pferd durch den Todessprung aus dem Fenster wohl in eine andere Dimension gesprungen sei. Dieses auf den ersten Blick merkwürdig erscheinende Traumbild erweckte unerwartet Erinnerungen an die Jugendzeit, wie er als 14jähriger von einem galoppierenden Pferd abgeworfen worden sei und dabei fast zu Tode gekommen wäre. Seitdem hatte er eine gewisse Angst vor Pferden. Besonders schaurig und zugleich ergreifend war für ihn, wenn in seinem Heimatdorf in jenen Jahren noch schwarze Pferde den Leichenwagen zum Friedhof zogen. Als ich dem Patienten gegen Ende des Gespräches die Kunstpostkarte von Niki de Saint Phalle mit der Plastik mit der toten Frau auf dem Pferd zeigte, war auch er sichtlich betroffen von den Zusammenhängen zwischen dem Tod, der Frau, dem Pferd, und von den toten Gebeinen, die auf der Erde herumlagen. Für mich persönlich wurden diese Erfahrungen zu einem anregenden Impuls, nach weiblichen Urbildern zum Tod zu forschen und zu suchen.

Ein Beispiel für eine solche Todesgöttin ist das uns allen bekannte Märchen »Frau Holle«. Ihr Name hängt sprachlich mit dem Namen Hel[1] zusammen und verweist auf die Unterwelt, auf die Erdmutter und die Göttin des Totenreiches[2]. Zu ihr gelangt man durch den Sprung in den Brunnen und den Schacht, der den Übergang in die Ander-Welt ermöglicht. Betrachten und deuten wir dieses Motiv symbolisch, so dürfte es nicht schwer sein, darin den »Geburtskanal« zu sehen. Die seelische und die spirituelle Wiedergeburt des Menschen wird oftmals in Anlehnung an derartige mütterliche Symbole beschrieben. So wie das Leben in der Gebärmutter wächst und dann schließlich geboren wird, so geschieht die Wandlung in eine neue spirituelle Lebensform auch durch mütterliche Ursymbole. Die hebräische Sprache verwendet für die Gebärmutter und für den Begriff der Barmherzigkeit das gleiche Wort[3]. So wie das werdende Leben in der Gebärmutter eine allesumfassende Geborgenheit und Versorgung erfährt, so erhofft sich der Mensch am Ende des Lebens durch die Rückkehr in den Schoß der Erde und das Grab eine ewige

Geborgenheit bei der Großen Mutter, die zugleich auch die Todesmutter ist.

Kehren wir zum erwähnten Märchen zurück und begleiten jetzt in Gedanken und Imaginationen Goldmarie und Pechmarie auf ihrem Weg in die Unterwelt und sehen durch ihre Augen verschiedene Prozesse der Wandlung. Diese beginnt durch den Sprung in den Brunnen, den ich bereits als Symbol für den Geburtskanal und die Gebärmutter angesprochen habe. Zu diesem mütterlichen Symbolfeld gehören auch die Höhlen, in denen die Unterweltsgöttinnen wohnen. In der patriarchalen Auseinandersetzung mit den mütterlichen Urbildern wurde dann die Höhle zur Hölle umgedeutet und umfunktioniert. Doch der Name von Frau Holle bewahrt uns die Erinnerungen an diesen mütterlichen Ort. Nachdem die Goldmarie aus ihrer Besinnungslosigkeit (Symbol für Sterben und Tod) aufwachte, befindet sie sich im Sonnenschein auf einer schönen Blumenwiese (Symbol für die schöne neue Welt und das wiedergefundene Paradies). Das Aufwachen und Zu-sich-selber-Kommen sind Sinnbilder für die Auferstehung und die Verwandlung zu einem neuen Leben. Das nächste Symbol für die Wandlung ist der Backofen und der Anruf der ausgebackenen Brote. Diesen Backofen können wir assoziativ mit der schon angesprochenen Deutung der Gebärmutter verknüpfen, und die ausgebackenen Brote, die herausgezogen worden sind, sind Symbole für Kinder, die zur Welt kommen wollen. Die spirituelle Bedeutung des Brotes als Wandlungssymbol ist uns aus der Eucharistie und dem Abendmahl bekannt.

Auf dem weiteren Weg der Wandlung kommt das Mädchen zum Apfelbaum und begegnet darin dem Baum des Lebens, der nach der Vision des Johannes (Offenbarung 22) zwölfmal im Jahr Früchte trägt. Zugleich ist auch eine Verbindung und Erinnerung an jenen Baum im Paradies, von dem einst Eva und Adam gegessen haben. Im Märchen und dessen Vision von der schönen neuen Welt geht es nicht mehr ums Essen, sondern um das Hören des Rufes, die Befreiung der ausgebackenen Brote als Wandlungssymbol und das Schütteln der reifen Äpfel als Symbol der fälligen Erkenntnis. Offensichtlich benötigen auch die Dinge in der Ander-Welt der Erlösung, und der

Mensch (oder die Engel) sind dazu berufen, diesem Ruf Folge zu leisten, das Brot des Lebens herauszuziehen und die Früchte vom Baum der Erkenntnis zu ernten.

Den Höhepunkt der uns aus vielen Märchen bekannten drei Wandlungsschritte bildet schließlich die Begegnung mit der furchterregenden alten Frau. Die großen Zähne der Frau Holle erinnern an die böse Hexe, welche die negative und schaurige Seite der verschlingenden Großen Mutter darstellt. Doch die Göttin hat auch positive Seiten und kann dem Mädchen gut zusprechen. Während das Mädchen vor Furcht fortlaufen wollte, ruft die Alte ihm nach: »Was fürchtest du dich, liebes Kind? Bleib bei mir!« Dieser tröstliche und vertrauenerweckende Zuruf: »Fürchte dich nicht!« findet sich in gleicher Weise in vielen biblischen Geschichten, wenn Menschen einem Engel, dem auferstandenen Christus oder Gott begegneten[4]. Die Furcht des Mädchens läßt uns erkennen, daß sie in der Gestalt von Frau Holle einer Göttin begegnet. Neben der furchterregenden Seite der Göttin wird also auch ihre liebevolle Seite deutlich, indem sie das Mädchen als »liebes Kind« anspricht. Auch dieser Zuspruch erinnert an biblische Aussagen, wo wir Menschen als Gottes liebe Kinder angesprochen werden[5]. Und schließlich noch die dritte Aussage: »Bleib bei mir!« Offensichtlich sehnt sich die Göttin nach der Gemeinschaft mit Menschen, ähnlich wie in der Bibel die Gemeinschaft zwischen Gott und den Menschen bezeugt wird. Während hier das Bedürfnis nach Beziehung, Gemeinschaft und Geborgenheit vom Menschen aus betrachtet wird[6], zeigt das Märchen auch die andere Seite, daß die Göttin eine Sehnsucht nach Gemeinschaft mit der Menschen-Tochter hat. In der patriarchalen Bedeutung der Verbundenheit und des Bundes wird uns die Beziehung zwischen Gott und seinem Sohn in der Bibel als Modell vor Augen gemalt, während das Märchen aus dem Matriarchat die Verbundenheit zwischen der Göttin und der Tochter vor Augen stellt.

Ein weiterer wichtiger Zusammenhang zwischen der biblisch-christlichen Vorstellung vom Jenseits und dem Märchen von Frau Holle ist, daß der Gehorsam und die guten Taten belohnt werden. Bei der Rückkehr wird die gute Tochter mit Gold, das ungehorsame und faule Mädchen am Ende mit Pech überschüttet.

Hades und Persephone bei einem Mahl in der Unterwelt (5. Jhd. v. Chr.)

Persephone
als griechische Todesgöttin

*P*ersephone ist in der altgriechischen Weltanschauung und Jenseits-
vorstellung die Göttin der Unterwelt und des Totenreiches. Neben
Hekate, Zagreus, Dionysos und Thanatos wird Persephone in dem
orphischen Hymnus die »Fürstin der Unterirdischen« genannt. Im
Vergleich mit anderen alten Religionen und Kulturen haben also
auch die Griechen eine weibliche Symbolfigur zur höchsten Göttin
der tiefsten Wirklichkeit, des Totenreiches, erhoben. Sie ist die einzige
Sehnsucht der Sterblichen, die von ihr die Überwindung des Todes
erbitten. Für die totgeweihten Menschen ist sie die Königin und
Begleiterin in das Totenreich. Ähnlich wie Vanth, der Todesengel der
Etrusker, oder Raphael und Gabriel die unsterblichen Seelen ins
Jenseits begleiten, ist Persephone die Heilige und eine leuchtende
Glanzgestalt. Leben und Tod sind in ihr vereint. Diese Anschauungen
und Überzeugungen bezeugt der nachfolgende orphische Hymnus.

HYMNUS AN PERSEPHONE

Erscheine, Persephoneia,
　Selige Tochter des großen Zeus,
Eingeborene Göttin,
Nimm auf die wohlmeinenden Opfer,
Plutons vielgepriesene Gattin,
Sorgsame, Lebenspenderin!
Dein sind die Tore des Hades
Unter den Schlünden der Erde,
Rechthandelnde, lieblich Gelockte,
Demeters keuscher Sproß –
Mutter der Eumeniden,
Fürstin der Unterirdischen,
Mädchen, das Zeus in heimlicher Zeugung
Einst ins Leben berief,
Des lautlärmenden Eubulos,
Des vielgestaltigen Mutter.
Gespielin der Horen, Bringerin des Lichtes,

Heilige, leuchtende Glanzgestalt,
Allüberwinderin, Jungfrau,
Prangend im Kranze der Früchte,
Hellstrahlende, Hörnergezierte,
Der Sterblichen einzige Sehnsucht.
Göttin des lieblichen Frühlings,
Von duftenden Wiesen erfreut;
In grünenden Trieben
Läßt du erscheinen
Deine hehre Gestalt
Und vermählst dich im Herbste
Gewaltsam zum Brautbett geraubt.
Du allein bist Leben und Tod
Den mühebeladenen Menschen,
Persephone! Denn du allein
Bist aller Nahrung und Untergang.
Höre uns, selige Göttin!
Sende uns Früchte hinauf aus der Erde,
Laß sprossen den Frieden, gib uns Gesundheit,
Die sanfthändge und reiches Leben,
Das ein gesegnetes Alter
Führe, Königin, in dein Reich
Und zu Pluton, dem Herrschenden!

Es dürfte nicht schwer fallen, in diesem Märchenmotiv Anklänge und Ähnlichkeiten zu den Gedanken des Jüngsten Gerichtes in der christlichen Glaubensvorstellung zu finden.

Wenden wir abschließend unsere Aufmerksamkeit nochmals auf die zentrale Märchengestalt, auf Frau Holle, welche in anderen Mythen und Märchen auch Hel genannt wird. Hel ist in der germanischen Mythologie auch das Totenreich, das unter den Wurzeln der Weltenesche Yggdrasil gelegen ist. Der Weltenbaum und die Weltenesche wachsen aus dem dunklen Erdreich, aus dem Totenreich von Hel hervor. Dieses unterirdische Reich gibt den Wurzeln die Nahrung für das Wachstum und die Entfaltung des Lebens. Deuten wir dieses mythologische Symbol als Sinnbild für das Leben, dann bedeutet es, daß unser Leben im Totenreich wurzelt. So wie die Tiefe der Seele der Quellgrund für unser bewußtes Leben ist, und wir aus dieser Tiefe die Inspirationen und die Innovationen für ein ganzheitliches Leben empfangen, so ist auch das mythische Totenland der Humus für die wahre menschliche Humanität. Der so verstandene Tod und der verborgene Herrschaftsbereich der Tödin sind der Ur-Sprung zu neuem Leben.

Zu dem Märchen von Frau Holle möchte ich abschließend noch ein paar persönliche Anmerkungen machen, die zeigen wollen, wie mein Vor- und Nachname mit diesem Märchen und der Frau Holle in Verbindung stehen. Frau Holle ist eine der altgermanischen Muttergottheiten und identisch mit der germanischen Frau Hulda oder Perchta, welche den Menschen als weise, gütige Fee erscheint oder anderen als finstere Zauberin und Hexe[7]. Neben den zahlreichen weiteren Namen für Frau Holle in den verschiedenen Landesteilen und Überlieferungen war ich besonders überrascht, daß sie in der Uckermark den Namen Frau Harke trägt[8]. Auch in der ersten Silbe meines Vornamens Hel-mut sehe ich in dem Sprachbild von Hel eine klangliche Assoziation zu der germanischen Hel. Ohne daß meine Eltern diese tieferen sprachlichen Zusammenhänge wußten, haben sie mir mit der intuitiven Wahl des Namens den Auftrag erteilt, mich mutig[9] mit dem Tod und dem Totenreich auseinanderzusetzen, welches in der tiefenpsychologischen Deutung auch ein Symbol für das Unbewußte und besonders für das kollektive Unbewußte ist.

Nachdem ich mich in meinem ersten Studiengang evangelische Theologie intensiv mit der himmlischen Welt und theologischen Fragen befaßt habe und diese Erfahrungen zehn Jahre lang in einer Gemeinde umgesetzt habe, nötigten mich innere Erfahrungen dazu, auch die dunklen und unbewußten Tiefen der Seele zu erforschen und mich in verschiedenen Lebensphasen immer wieder intensiv mit dem Tod auseinanderzusetzen.

Ich möchte als weiteres Beispiel für eine weibliche Todesgestalt auf die *Walküren* in der germanischen Mythologie verweisen. Ihr Name bedeutet in der altnordischen Sprache so viel wie Erwählerinnen. Die Walküren sind Botinnen des obersten germanischen Gottes Wodan (Odin). Sie reiten auf Pferden über die Schlachtfelder und entrücken die gefallenen Helden nach Asgard und erwecken sie dort durch einen Kuß zum ewigen Leben. Zwei Symbole möchte ich aus diesem mythologischen Motiv besonders hervorheben und deuten. Zum einen finden wir hier die Beziehungen zwischen den Todesbotinnen und dem Pferd als Todessymbol (siehe die Plastik von Niki de Saint Phalle). Zum anderen geschieht durch den Kuß der Todesgöttinnen eine Wiederbelebung, indem den gefallenen Helden der göttliche Lebensodem eingehaucht wird. Dieses mythologische Sprachbild möchte ich assoziativ mit der biblischen Schöpfungsgeschichte verknüpfen, wonach Gott bei der Erschaffung des Menschen diesem den Lebensatem in die Nase geblasen hat. Was nach biblisch-christlicher Glaubensvorstellung am Anfang des Lebens von dem Schöpfergott bezeugt wird, dies geschieht nach dem germanischen Mythos am Ende des Lebens bei der Wiederbelebung durch den Kuß der Walküren. Diese weiblichen Gestalten haben noch eine weitere Bedeutung als Künderinnen des nahenden Todes, ähnlich wie der »Gevatter Tod« in dem gleichnamigen Märchen[10]. Wenn dem Helden vor der Schlacht eine solche Walküre im Traum erscheint, dann bedeutet dies, daß er fallen werde. Auf diesen Mythos spielt Richard Wagner in der »Walküre« an, wenn Brunhild dem Helden Siegmund durch ihr Erscheinen den bevorstehenden Tod ankündigt mit den Worten: »Du sahest der Walküre sehrenden Blick, mit ihr mußt du nun ziehen!«[11]

Nach den Beispielen aus unserem engeren Kulturkreis richten wir unsere Aufmerksamkeit jetzt auf *Hekate,* die bei den alten Griechen eine beliebte Frauengöttin und zugleich auch Todesgöttin war. Ihr Machtbereich erstreckte sich über die Erde, den Himmel, das Meer und die Unterwelt. Auch die Erdgöttin Demeter und Persephone wurden in der altgriechischen Religion häufig mit Hekate identifiziert. Der Mythos erzählt, daß Hekate als chthonische Gottheit hilfreich und unheimlich zugleich erfahren wurde und beim Volke sehr beliebt war. Diese Göttin war einerseits Urheberin von Krankheiten und andererseits Heilerin, ähnlich wie der Heilgott Asklepios. Das beliebteste Opfertier der Hekate und ihr Attribut waren der Hund. Dieses Symboltier verweist auf den zu Beginn dieses Buches bereits erwähnten Höllenhund Kerberos und zeigt den Todesaspekt dieser Göttin an. Der Höllenhund mit seinen drei schlangenbedeckten Köpfen läßt die Toten in die Unterwelt eintreten, aber niemand zurückkehren.

Von Griechenland aus werfen wir noch einen kurzen Blick auf das alte Ägypten, wo in der Zeit des Matriarchates *Nur* die große Himmelsgöttin Nut war, die zugleich auch Herrscherin des Totenreiches ist. In der nebenstehenden Abbildung mit der Bildbeschreibung wird sehr eindrucksvoll das Weltbild der altägyptischen Religion deutlich, in dessen Mitte das Totenreich sich befindet. Besonders betont und eindrucksvoll sind die Hände der Nut und die der anderen Symbolgestalten. Es sind Sinnbilder für Geborgenheit und Umfangensein sowie Begleitung in allen Situationen des Lebens und Sterbens. Diesen letzten Weg der Seele hat Eugen Drewermann in seiner Meditation des ägyptischen Mythos besonders einfühlsam nachgezeichnet:

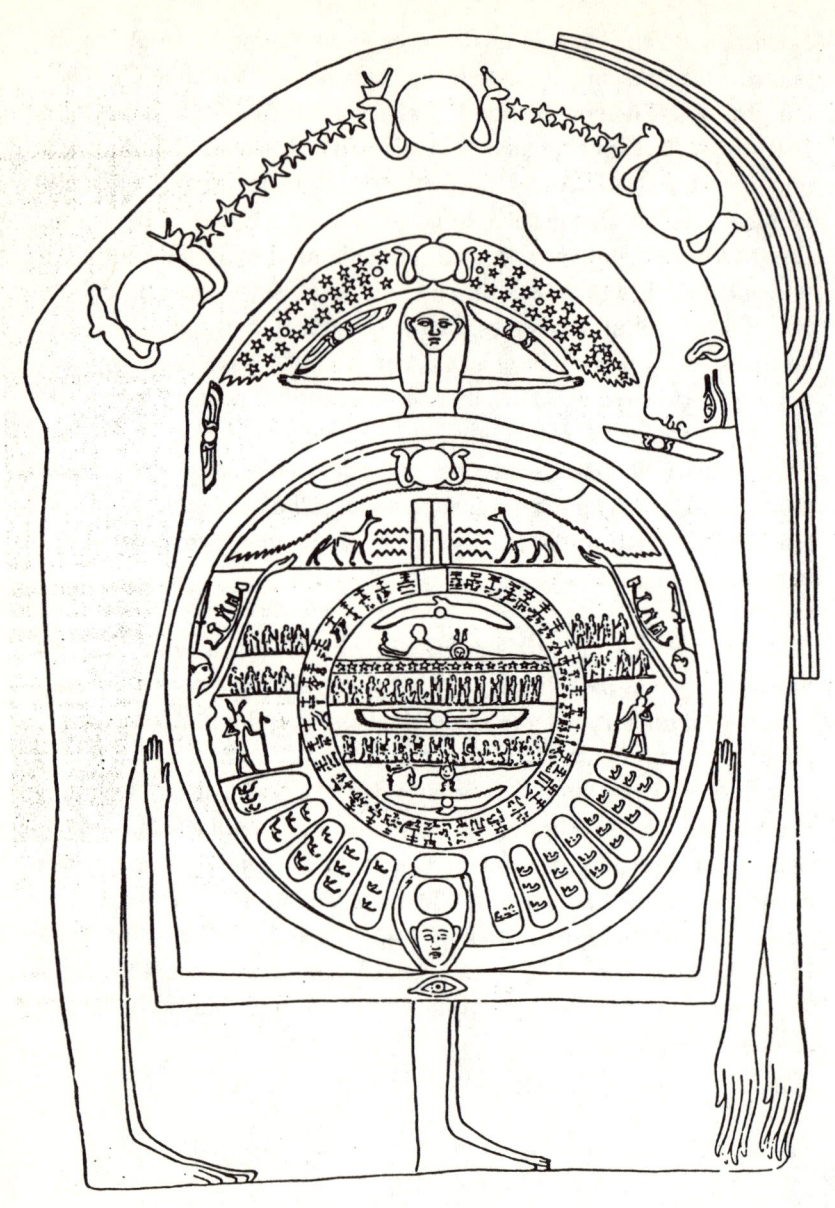

Die Göttin Nut und das ägyptische Welthaus

Die Göttin Nut
und das ägyptische Welthaus

Die nebenstehende Abbildung stammt von dem Relief eines Sarkophagdeckels aus der Nekropole von Saqqara aus der 30. Dynastie (378-341) oder vielleicht auch ptolemäisch (nach 300); Durchmesser der Scheibe 43,5 cm, Gesamthöhe 88 cm. Vorläufer dieses Welthauses gehen mindestens bis ins Neue Reich (1552-1085) zurück.

Die große weibliche Gestalt, die sich bergend über die Weltscheibe beugt, ist Nut, der Himmel. Sie trägt das Sternenzelt und die Bahn der Sonne, die wir in ihrem Aufgang, im Zenit und im Untergang sehen. Flankiert ist die Sonnenscheibe von zwei Kobras, die ihre Lichtstrahlen und ihren Gluthauch verkörpern. Ein weiteres Mal wird der Himmel unterhalb der Nut verkörpert: Die geflügelte Sonne vor Scham und Mund bezeichnet Osten und Westen, Aufgang und Untergang; die Flügel symbolisieren die schützende Macht der Sonnengottheit, weniger ihre Fähigkeit zu fliegen.

Zentral ist die kreisrunde Erdscheibe in der Bildmitte. Ihr äußerster, leerer Ring dürfte den Ozean darstellen; jenseits seiner letzten Begrenzung beginnt der Himmelsozean. Aus der Innenseite des äußersten Ringes treten rechts und links zwei Frauengestalten; die linke trägt auf dem Kopf das ägyptische Schriftzeichen für Osten, die rechte jenes für Westen. Die östliche Gestalt befördert das Sonnenschiff aus dem unterirdischen nächtlichen Ozean in den himmlischen Ozean des Tages, die westliche leitet es wieder hinunter. Im Zenit wird die Sonne erneut mit Flügeln dargestellt.

Der nächste Ring stellt die Fremdländer dar, die für Ägypten weitab liegen und großenteils als Wüste gelten. Gekennzeichnet werden sie (vor der Frauengestalt links) durch den Gott Sopdu, den Herrn der östlichen Wüste, und durch Ha, den Gott der westlichen Wüste. Über ihnen findet sich das sechzehnmal wiederholte Zeichen für Häuptling und – in der unteren Ringhälfte – das in zwölf Ovale eingeschlossene Zeichen des sitzenden Mannes; es gilt für die umgebenden Fremdländer, die allesamt Ägypten unterworfen sind.

Für alle alten Kulturen ist es selbstverständlich und dem Mythos entsprechend, sich selbst in der Mitte der Welt zu begreifen, während die übrigen Völker an den Rändern der Welt leben. Dies zeigt unser ägyptisches Welthaus sehr anschaulich.

Vom zweiten Ring (der Fremdvölker) ist oben ein Segment abgetrennt. Wir sehen zwei Schakale, die Tiere des schakalköpfigen Gottes der Bestattung Anubis; zweimal daneben das Zeichen für Wasser (dreifache Wellenlinie) und dazwischen das zweimal gesetzte Zeichen für »großes Gebäude« (Grab). Damit ist der Westhorizont als Totenreich gemeint. Im Westen lagen ja die großen Nekropolen (Totenstädte) wie Theben und Saqqara. Aus Gründen der Bildbalance und Bildästhetik dürfte das Totenreich jedoch statt rechts (im Westen) im oberen Bereich der Erdscheibe eingetragen worden sein.

Der dritte Ring ist mit den 41 Zeichen (Standarten) der ägyptischen Gaue ausgefüllt; er bedeutet also Ägypten. Er umschließt einen Kreis im Zentrum, der durch die darin befindlichen Figuren als Totenwelt (Duat) und durch das Sternenband als Nacht beschrieben wird. Die dreimal wiedergegebene geflügelte Sonne durchzieht diese Totenwelt allnächtlich nach ihrem Untergang. Aus dem zweiten Ring führt unterhalb des (Doppel)zeichens für Grab (Eingang zum Totenreich) ein »Gang«, der als leeres Feld gekennzeichnet ist, durch den dritten Ring (Ägypten) hindurch in den inneren Kreis der Totenwelt.

Der gesamte Erdkreis wird von dem mit Füßen und einem Auge versehenen Zeichen »Ka« emporgehoben. Hier wird es als persönliche Kraft verstanden: Die beiden gewinkelten Arme verkörpern die Lebenskraft, die den Sonnenball, den König und die Menschen aus dem Dunkel der Nacht und des Todes in das Licht des Tages emporhebt. Über den Füßen des Ka befindet sich eine nur aus Kopf und Armen bestehende Figur, die auf ihrem Kopf eine Scheibe (Duat?), in ihren Händen ein Oval (Erde?) trägt. Weil sie sich aus dem Ring des Ozeans erhebt, könnte damit Nut als Verkörperung des Urozeans gemeint sein.

(Nach: Othmar Keel, Die Welt der altorientalischen Bildsymbolik und das Alte Testament, Zürich/Neukirchen 1972)

Der Tod als ein traumgleiches Entschweben der Seele, als eine Verschmelzung mit der Göttin des sternübersäten nächtlichen Himmels Ägyptens, als Rückkehr zu jener uranfänglichen Hochzeit von Himmel und Erde, mit welcher die Welt begann, als ein Entschlafen in den zärtlichen Armen der *Nut*, die mit ihrem Munde das Leben hinwegküßt und es aus ihrem himmlischen Dasein noch einmal gebiert zu einem ihr gleichen, überirdischen, unwandelbaren Wesen – all diese schillernden Chiffren, die das Symbol der *Himmelfahrt* umspielen und umhüllen, eröffnen in sich bereits eine Zauberwelt magischer Zuversicht; sie machen Mut zu der Hoffnung eines zutiefst *mütterlichen* Welt- und Lebensgefühls, indem sie eine Poesie kindlicher Sehnsucht und Geborgenheit ausbilden und in menschheitlichen Bildern und Visionen ausgestalten.[13]

Als erstes Zwischenergebnis meiner Studien über weibliche Todesgottheiten bestätigt sich die anfängliche Aussage, daß der Tod auch eine Tödin sein kann. Die bisher herangezogenen Beispiele aus Märchen und Mythen möchte ich in meiner tiefenpsychologischen Deutung nicht als ferne und vergangene Ansichten verstanden wissen; ich beziehe mich auf meine therapeutischen Erfahrungen mit der Seele und den Träumen, in denen diese Symbolgestalten auch gegenwärtig erscheinen können. In der Kollektivseele und im sogenannten kollektiven Unbewußten (nach C.G. Jung) leben diese Gottesbilder und Göttinnen in der Tiefe unserer Seele weiter. Wenn die Seele in den Lebenskrisen einen Riß bekommt oder es zu einem Quantensprung der Seele in den schicksalsbedingten Entwicklungsprozessen kommt, dann erscheinen diese Urbilder in den Imaginationen und Träumen der Menschen. Da diesen Erscheinungen und inneren Bildern eine große Kraft innewohnt, die zum einen panische Ängste auslösen und zum anderen therapeutisch genutzt werden kann, indem diese Energien ins Leben integriert werden, ist es wichtig und lebensnotwendig, die individuellen Erfahrungen in den großen geschichtlichen Gesamtzusammenhang der Menschheit einzufügen. So wie wir Menschen alle unser Leben einer Mutter verdanken, so sollten wir in der Zeit des herrschenden patriarchalen Bewußtseins die vorausgegangene Zeit des Matriarchates nicht vergessen.

Mit einem letzten Beispiel möchte ich meine Erörterungen über die Todesgöttin abschließen. Dazu wähle ich die etruskische Todesgöttin *Vanth*, die auf europäischem Boden ein besonders eindrucksvolles und klassisches Beispiel ist. Die österreichische Etruskologin Elfriede Paschinger ist über 30 Jahre lang dieser Todesgöttin nachgegangen und hat eine umfassende Dokumentation mit über 300 Abbildungen über die verschiedenen Erscheinungsbilder dieser Todesgöttin vorgelegt[14]. Aus den vielen ausgegrabenen etruskischen Gräbern und Funden rekonstruiert die Autorin die Bedeutungen und Funktionen dieser Göttin als Todkünderin und Todbringerin, als Geleiterin auf der Jenseitsreise, als Wächterin am Tor zum Totenreich und als Grabhüterin. In der etruskischen Religion mit einem polytheistischen Götterglauben standen die Vorstellungen über den Tod und das Leben nach dem Tod im Mittelpunkt. Die zahlreichen Ausgrabungen im Siedlungsgebiet der Etrusker, das sie vom siebenten bis vierten Jahrhundert vor Christus in Mittelitalien beherrschten, haben viele Grabbauten und Grabbeigaben mit Abbildungen, Plastiken und Symbolen dieser Göttin zutage gefördert. In diesem die ganze Religion beherrschenden Totenkult nimmt die genannte Todesgöttin *Vanth* eine alle anderen Göttinnen und Götter beherrschende Funktion ein.

Als Künderin des Todes ist *Vanth* die große Schicksalsgöttin der Etrusker gewesen. Ähnlich wie der dämonische Blick der griechischen Gorgo Erstarrung und Tod bewirkte, so genügte nach etruskischem Glauben schon der Blick dieser Todesgöttin, um den unabwendbaren Tod anzukündigen. E. Paschinger zeigt am Beispiel vieler archäologischer Bilddokumente, wie diese Göttin als zentrale Figur auf Fresken dargestellt ist und wie ihr todkündender Blick auf die Todgeweihten gerichtet ist. Wir erinnern uns bei dieser schicksalhaften Todessymbolik an die Walküren, die durch ihre Erscheinung im Traum dem Helden ankündigten, daß er in der kommenden Schlacht fallen werde. Gemeinsam mit den anderen Schicksalsgöttinnen der antiken Welt teilt die Göttin *Vanth* mit ihnen die Symbole der Fackel, der Schlange, des Pferdes und des Hundes. Weitere Symbole der Göttin sind die Taube, der Panther und der Greif. Der Greif ist ein geflügeltes Fabeltier, das auf einem Löwenkörper einen Adlerkopf trägt und häufig mit Vogelklauen versehen ist. Dieses Symboltier der Göttin wird als Grabwächter und Torhüter zur Unterwelt verwendet und läßt damit die besondere Beziehung zur Totenwelt erkennen.[15]

Als Geleiterin der Toten ins Jenseitsland wird die Todesgöttin *Vanth* auf vielen Urnen und Grabreliefs mit Flügeln abgebildet und hat damit die gleiche Bildgestalt wie der Todesengel im christlichen Bereich. Die Bewegungsrichtung des Leichenzuges, den die Göttin begleitet, geht auf den traditionellen Darstellungen immer nach rechts, nach Westen, ins Totenland. Nach den speziellen Untersuchungen des schwedischen Etruskologen Thulin[16], bedeutet die Ausrichtung nach rechts im Weltbild der Etrusker so viel wie »unheilvoll«, tödlich und Totenreich. Im Westen und Nordwesten wohnten nach etruskischer Auffassung die Schicksals- und Todesgöttinnen. Zu dieser mythologischen Geographie gehörte die Einteilung des Himmels in 16 Regionen, zu denen dann die irdische Hinwendung bei Opfern und Todesritualen in Übereinstimmung stehen mußte, um dem Willen der Göttinnen und Götter zu entsprechen. So mußten z.B. bei der praktizierten Vogelschau der Augur und der Haruspex bei der Leberschau mit dem Rücken zum Norden stehen, so daß der Westen ihnen dann zur Rechten lag[17]. Hinter dieser Bedeutung der Himmelsrichtungen dürfte die Beobachtung des Sonnenuntergangs im Westen stehen und das eintretende Dunkel und die Nacht als Totenreich gesehen werden. Nach meinen Beobachtungen ist in der inneren Geographie der Seele in den Träumen heutiger Menschen etwas ähnliches zu beobachten. Die Traumreise geht häufig dann nach Westen, wenn eine innere Wandlung und ein symbolisches Sterben anstehen. Bei den genannten Wandlungsprozessen kann es auch geschehen, daß ein spiritueller Führer oder eine weise weibliche Gestalt mitgehen[18].

Schließlich möchte ich die Todesgöttin *Vanth* noch als Wächterin am Tor zur Unterwelt und als Grabhüterin sowie als Göttin des Totenreiches beschreiben. In der Funktion der Torhüterin wird *Vanth* häufig mit einem Schlüssel abgebildet. Dieses Symbol will sagen, daß die Göttin die Macht hat, die Tür zur anderen Welt zu öffnen[19]. E. Paschinger weist darauf hin[20], daß in der altgriechischen Mythologie und Religion die Götter die Helden und Menschen verlassen, wenn es ans Sterben geht. Die etruskische Göttin dagegen verläßt die Sterbenden nie.

Die etruskische Todesgöttin Vanth als Todesengel

Die etruskische Todesgöttin
Vanth als Todesengel

Eine der schönsten Darstellungen des Todesengels ist die etruskische Todesgöttin Vanth. Die schwere und erdrückende Last des Todes scheint durch die schwebend wirkende Tödin aufgehoben und vermittelt dem Betrachter eine Ahnung von der Leichtigkeit des Seins nach dem Tode. Als Grabbeigabe oder als Symbolfigur bei Totenritualen erweckt dieser Todesengel die Hoffnung, durch die Verwandlung im Tode selber engelgleich zu werden. Während die beiden bärtigen Schlangen, die sich um die Arme der Todesgöttin winden, an den Symboltypus der Schlangengöttin im antiken Griechenland erinnern, verweisen die Flügel auf das engelhafte Wesen und damit auf eine Spiritualität, die den Tod überwunden hat oder verwandeln wird. Welch tiefe Hoffnung der etruskischen Gläubigkeit angesichts des Todes strahlt aus dieser ca. 2500 Jahre alten Tödin.

Diese 28 cm große Bronzestatuette stammt aus Campanien. Sie wurde in der Nähe des Vesuvs gefunden und wird jetzt im Britischen Museum in London aufbewahrt. Von der Etruskologin Elfriede Paschinger übernehme ich folgende Beschreibung: »Die Göttin ist mit einem knöchellangen, auf beiden Schultern mit kleinen Scheibenfibeln geschlossenen Peplos bekleidet. Die Körperformen zeichnen sich in der Bewegung des ruhigen Schreitens durch das Gewand ab. Das in der Mitte gescheitelte Haar, das erst unter Augenhöhe drei stufenförmige Wellen bildet, rahmt das edle Gesicht. Mit der Gehbewegung stimmt die Haltung der Arme überein: der linke ist nach vorn gestreckt, der rechte, im Ellenbogen abgewinkelt, nach hinten. Um beide Arme winden sich bärtige Schlangen mit offenem Maul, welche die Göttin im Genick festhält. Die großen Schulterflügel sind leicht angehoben, aber nicht entfaltet; Deck- und Schwungfedern sind im Guß gut vorgeformt und mit der Hand nachgearbeitet.«

Nachdem wir die Todesgöttin Vanth in einer ihrer schönsten Darstellungen als Engel kennengelernt haben, möchte ich dieses Bild als spirituelles Symbol in seiner Bedeutsamkeit für uns noch eingehender beschreiben. Bei der Betrachtung dieses Symbols sagten spontan einige Teilnehmer/innen in einer Gruppe anläßlich der Bearbeitung von eigenen Todesträumen, daß sie diese Göttin an jene Sterbeerfahrungen erinnern, nach denen Menschen an ihrem Ende von einem Engel oder einer Lichtgestalt abgeholt werden und durch diesen spirituellen Begleiter in die andere Welt geführt werden. Es dürfte für viele Menschen tröstlich sein, im Tode nicht allein zu sein, und durch das Zwischenreich durch einen Engel oder eine Lichtgestalt geführt zu werden.

Da Engel nicht konfessionell gebunden sind oder nur für eine bestimmte Religion oder vergangene Kultur existieren, wie z.B. für die Etrusker, sondern zeitlos sind, sind sie auch jederzeit für einen heutigen Menschen abrufbar und warten darauf, in Erscheinung zu treten. Die folgenden Affirmationen können die Erscheinung eines Engels und die Begegnung mit ihm vorbereiten:

Der Engel tröste mich, wie einen seine Mutter tröstet.

∗

Mein Engel kennt den Weg und führt mich ins Licht.

∗

Die spirituelle Energie des Engels verhilft mir
zur Ver-wesentlichung.

Dieser denkwürdige Umstand hat vermutlich etwas mit den unterschiedlichen Gottesbildern im Matriarchat mit dem überwiegend weiblichen Gottheiten und den patriarchalen Gottesbildern zu tun. Ähnlich wie sich viele Mütter mit ihren toten Kindern oder Angehörigen seelisch zutiefst verbunden fühlen, so repräsentiert auch eine weibliche Gottheit und speziell eine Todesgöttin, ähnlich wie der Todesengel, eine ungebrochene Beziehung und Verbundenheit bis ins Totenreich.

Mit den geschilderten Bedeutungen der etruskischen Totengöttin *Vanth* meine ich ein Beispiel dafür gefunden zu haben, welche Funktionen ein archetypisches Gottesbild hat und wie dieses fortwährend durch Geschichte und Religionen der Menschheit in immer neuen Gestalten zur Erscheinung kommt. Mit den verschiedenen mythologischen Gestalten und archetypischen Symbolen wollte ich eine Wirklichkeit aufzeigen, die in der Psyche der Menschen weiterlebt. Was in der Geschichte von Völkern einst lebte und eine Wirklichkeit war, ist nach therapeutischen Erfahrungen und tiefenpsychologischen Erkenntnissen in den Tiefenschichten der Seele aufbewahrt und gleichsam einprogrammiert. So wie diese mythologischen Gestalten und ihre Namen einst Wirkmächte repräsentierten und als solche verehrt wurden, so kehren die gleichen Kräfte und seelischen Lebensenergien in dem Gewand neuer Symbole wieder. Aus dem Totenreich der Hel ist die Ander-Welt oder das Unbewußte bzw. das kollektive Unbewußte in unserem heutigen Weltbild geworden. Mögen auch die Namen wechseln und immer neue Symbole und Modellvorstellungen gefunden werden, ganz gleich ob patriarchale oder matriarchale, Anfang und Ende des Lebens bleiben das immer unergründliche Geheimnis.

Der Todesengel
als spiritueller Lebensbegleiter

Symbol für das spirituelle Selbst

Unter dem Todesengel verstehe ich die Erscheinungen eines Engels im Umkreis des Todes und in den Grenzsituationen des Lebens: jene außergewöhnliche Begegnung mit einem Engel, der meistens dann in Erscheinung tritt, wenn das kleine menschliche Ich und das Bewußtsein von Todesangst heimgesucht werden, und das spirituelle Selbst die Führung oder Tröstung und Stärkung in einer spirituellen Krise übernimmt. Wenn das menschliche Ich nichts mehr vermag und todernst bedroht ist, übernimmt dieses spirituelle Selbst die Führung, vergleichbar den autonomen Steuerungen unseres Gehirns und unseres Lebens, z.B. durch die Atmung oder den Pulsschlag bei Bewußtlosigkeit.

Ein Symbol für dieses spirituelle Selbst ist der Todesengel, der im Angesicht des Todes die innere Führung übernimmt. Während der Todesengel in der weitverbreiteten Sterbeliteratur[1] überwiegend als jene Gestalt verstanden wird, die eine abschiednehmende Seele in die andere Welt begleitet, verstehe ich den Todesengel umfassender als spirituellen Lebensbegleiter. Neben dem letzten Tod als Übergang zu einem ganzheitlichen und ewigen Leben erscheint dieser Engel in den sogenannten kleinen oder symbolischen Todeserfahrungen des Lebens, die zur persönlichen und existentiellen Wandlung dienen. Dazu wurden in den anderen Kapiteln entsprechende Beispiele und Erfahrungen berichtet.

Ich selber hatte meine erste Begegnung mit diesem Engel als neunjähriger Junge im Wald bei Greifswald. Da sich meine Mutter und meine ältere Schwester viele Wochen lang vor den Russen verstecken mußten, um nicht vergewaltigt zu werden, ging ich oftmals alleine in den Wald, um Pilze zu sammeln, damit wir in dieser notvollen Zeit wenigstens etwas zu essen hatten. Dabei erlebte ich, daß die im Siegesrausch häufig angetrunkenen Russen bei ihren Streifenfahrten durch den Wald ziellos auf alles schossen, was sich dort bewegte. Daher ging ich immer tiefer in die Wälder; manchmal befielen mich, vom Hunger geschwächt, Todesängste, nicht wieder nach Hause zu finden oder von Wildschweinen angegriffen zu werden. Wenn ich mir dann so mutterseelenallein vorkam, machte ich es häufig spontan so wie Hänsel und Gretel, die im tiefen Wald ausgesetzt wurden und beteten: Ich betete und bat um den Schutz meines Engels. Als ich in einer solchen Situation die Augen öffnete, sah ich in einem Busch ein helles Licht, das mir wie eine Fee oder wie ein Engel erschien. Doch je näher ich kam, desto unsichtbarer wurde diese Lichterscheinung. Unvergeßlich ist mir jedoch geblieben, wie ich mich in meinem Herzen und in meiner Seele gestärkt fühlte. Seitdem habe ich Acht auf Engel und bekomme auch von anderen Menschen gelegentlich Engelerfahrungen erzählt.

Eine starke Erfahrung mit der Erscheinung des Todesengels als spiritueller Begleiter wurde mir vor 25 Jahren von einem sterbenskranken Landwirt erzählt. Als ich als junger Seelsorger bei meinen Krankenhausbesuchen in das Zimmer dieses Mannes kam, verspürte ich eine besondere Atmosphäre im Raum. Mit knappen Worten gab mir Herr Sch. zu verstehen, daß er sich über meinen Besuch und meine Anwesenheit freue. Eine Zeitlang schwiegen wir miteinander. Es war kein unangenehmes oder betretenes, sondern ‹beredtes Schweigen›, indem wir vertrauensvolle Blicke austauschten und ich meine Hand auf seine gefalteten Hände legte. Dann fragte ich behutsam und tastend, was Herrn Sch. bewege oder ob er einen Traum behalten habe. Spontan erzählte Herr Sch. darauf folgenden Traum:

Ich bin in einer mir fremden ländlichen Gegend. Ich bin unterwegs zu den »Blauen Bergen«. Ich habe einen Begleiter bei mir, der den Weg kennt. Ich gehe mit ihm.

Langsam und mühsam kamen Herrn Sch. diese Worte über die Lippen, wie es bei Schwerkranken der Fall ist. Der kurze Traum mit seinen eindrucksvollen Bildern erweckte in mir die Ahnung, daß Herr Sch. unterwegs zu seiner Ewigkeit war und wohl in der nächsten Zeit sterben müsse. In unserem Gespräch fragte ich zwischen den langen Pausen Herrn Sch. zunächst nach der Stimmung im Traum. Er sagte, daß alles so feierlich gewesen sei und er gar keine Angst in jener fremden Gegend gehabt habe. Zu der ländlichen Gegend fielen ihm Erlebnisse aus der Kindheit ein, wenn er mit seinen Eltern sonntags auf dem Kirchweg durch die Wiesen und Felder gegangen sei und schon von weitem die Glocken läuten gehört habe. Auch später im Leben sei er sonntags gerne mit dem Fahrrad alleine durch die Felder gefahren und habe seinen »Herrgott« in der Natur erlebt. Das Blau jener Berge erinnerte ihn an den blauen Himmel, der häufig einen tiefen Eindruck auf ihn gemacht habe. Den Begleiter jedoch konnte er nicht genauer beschreiben, sondern er war wie ein Schatten an seiner Seite. Im Traum war ihm klar, daß diese Gestalt den Weg kenne.

Während Herr Sch. dies stockend erzählte, ahnte und spürte ich, daß dieser Traum eine Sterbevorbereitung sei und er dazu einen tröstlichen Sterbebegleiter habe. Bei den Blauen Bergen mußte ich persönlich nicht nur an den blauen Himmel denken, an den sich Herr Sch. so gerne erinnerte, sondern darüber hinaus an jene spirituelle und himmlische Welt, zu der er sich auf den Weg gemacht hatte. Nach langem Schweigen wiederholte er nochmals stockend aber mit feierlicher Stimme: »Ich gehe mit ihm!«. Für mich beinhaltete dieser Satz die Botschaft, daß Herr Sch. sein Sterben angenommen hatte und unterwegs war zu seiner Ewigkeit. Nach einer weiteren Pause beschloß ich dieses von tiefer Ehrfurcht erfüllte Gespräch mit dem 121. Psalm:

Ich hebe meine Augen auf zu den Bergen:
    Woher kommt mir Hilfe?
Meine Hilfe kommt vom Herrn,
    der Himmel und Erde gemacht hat.
Er läßt deinen Fuß nicht wanken;
    er, der dich behütet, schläft nicht.
Nein, der Hüter Israels
    schläft und schlummert nicht.
Der Herr ist dein Hüter, der Herr gibt dir Schatten;
    er steht dir zur Seite.
Bei Tag wird dir die Sonne nicht schaden
    noch der Mond in der Nacht.
Der Herr behüte dich vor allem Bösen,
    er behüte dein Leben.
Der Herr behüte dich,
    wenn du fortgehst und wiederkommst,
    von nun an bis in Ewigkeit.

Den Begleiter in diesem Todestraum können wir auch als Todesengel bezeichnen. In der Sterbeliteratur wird häufig auch von einem Lichtwesen gesprochen oder von einem Engel, der den Sterbenden abholt und begleitet. Die bekannte Sterbeforscherin E. Kübler-Ross faßt ihre Erfahrungen mit solchen spirituellen Begleitern oder den Erscheinungen von früher Verstorbenen, die den jetzt Sterbenden abholen, so zusammen:

»Diese Patienten haben alle die Erfahrung gemacht, aus ihrer stofflichen Körperhülle hinausgetragen zu werden, und haben dabei ein tiefes Gefühl von Frieden und Ganzheit gehabt. Die meisten haben eine andere Person wahrgenommen, die ihnen behilflich war, bei ihrem Übergang auf eine andere Seinsebene. Die meisten wurden begrüßt von früher Verstorbenen, die ihnen nahegestanden hatten, oder von einer religiösen Gestalt, die in ihrem Leben eine wichtige Rolle gespielt hatte und die natürlich ihren Glaubensüberzeugungen entsprach.«[2]

Noch ausführlicher und detaillierter, besonders im Hinblick auf das Lichtwesen, faßt R. Moody seine Auswertungen von 150 Fallbeispielen wie folgt zusammen:

Hieronymus Bosch: Aufstieg ins Empyreum (um 1500)

Der Tunnel als
symbolischer Wiedergeburtskanal

*E*ines der am weitesten verbreiteten Sinnbilder für den Übergang *in die andere Welt jenseits des Todes ist der Tunnel. Wenn sich in einer existentiellen Lebenskrise eine spirituelle Wandlung anbahnt, bringt die Seele dies häufig mit dem Symbol des Tunnels zum Ausdruck. Die prägenden Erfahrungen dafür dürften in unser aller Geburtserfahrung liegen: Durch den engen Geburtskanal der Mutter sind wir zur Welt gekommen. Die dabei auf körperlicher wie auf seelischer Ebene unbewußt erlebten Todesängste und Geburtsqualen dürften unser Lebensmuster zutiefst geprägt haben. Diese Prägung und dieser Ein-druck bilden die Grundform für den Aus-druck der geistig-seelischen Wiedergeburt im Leben und prägen die Vorstellungen vom Tod und Übergang in die andere Welt. Wenn wir in unseren Alpträumen und in den Todesträumen »mutter-seelen-allein« durch einen engen Tunnel kriechen müssen, um nach diesem angsterfüllten Alleingang in die All-Einheit zu gelangen, kann unsere Seele stärkend und tröstend von unserem Engel begleitet werden. Zur Vorbereitung auf diese letzte große Erfahrung beim Ausgang unseres Lebens dürfte es wichtig sein, sich in guten Tagen mit seinem Engel vertraut gemacht zu haben.*

Zu dem Übergang der Seele in die himmlische Welt möchte ich jetzt einige Hinweise anhand des nebenstehenden Bildes von Hieronymus Bosch »Der Aufstieg in das himmlische Paradies« geben. Bosch ersetzte in seinem Bild das Paradies und die Hölle, die im Mittelalter als objektive Orte und Gegebenheiten geglaubt wurden, erstmalig durch subjektive Visionen und Vorstellungen, die in der Innenwelt der Seele existieren. Mit dieser Auffassung der spirituellen Wirklichkeit und des Himmelreiches, die er mit den Mystikern aller Zeiten teilt, ist Bosch zugleich auch den Vorstellungen moderner Menschen nahe. Dies erklärt auch seine große Popularität in der Gegenwart. Unser Hauptaugenmerk richten wir bei dem Bild auf den Tunnel, durch den die Seelen den dunklen Weltraum verlassen. Indem die Gestalten sich durch die Begleitung der Engel dem Licht am Ende des Tunnels zuwenden, werden sie von ekstatischer Freude erfüllt und scheinen nicht mehr der irdischen Schwerkraft zu unterliegen. Im Licht am Ende des Tunnels wird in Umrissen eine kleine Gestalt sichtbar, die den aufsteigenden Seelen entgegenkommt und sie zu erwarten scheint. In erstaunlicher Weise entspricht diese Symbolik vielen Nah-Todes-Erfahrungen heutiger Menschen und jenen Todesträumen, wo Sterbende von ihrem Engel oder einem bereits Verstorbenen abgeholt werden. Wer im Leben mit den Engeln geht, wird auch mit ihnen aus dem Leben gehen können. Durch die folgenden Affirmationen können Sie sich mit Ihrem Engel vertraut machen:

Raphael, mein Heilengel, heile und bewahre meine Seele zum ewigen, ganzheitlichen Leben!

Bleibt ihr Engel, bleibt bei mir, führet mich auf beiden Seiten!

Ich vertraue auf die Zusage Gottes: Ich bin bei dir!

»Wohl das erstaunlichste in den von mir durchgearbeiteten Berichten wiederkehrende Element und mit Sicherheit dasjenige, das auf den einzelnen die tiefste Wirkung ausübt, ist die Begegnung mit einem sehr hellen Licht. Bei seinem ersten Auftreten ist es in der Regel matt, worauf es seine Helligkeit jedoch sehr rasch bis zu überirdischer Leuchtkraft steigert. Trotz der unbeschreiblichen Helligkeit dieses Lichtes (das gewöhnlich als ›weiß‹ oder ›klar‹ bezeichnet wird), greift es die Augen in keiner Weise an, wie viele eigens betonen; es blendet nicht, noch hindert es daran, andere Dinge in der Umgebung wahrzunehmen (vielleicht deshalb, weil die Betroffenen zu diesem Zeitpunkt keine physischen ›Augen‹ mehr haben, die geblendet werden könnten). Ungeachtet seiner ungewöhnlichen Erscheinungsform hat keiner der Beteiligten auch nur den leisesten Zweifel daran geäußert, daß dieses Licht ein lebendes Wesen sei, ein Lichtwesen. Und nicht nur das: es hat personalen Charakter und besitzt unverkennbar persönliches Gepräge. Unbeschreibliche Liebe und Wärme strömen dem Sterbenden von diesem Wesen her zu. Er fühlt sich davon vollkommen umschlossen und ganz darin aufgenommen, und in der Gegenwart dieses Wesens empfindet er vollkommene Bejahung und Geborgenheit. Er fühlt eine unwiderstehliche, gleichsam magnetische Anziehungskraft von ihm ausgehen. Er wird unausweichlich zu ihm hingezogen.«[3]

Spirituelles Wandlungssymbol

Die spirituellen Sterbebegleiter und die Lichtwesen, die durch die dunkle Nacht des Todes führen, sind keineswegs eine esoterische Entdeckung der heutigen Sterbeforschung. Zeugnisse für den Todesengel gibt es in vielen Religionen und in allen Jahrhunderten. Die Erscheinung des Todesengels in den Grenzsituationen des Lebens ist das höchste spirituelle Wandlungssymbol im Angesichte des Todes. Die vielen kleinen symbolischen Tode in den spirituellen Lebenskrisen sind letztlich eine Hinführung zu der letzten endgültigen Verwandlung im Tode, wo wir nach dem Zeugnis des Evangelisten Lukas engelgleich werden. In einem theologischen Streitgespräch Jesu mit den Sadduzäern, die die Auferstehung leugnen, sagt Jesus schließlich zu dem konstruierten Fallbeispiel:

»Die aber, die Gott für würdig hält, an jener Welt und an der Auferstehung von den Toten teilzuhaben, werden dann nicht mehr heiraten. Sie können auch nicht mehr sterben, weil sie den Engeln gleich und durch die Auferstehung zu Söhnen (und Töchtern) Gottes geworden sind. Daß aber die Toten auferstehen, hat schon Mose in der Geschichte vom Dornenbusch angedeutet, in der er den Herrn den Gott Abrahams, den Gott Isaaks und den Gott Jakobs nennt.«[4]

Dies ist die grundlegende Bibelstelle für den Glauben, daß insbesondere Kinder zu Engeln werden, wenn sie gestorben sind.

In dem spirituellen Wandlungsprozeß führt die Verwesung im Tode zur Ver-wesentlichung in der jenseitigen Welt. So wie die Engel unsterblich sind, so wird auch die Seele durch die Verwandlung im Tod an jenem spirituellen Sein der Engel teilhaben. Ein weiteres Merkmal dieser geglaubten Teilhabe ist, daß Menschen durch die Auferstehung zu Söhnen und Töchtern Gottes werden. Diese Teilhabe fängt durch den Glauben schon auf dieser Welt und in diesem Leben an.

Ein besonderes und einmaliges Beispiel für diese besondere Teilhabe an der göttlichen Welt und an der spirituellen Wirklichkeit ist Jesus selber. Vom Anfang seines Lebens ist er von Engeln und spirituellen Mächten begleitet. Schon bei seiner Geburt erschienen den Hirten Engel, welche Gott lobten:

> »Verherrlicht ist Gott in der Höh,
> und auf Erden ist Friede bei den Menschen seiner Gnade.«[5]

So wird am Ende der sogenannten Versuchungsgeschichte berichtet, daß nach den drei erfolgreich abgewehrten Versuchungssituationen die Engel zu Jesus traten und ihm dienten[6]. Und schließlich sei als letztes Beispiel erwähnt, wie Jesus mit dem Tod rang und seinen himmlischen Vater bat, diesen Kelch des Todes von ihm zu nehmen. Doch so sollte es nicht gehen, sondern Gottes Wille sollte geschehen. Dann heißt es: »Da erschien ihm ein Engel vom Himmel und gab ihm neue Kraft.«[7] Besonders diesen Engel in seiner tröstenden und stärkenden Funktion können wir als Beispiel für den Todesengel ansehen.

Der Prophet Elia erlebte in ähnlicher Weise die Gegenwart des stärkenden Todesengels. Nachdem Elia in seinem fanatischen Gotteseifer alle Propheten des Götzen Baal getötet hatte, drohte ihm die Königin Isebell, Gattin des Königs Ahab und heidnische Königstochter, den Propheten ebenfalls zu töten. Über die besondere Versorgung und Stärkung durch einen Engel im Angesicht des Todes und über die außergewöhnliche Gotteserfahrung wird im ersten Buch der Könige im Alten Testament berichtet:

Ahab erzählte Isebel alles, was Elija getan, auch daß er alle Propheten mit dem Schwert getötet habe. Sie schickte einen Boten zu Elija und ließ ihm sagen: Die Götter sollen mir dies und das antun, wenn ich morgen um diese Zeit dein Leben nicht dem Leben eines jeden von ihnen gleich mache. Elija geriet in Angst, machte sich auf und ging weg, um sein Leben zu retten. Er kam nach Beerscheba in Juda und ließ dort seinen Diener zurück. Er selbst ging eine Tagesreise weit in die Wüste hinein. Dort setzte er sich unter einen Ginsterstrauch und wünschte sich den Tod. Er sagte: Nun ist es genug, Herr. Nimm mein Leben; denn ich bin nicht besser als meine Väter. Dann legte er sich unter den Ginsterstrauch und schlief ein. Doch ein Engel rührte ihn an und sprach: Steh auf und iß! Als er um sich blickte, sah er neben seinem Kopf Brot, das in glühender Asche gebacken war, und einen Krug mit Wasser. Er aß und trank und legte sich wieder hin. Doch der Engel des Herrn kam zum zweitenmal, rührte ihn an und sprach: Steh auf und iß! Sonst ist der Weg zu weit für dich. Da stand er auf, aß und trank und wanderte, durch diese Speise gestärkt, vierzig Tage und vierzig Nächte bis zum Gottesberg Horeb.[8]

In ähnlicher Weise wie im alten Israel wird mit anderen Sprachbildern und Begriffen auch im antiken Griechenland von Sterbebegleitern und Seelenführern gesprochen, welche die Seele in die jenseitige Welt begleiten. Es mag uns nicht stören, wenn hier anstatt von einem Engel von dem Daimon als einer spirituellen Führungskraft, welche der Seele innewohnt, gesprochen wird. Der große Philosoph Plato beschreibt diese spirituelle Kraft so:

Denn nichts anderes kann sie [die Seele] in den Hades mitbringen als ihre Bildung und Erziehung, und das wird, wie man sagt, dem Verstorbenen am meisten nützen oder schaden, schon gleich am Anfang der Reise dorthin. Denn es heißt ja, daß einen jeden der eigene Daimon, der einen fürs Leben erlost hatte, nach dem Tode an einen bestimmten Ort zu führen anhebt. Dort müssen sich die Verstorbenen versammeln, um dann, wenn das Gericht über sie ergangen ist, mit jenem selben Führer in den Hades zu wandern, der schon die Aufgabe hat, sie von hier dorthin zu bringen. Wenn ihnen aber dort zuteil geworden ist, was sie verdient haben, und wenn sie die vorgeschriebene Zeit dort geblieben sind, bringt sie ein anderer Führer nach vielen und langen Zeitläufen wieder hierher. Diese

Wanderung ist also nicht so, wie es der Telephos des Aischylos erzählt. Er sagt nämlich, daß ein einfacher Weg zum Hades führe; ich glaube aber, es sei weder einfach noch gebe es nur einen einzigen. Sonst brauchte man doch keinen Führer; denn wenn es nur einen Weg gäbe, könnte sich gewiß niemand verirren. Nun aber weist er offenbar Abzweigungen und zahlreiche Querpfade auf; ich schließe das aus den Opfern und den religiösen Bräuchen hier auf Erden.

Die gesittete und verständige Seele folgt nun und versteht, was sich abspielt. Die Seele aber, die sich begierig am Leibe festhält, bewegt sich, wie ich früher erklärt habe, die längste Zeit angstvoll um ihn und um die sichtbare Stätte herum, und erst nach langem Sträuben und vielem Leiden wird sie mühsam und mit Gewalt von dem ihr zubestimmten Daimon weggeführt. Wenn sie aber dort ankommt, wo die anderen sind, und ist sie unrein und hat etwas Derartiges getan, indem sie frevelhafte Mordtaten verübt oder andere Verbrechen begangen hat, was damit verwandt oder das Werk verwandter Seelen ist, dann meidet sie jeder und wendet sich von ihr ab, und niemand will ihr Begleiter oder Führer sein. Sie aber irrt in völliger Hilflosigkeit umher, bis eine gewisse Zeit vorüber ist, nach deren Verlauf sie zwangsweise in die Behausung gebracht wird, die ihr gebührt. Die Seele aber, die rein und maßvoll ihr Leben verbracht hat, bekommt Götter zu Begleitern und Führern, und jede erhält den Wohnsitz, der ihr zukommt.[9]

Als letztes Beispiel für einen Todesengel möchte ich schließlich auf das Märchen: Der Gevatter Tod, ein Pate fürs Leben, verweisen, mit dem ich mich in einer tiefenpsychologischen Studie ausführlicher befaßt habe[10].

DER GEVATTER TOD

Es hatte ein armer Mann zwölf Kinder und mußte Tag und Nacht arbeiten, damit er ihnen nur Brot geben konnte. Als nun das dreizehnte zur Welt kam, wußte er sich in seiner Not nicht zu helfen, lief hinaus auf die große Landstraße und wollte den ersten, der ihm begegnete, zu Gevatter bitten. Der erste, der ihm begegnete, das war der liebe Gott, der wußte schon, was er auf dem Herzen hatte, und sprach zu ihm: »Armer Mann, du dauerst mich, ich will dein Kind aus der Taufe heben, will für es sorgen und es glücklich machen auf Erden.« Der Mann sprach: »Wer bist du?« — »Ich bin der liebe Gott.« — »So begehr ich dich nicht zu Gevatter«, sagte der Mann, »du gibst dem Reichen und lassest den Armen hungern.« Das sprach der Mann, weil er nicht wußte, wie weislich Gott Reichtum und Armut verteilt. Also wendete er sich von dem Herrn und ging weiter. Da trat der Teufel zu ihm und sprach: »Was suchst du? Willst du mich zum Paten deines Kindes nehmen, so will ich ihm Gold die Hülle und Fülle und alle Lust der Welt dazu geben.« Der Mann fragte: »Wer bist du?« – »Ich bin der Teufel.« – »So begehr ich dich nicht zum Gevatter«, sprach der Mann, »du betrügst und verführst die Menschen.« Er ging weiter, da kam der dürrbeinige Tod auf ihn zugeschritten und sprach: »Nimm mich zu Gevatter.« Der Mann fragte: »Wer bist du?« – »Ich bin der Tod, der alle gleich macht.« Da sprach der Mann: »Du bist der Rechte, du holst den Reichen wie den Armen ohne Unterschied, du sollst mein Gevattersmann sein.« Der Tod antwortete: »Ich will dein Kind reich und berühmt machen, denn wer mich zum Freunde hat, dem kann's nicht fehlen.« Der Mann sprach: »Künftigen Sonntag ist die Taufe, da stelle dich zu rechter Zeit ein.« Der Tod erschien, wie er versprochen hatte, und stand ganz ordentlich Gevatter.

Als der Knabe zu Jahren gekommen war, trat zu einer Zeit der Pate ein und hieß ihn mitgehen. Er führte ihn hinaus in den Wald, zeigte ihm ein Kraut, das da wuchs, und sprach: »Jetzt sollst du dein Patengeschenk empfangen. Ich mache dich zu einem berühmten Arzt. Wenn du zu einem Kranken gerufen wirst, so will ich dir jedesmal erscheinen: steh ich zu Häupten des Kranken, so kannst du keck sprechen, du wolltest ihn wieder gesund machen, und gibst du ihm dann von jenem Kraut ein, so wird er genesen; steh ich aber zu Füßen des Kranken, so ist er mein, und du mußt sagen, alle Hilfe sei umsonst und kein Arzt in der Welt könne ihn retten. Aber hüte dich, daß du das Kraut nicht gegen meinen Willen gebrauchst, es könnte dir schlimm ergehen.«

Es dauerte nicht lange, so war der Jüngling der berühmteste Arzt auf der ganzen Welt. »Er braucht nur den Kranken anzusehen, so weiß er schon, wie es steht, ob er wieder gesund wird oder ob er sterben muß«, so hieß es von ihm, und weit und breit kamen die Leute herbei, holten ihn zu den Kranken und gaben ihm so viel Gold, daß er bald ein reicher Mann war. Nun trug es sich zu, daß der König erkrankte: der Arzt ward berufen und sollte sagen, ob Genesung möglich wäre. Wie er aber zu dem Bette trat, so stand der Tod zu den Füßen des Kranken, und da war für ihn kein Kraut mehr gewachsen. Wenn ich doch einmal den Tod überlisten könnte, dachte der Arzt, er wird's freilich übelnehmen, aber da ich sein Pate bin, so drückt er wohl ein Auge zu: ich will's wagen. Er faßte also den Kranken und legte ihn verkehrt, so daß der Tod zu Häupten desselben zu stehen kam. Dann gab er ihm von dem Kraute ein, und der König erholte sich und ward wieder gesund. Der Tod aber kam zu dem Arzte, machte ein böses und finsteres Gesicht, drohte mit dem Finger und sagte: »Du hast mich hinter das Licht geführt: diesmal will ich dir's nachsehen, weil du mein Pate bist; aber wagst du das noch einmal, so geht dir's an den Kragen, und ich nehme dich selbst mit fort.«

Bald hernach fiel die Tochter des Königs in eine schwere Krankheit. Sie war sein einziges Kind, er weinte Tag und Nacht, daß ihm die Augen erblindeten, und ließ bekanntmachen, wer sie vom Tode errettete, der sollte ihr Gemahl werden und die Krone erben. Der Arzt, als er zu dem Bett der Kranken kam, erblickte den Tod zu ihren Füßen. Er hätte sich der Warnung seines Paten erinnern sollen, aber die große Schönheit der Königstochter und das Glück, ihr Gemahl zu werden, betörten ihn so, daß er alle Gedanken in den Wind schlug. Er sah nicht, daß der Tod ihm zornige Blicke zuwarf, die Hand in die Höhe hob und mit der dürren Faust drohte; er hob die Kranke auf und legte ihr Haupt dahin, wo die Füße gelegen hatten. Dann gab er ihr das Kraut ein, und alsbald röteten sich ihre Wangen und das Leben regte sich von neuem.

Der Tod, als er sich zum zweitenmal um sein Eigentum betrogen sah, ging mit langen Schritten auf den Arzt zu und sprach: »Es ist aus mit dir, und die Reihe kommt nun an dich«, packte ihn mit seiner eiskalten Hand so hart, daß er nicht widerstehen konnte, und führte ihn in eine unterirdische Höhle. Da sah er, wie tausend und tausend Lichter in unübersehbaren Reihen brannten, einige groß, andere halbgroß, andere klein. Jeden Augenblick verloschen einige, und andere brannten wieder auf, also daß die Flämmchen in beständigem Wechsel hin und her zu hüpfen schienen. »Siehst du«, sprach der Tod, »das sind die Lebenslichter der Menschen. Die großen gehören Kindern, die halbgroßen Eheleuten in ihren besten Jahren, die kleinen gehören Greisen. Doch auch Kinder und junge Leute haben oft nur ein kleines Lichtchen.« — »Zeige mir mein Lebenslicht«, sagte der Arzt und

*meinte, es wäre noch recht groß. Der Tod deutete auf ein kleines Endchen,
das eben auszugehen drohte, und sagte: »Siehst du, da ist es.« – »Ach,
lieber Pate«, sagte der erschrockene Arzt, »zündet mir ein neues an, tut
mir's zuliebe, damit ich meines Lebens genießen kann, König werde und
Gemahl der schönen Königstochter.« – »Ich kann nicht«, antwortete der
Tod, »erst muß eins verlöschen, eh ein neues anbrennt.« – »So setzt das
alte auf ein neues, das gleich fortbrennt, wenn jenes zu Ende ist«, bat der
Arzt. Der Tod stellte sich, als ob er seinen Wunsch erfüllen wollte, langte
ein frisches großes Licht herbei: aber weil er sich rächen wollte, versah er's
beim Umstecken absichtlich, und das Stückchen fiel um und verlosch.
Alsbald sank der Arzt zu Boden und war nun selbst in die Hand des Todes
geraten.*

In dem Märchen wird in dramatischer Weise geschildert, wie ein
Vater für sein 13. Kind das Angebot des lieben Gottes und des Teufels
zur Patenschaft ablehnt und schließlich den Tod als Paten für sein
Kind erwählt, weil dieser die Reichen wie die Armen ohne Unterschied
behandelt. Durch die innere Führung und Weisung dieses Paten wurde
der junge Mann bald zu einem berühmten Arzt. Wenn er zu Kranken
gerufen wurde, vermochte er durch die Erscheinung seines Paten
immer die richtige und zutreffende Diagnose zu stellen. Dazu gab
ihm der Gevatter Tod die Weisung: »Wenn du zu einem Kranken
gerufen wirst, so will ich dir jedesmal erscheinen: Stehe ich zu
Häupten des Kranken, so kannst du keck sprechen, du wollest ihn
wieder gesund machen, und gibst du ihm dann von jenem Heilkraut
ein, so wird er genesen. Stehe ich aber zu Füßen des Kranken, so ist
er mein, und du mußt sagen, alle Hilfe sei umsonst und kein Arzt in
der Welt könne ihn retten. Aber hüte dich, daß du das Kraut nicht
gegen meinen Willen gebrauchst, es könnte dir schlimm ergehen.«
In der genannten Studie zu diesem Märchen berichte ich einige
Beispiele von spirituell begabten Krankenschwestern, die jeweils
angesichts einer Lichterscheinung am Fußende oder Kopfende eines
Kranken die richtige Diagnose stellen konnten, ob ein Schwerkranker
genesen wird oder ob er sterben muß.[11]

Die genannten Beispiele mögen genügen, um deutlich zu machen, wie im Umkreis des Todes besonders spirituelle Erfahrungen mit Engeln möglich sind. Nach meinen Erfahrungen mit Engeln[12] hat der Todesengel neben der zentralen Funktion des Begleiters und Führers der Seele noch vier weitere Aspekte, die in der biblisch-spirituellen Tradition mit den vier Erzengeln Gabriel, Michael, Uriel und Raphael in Verbindung stehen. Der Todesengel hat also mehrere Gesichter und Erscheinungsformen, die mit den anderen Engeln und insbesondere mit den Erzengeln und deren Funktionen genauer zu beschreiben sind. Bei allen diesen Engel-Symbolgestalten ist insbesondere zu bedenken, daß wir sterblichen Menschen über das Leben und die Bewegungen in der spirituellen Welt ohnehin nur in Andeutungen und menschlichen Sprachbildern sprechen und schreiben können. Die ganze spirituelle Wirklichkeit ist für uns Menschen gar nicht faßbar.

Ich persönlich bin jedoch zutiefst überzeugt, daß solche bruchstückhaften Einsichten in die Engelwelt und deren Erscheinungen hilfreiche Erhellungen bringen, damit wir nicht im Finstern tappen müssen angesichts der letzten Fragen nach dem Sein in der zukünftigen Welt. In der mittelalterlichen Glaubensvorstellung waren es insbesondere die Erzengel Raphael und Gabriel, die eine scheidende Seele zu Gott tragen[13]. Diese Glaubensvorstellung und dieser Bildtypus geht zurück auf das biblische Gleichnis vom reichen Mann und dem armen Lazarus, der, als er starb, von den Engeln in Abrahams Schoß getragen wurde[14]. Neben der begleitenden und tragenden Funktion der Engel angesichts des Todes haben wir in unseren Beispielen auch die stärkende Funktion kennengelernt, die ich insbesondere dem Erzengel Michael zuordnen möchte. Dieser kraftvolle Engel im Kampf gegen Tod und Teufel verleiht die Kraft und den Mut zur Auseinandersetzung mit dem Tod und kann als Beistand im letzten Todeskampf angerufen werden. Uriel schließlich, der Lichtengel, ist jene spirituelle Symbolgestalt, die als Lichtgestalt in der Todesnacht erscheint und die Seele ins ewige Licht führt.

Zusammenfassend möchte ich den Todesengel und seine vier Erscheinungsweisen in den genannten Erzengeln als ein Symbol für das spirituelle Selbst beschreiben. Dabei denke ich insbesondere an all jene Menschen, die nicht mehr mit der religiösen Tradition vertraut und denen die Engel fremd geworden sind. Für sie könnte das moderne tiefenpsychologische Sprachbild vom spirituellen Selbst hilfreich sein, um sich als Gegenüber zum menschlichen Ich und Bewußtsein eine Wirklichkeit vorstellen zu können, die insbesondere in den Todesängsten und im Todeskampf in Erscheinung tritt. Ein amerikanischer Autor hat diese spirituelle Energie als »Quantengott« bezeichnet und läßt sie in folgender Selbstoffenbarung zu uns sprechen:

SELBST

Ich bin,
Ohne Anfang, ohne Ende,
Älter als Nacht und Tag,
Jünger als das neugeborene Kind,
Leuchtender als Licht,
Dunkler als Finsternis,
Jenseits aller Dinge und Geschöpfe,
Doch fest in der Mitte eines Jeden.

Von mir gehen alle leuchtenden Welten aus,
Zu mir kehren sie alle zurück,
Doch können weder Menschen noch Engel
Mir nahekommen,
Denn ich bin nur mir selbst bekannt.
Mein innerstes Sein ist immer das selbe;
Absolut Eins, voll, ganz und vollkommen;
Immer es selbst;
Ewig unbegrenzt und unendlich,
Formlos, unteilbar, unveränderlich.[15]

Das Urbild des Engels
und seine spirituelle Energie

Ich sehe die Engel als Urbild und als spirituelle Energie an. Dabei nehme ich Bezug auf die in der Einleitung dieses Buches genannten zwei Erscheinungsweisen aller Symbole, der Engel und des Lebens schlechthin, nämlich als Bild und als Energie. Gerade die Engel und speziell der Todesengel, der die Seele am Ende abholt und beim Übergang in die andere Welt begleitet, sind für mich das überzeugendste Beispiel für die Modellvorstellung des Bildes und der spirituellen Energie. Die Engel als geistige Kräfte und als spirituelle Energie erfahren wir in den außergewöhnlichen Erlebnissen unseres Lebens und besonders in Grenzsituationen, wie z.B. beim Übergang in die andere Seinsform nach dem Sterben. Aus menschlicher Sicht betrachtet scheinen die Engel im Grenzbereich zwischen Mensch und Gott, zwischen Himmel und Erde zu wohnen. Dieses Zwischen ist nicht als eine räumliche Dimension zu verstehen, sondern als eine Anteilhabe am göttlichen Energiefeld und als »Transformatoren« dieser Kräfte, damit wir Menschen sie mit unseren Sinnen verkraften können.

Engel sind auch in ihrer bildhaften Erscheinungsform uns Menschen ähnlich. Beispiele dafür sind die unzähligen Engelbilder in allen Religionen und Kulturen. Die Engel als Urbild und Energiefeld sind so etwas wie ein interkulturelles Symbol, in dem Menschen aus allen Ländern ihre spirituellen Vorstellungen ausdrücken. Daher sind Engel für mich, wie gesagt, das überzeugendste Beispiel dafür, daß uns die Urerfahrungen in doppelter Gestalt begegnen, als Bild und als Energie.

In der transzendenten Funktion der Seele und ihrem Ahnungsvermögen, der Intuition (nach C.G. Jung), haben wir eine besondere Beziehungsform und Begegnungsmöglichkeit zu den Engeln. Zwar können wir über die Engel nach-denken und damit auch geistig ihre Erscheinungsformen und ihre spirituellen Wirkungen verarbeiten, aber ich habe bisher noch von keinem Menschen gehört oder gelesen, durch diesen Sinneskanal einem Engel wirklich begegnet zu sein. Sind es doch nach dem sogenannten Typenmodell von C.G. Jung die zwei irrationalen Kanäle der sinnlichen und seelischen Wahrnehmungen, nämlich die Intuition und das Fühlen, die uns eine Begegnung mit den Engeln ermöglichen. Die Intuition ermöglicht eine Beziehung zur archetypischen Bilderwelt und damit auch zu den Erscheinungen der Engel im Zwischenreich von Himmel und Erde. Mit Hilfe der Fühlfunktion können wir ein »Feeling« entwickeln für die spirituellen Energien aus dieser Engelwelt. Nach meinen langjährigen Erfahrungen mit Menschen und der Arbeit mit dem genannten Jungschen Typentest sind bei den meisten Menschen neben dem Denken und den sinnlichen Wahrnehmungen, dem Empfinden, die Intuition und das Feeling nicht gleichstark entwickelt.

Aus dieser Beobachtung ergibt sich im Hinblick auf die Erfahrungen mit Engeln und die letzte Begegnung mit dem Todesengel, daß jemand entweder das Erscheinungsbild seines Engels sieht oder die Wirkungen und Schwingungen der englischen Energien spürt. Dieses Gespür oder die Entwicklung des Sehvermögens werden besonders durch die Prägungen und Erfahrungen durch bzw. mit unserer Mutter oder unserem Vater beeinflußt.

Wenn z.B. Ihre Mutter eine warmherzige Persönlichkeit ist (oder war) und Sie durch unzählige Kontakte alle Ihre Sinneswahrnehmungen gut entwickeln konnten, werden Sie nach meinen Beobachtungen an vielen Ratsuchenden und Patienten eine gutfunktionierende Intuition haben und damit eine besonders aktive Träumerin oder Träumer sein und gute Erfahrungen in der Imagination haben, weil dies alles der Wahrnehmungskanal zur Bilderwelt der Seele und darüber hinaus auch zur spirituellen Bilderwelt mit den Erscheinungen der Engel ist.

Sind Sie dagegen besonders stark durch das Denken des Vaters, eines Lehrers oder eines anderen Vorbildes geprägt worden, ist damit bei vielen das unbewußte Fühlen zu einem bestimmten Einfluß geworden. Durch die Entwicklung und Aktivierung der Fühlfunktion dürften Sie ein außergewöhnliches Feeling für die Gefühlswelt und damit auch für die englischen Energien besitzen.

Wenn Sie ein besonderes Interesse an diesen beiden Wahrnehmungskanälen haben und das genaue Ausmaß Ihres Fühlens oder Ihrer Intuition nachprüfen wollen, können Sie dies mit Hilfe des Jungschen Typentestes tun, den ich in meinem Buch »Religiöse Neurosen« im Anhang veröffentlicht habe.[16]

Der Traum des Gerontius

Einleitend möchte ich darlegen, warum ich die geistliche Dichtung von *Kardinal Newman* in unser Thema einbeziehe. In meiner symbolpsychologischen Deutung sehe ich diese Dichtung wie eine aktive Imagination an, die heutigen Menschen Mut machen kann, in einer ähnlichen Phantasiereise persönliche Vorstellungen über den Weg der Seele nach dem Tod durch das Zwischenreich zu entwickeln. Während die Gläubigen in den östlichen Religionen seit Jahrtausenden durch ihre geistlichen Lehrer recht detaillierte Vorstellungen über die Nach-Tod-Erfahrungen und den Weg der Seele durch das Zwischenreich vermittelt bekommen, begegnet man in der biblischen Überlieferung und in der jüdisch-christlichen Tradition eher einer Zurückhaltung diesem Bereich gegenüber. Um so stärker entwickelten Menschen in den verschiedenen Jahrhunderten »wilde Phantasien« über dieses Zwischenreich und das Jenseits (z.B. die gnostischen Sekten der ersten Jahrhunderte oder mittelalterliche und barocke Ausmalungen des Himmels). Tiefenpsychologisch betrachtet dürfte es sich dabei um kompensatorische Prozesse für unbewußte Gefühle und unklare Vorstellungen handeln.

Ich persönlich bin in meinen Erfahrungen mit Engeln als spirituelle Begleiter durch Newman darin bestärkt worden, auch auf dem letzten Weg mit ihnen rechnen zu dürfen. In der inspirierten Dichtung von Newman finden wir die gleichen oder sehr ähnliche Grundvorgänge und spirituelle Wandlungsprozesse, wie ich sie im dritten Kapitel mit dem therapeutischen Mandala und den therapeutischen Schritten zur Heilung des Thanatos-Komplexes beschrieben habe. Am Anfang des Werkes von Newman werden die emotionale Betroffenheit des sterbenden Gerontius beschrieben und das religiöse Abschiedsritual mit dem Sterbegebet der anglikanischen Kirche dargestellt. In dem dann folgenden Prozeß löst sich die Seele von allen körperlichen

Bindungen und begegnet dem persönlichen Schutzengel. Dann folgen spirituelle Belehrungen über den neuen Seinszustand der Seele im Zwischenreich. Hier begegnen ihr nicht nur die Barmherzigkeit Gottes und seiner Engel, sondern auch die Versuchungen der Dämonen, ähnlich wie im tibetischen Totenbuch. Den Höhepunkt in diesem Zwischenreich bilden dann Chöre von himmlischen Geistern und Engeln, bis die Seele danach zum himmlischen Frieden gelangt.

Wie gesagt, »Der Traum des Gerontius« ist eine Dichtung des bekannten englischen Theologen *John Henry Kardinal Newman* (1801-1890). Als Kardinal und theologischer Lehrer der katholischen Kirche bringt er die spirituellen Erfahrungen der abgeschiedenen Seele im sogenannten Zwischenreich zum Ausdruck und zur Sprache. Über die Entstehung der Dichtung schreibt Theodor Haecker:

»Trotz der vollkommen anderen Art seiner Entstehung auf dem Wege der Inspiration, ja der Vision, so daß das Werk urplötzlich wie von selbst dastand, scheinbar ohne jede Vorbereitung und ohne alle Antezedentien … Trotzdem enthält es gedrängt in kostbarer Fülle und Lebendigkeit seinen gelebten Glauben und die Dogmatik und Theologie der katholischen Kirche in unlöslicher Verbindung.«[1]

Der Anlaß zur Abfassung des Gedichtes war der Tod des geliebten Freundes Reverend John Joseph Gordon im Jahre 1865. Was die spirituellen Belehrungen der Engel an die Seele im Zwischenreich betrifft, entsprechen diese den Glaubensüberzeugungen des Kardinals, dessen ganzes Werk voll ist von Zeugnissen über Engel und seine persönlichen Erfahrungen mit der Begleitung von Engeln. Der Sinn des Traumes des Gerontius und der Dichtung ist nach dem Urteil von Haecker »ein Büchlein vom rechten christlichen Sterben«[2]. Der Name Gerontius bedeutet soviel wie »alter Mann« und will somit sagen, daß es um die spirituellen Erfahrungen einer jeden abgeschiedenen Seele während der Läuterungen im Zwischenreich geht.

Der Begriff Traum im Titel des Gedichtes beinhaltet eine zweifache Aussage und Bedeutung. Zum einen wird es als Metapher verwendet für die visionäre Schau in dieses Zwischenreich der Seele, und zum anderen meint der Kardinal damit wirklich den Traumzu-

stand, den jeder aus seinem persönlichen Erleben kennt. So spricht
der Engel in seiner spirituellen Belehrung über die Befindlichkeit der
Seele im Zwischenreich:

And thou art wrapped and swathed around in dreams,
Dreams that are true, yet enigmatical;
For the belongings of thy present state,
Save through such symbols, come not home to thee.

Den englischen Originaltext übersetzt P. Pattlock wie folgt:

Du bist gewindelt und gehüllt in Träume,
In wahre Träume, doch vieler Rätsel voll.
Was dir in deinem gegenwärt'gen Stand gehört,
erfährst du nur durch Zeichen und Symbole.[3]

»Von Träumen bist so rings umsponnen du,
Die wahr zugleich und voller Rätsel sind;
Die Welt, die jetzt du hast betreten, kannst
in solchen Sinnbildern du nur erschauen.«[4]

Es sind also wahre Träume mit Sinnbildern und Symbolen, mit denen
wir schon in diesem Leben in den großen und archetypischen Traumbildern vertraut gemacht werden. Die Bilderwelt der Seele und das
archetypische Traumerleben bilden also das Kontinuum und die
Silberschnur zwischen diesem Leben und dem Weiterleben der Geist-
Seele im Zwischenzustand. Nach meiner Deutung und Erkenntnis hat
der Kardinal die Inspiration zu der genannten Imagination aus dem
126. Psalm geschöpft, wo es heißt:

Als der Herr das Los der Gefangenschaft Zions wendete,
da waren wir alle wie Träumende.
Da war unser Mund voll Lachen und unsere Zunge voll Jubel.[5]

Aus dem persönlichen Gebetsleben von Newman und aus der Liturgie seiner Kirche waren ihm diese Verse zutiefst vertraut und konnten daher in seiner Dichtung in neuer Gestalt, in einem neuen Kontext in Erscheinung treten. Für mich persönlich und meine tiefenpsychologischen Forschungen über die Träume als Gottes vergessener Sprache[6] und die Todesträume[7] sind der genannte Psalm und die neue Aktualisierung durch den Kardinal eine schöne Bestätigung, auf dem richtigen Wege zu sein. Wie jeder normale Traum an Lösungen für Lebenskonflikte und blockierte Lebensenergien arbeitet, so sind die großen archetypischen Träume mit spirituellen Symbolen ein Kanal und eine Verbindung zur Anderwelt, in die wir mit Hilfe der spirituellen Dichtung von Newman einen Blick tun dürfen.

Zunächst ein allgemeiner Überblick über die (ca. 34 Seiten umfassende) spirituelle Dichtung des Kardinals. Sie beginnt mit einem Selbstgespräch des Gerontius, also jenes alten Mannes, der jeder Mann oder jede Frau sein könnte, der oder die auf dem Sterbebett liegt und sich auf den nahenden Tod vorbereitet. Nach dem Sterben und Abscheiden wird die Seele durch den persönlichen Schutzengel in das Zwischenreich geleitet und erfährt hier in Sinnbildern Belehrungen über die Andersartigkeit von Raum und Zeit und von sinnlichen Wahrnehmungen. In einem nächsten Hauptteil erlebt die Seele die Anfeindungen der Dämonen und zugleich den Beistand und Schutz des Engels. Den Höhepunkt und Schluß bilden die Preisungen der Engelchöre.

Wir erleben am Anfang der Dichtung mit, wie sich der sterbende Gerontius in seiner Todesnot an Jesus und Maria wendet und um Hilfe und Beistand bittet. Das innerste Verlassensein, das Schwinden aller Lebenskräfte und das Anklopfen des Todes werden in ergreifenden Zeilen geschildert. In seiner Todesangst wendet sich Gerontius an seine Freunde, daß sie ihm beistehen und mit ihm beten. Die Beistehenden beten das Kyrie eleison und rufen alle Heiligen um Beistand in der Todesnot an. Immer neues Entsetzen und Qualen erfassen die abscheidende Seele. Die Freunde läßt der Kardinal in der Todesstunde die bekannten Sterbegebete der katholischen Kirche sprechen. In immer neuen Anrufungen werden Gott und die Heiligen um Erbarmen gebeten, vor allem darum, daß der Schutzengel die Seele des Sterbenden geleiten möge. Zum Abschluß spricht ein Priester das folgende Sterbegebet:

Proficiscere, anima Christiana, de hoc mundo!
Brich auf, tritt an die Reise, christliche Seele!
Verlaß diese Welt! Geh im Namen Gottes,
Des Allmächtigen Vaters, der dich erschaffen!
Geh im Namen Jesu Christi, unseres Herrn,
Des Sohnes des lebendigen Gottes, der Sein Blut für dich gab!
Geh im Namen des Heiligen Geistes, der
Ausgegossen worden ist über dich! Geh im Namen
Der Engel und Erzengel; im Namen
Der Throne und Herrschaften, im Namen
Der Fürstentümer und Mächte; und im Namen
Der Cherubim und Seraphim, geh jetzt!
Geh im Namen der Patriarchen und Propheten;
Und der Apostel und Evangelisten,
Der Märtyrer und Bekenner; im Namen
Der heiligen Mönche und Einsiedler, im Namen
Der heiligen Jungfrauen; und aller Heiligen Gottes,
Männer und Frauen, geh! Geh deinen Weg;
Und möge heute der Friede dein Platz sein
Und deine Wohnung der heilige Berg
Von Sion: – im Namen Christi, unseres Herrn![8]

Der folgende Teil des Textes wird eingeleitet durch eine Art Selbstgespräch der abgeschiedenen Seele des Gerontius. Die Seele fühlt sich unaussprechlich leicht und erfrischt, ähnlich wie wir es aus den Zeugnissen von Menschen mit Nahtoderlebnissen kennen.

DIE SEELE DES GERONTIUS

Ich fiel in Schlaf; und jetzt bin ich erfrischt.
Seltsam erfrischt: denn so unsagbar leicht
Komm' ich mir vor, ich habe ein Gefühl
Von Freiheit, als sei nun endlich ich ich selbst,
Sei nie zuvor gewesen. Wie still es ist!
Ich hör' nicht mehr den hast'gen Schlag der Uhr
Und meinen Atem kämpfen und flattern meinen Puls;
Kein Augenblick ist anders als der nächste.
Ich träumte, ja! – langsam sprach einer dann:
»Es ist aus«; und ein Seufzer füllte ganz den Raum.
Und dann, gewiß, hört' eine priesterliche Stimme
Ich rufen: »Subvenite«; und sie knieten im Gebet.
Mir dünkt, ich hör' ihn noch; noch dünn und fein
Und schwächer, immer schwächer nahn die Töne,
Und immer größer, größer wächst der Abstand.[9]

In dem weiteren Selbstgespräch versucht sich die Seele Klarheit
darüber zu verschaffen, ob sie nun tatsächlich tot sei oder noch lebt
und mit dem körperlichen Leben verbunden ist. Mit Lichtgeschwin-
digkeit durcheilt die abgeschiedene Seele den unendlichen Raum und
nimmt dabei das Getragenwerden durch den Schutzengel wahr.

Ein neues Wunder: jemand hält mich fest
In weitgespannter Hand; es ist kein Griff
Wie Irdische ihn haben; sondern rings
Verbreitet um mein zartes Inn're sich –
Als wär ich eine Kugel, die man so
Umgreifen kann – gleichförmig sanfter Druck,
Der zeigt, daß ich nicht selbst bewege mich,
Daß eine fremde Kraft dahin mich trägt.[10]

Gustave Doré: Traumhafte Jenseitswelt

Der Eintritt der Verstorbenen
in die Anderwelt

*D*er französische Graphiker, Maler und Bildhauer Gustave Doré
*(1832-1883), der durch seine zahlreichen Illustrationen zu etwa 100
Büchern der Weltliteratur und zu Dantes »Inferno« Weltruhm erlang-
te, könnte auch in ähnlicher Weise den Todestraum des Gerontius
von J.H. Newman (1801-1890) illustriert haben, weil er sich wie
kaum ein anderer Künstler in die Bilderwelt der Träume und die
Symbolbildung der Seele einfühlen konnte. In kunstgeschichtlichen
Deutungen wird der Stil von Doré als narativ (erzählend) bezeichnet.
Er eignet sich daher besonders gut für unser Thema, sich Vorstellungen über die jenseitige Welt zu machen. Gerade weil sich Doré
ausführlich mit religiösen Themen befaßt hat (vergleiche seine Illustrationen zur Bibel), können wir durch seine Sicht die Welt der Engel
und die Verwandlungen zwischen Menschen und Bäumen in der
Anderwelt anschaulich wahrnehmen.*

*Die Thematik und Symbolik der Baummetamorphosen ist seit der
klassischen Antike in vielen Mythen und Märchen dargestellt. Sowohl
die Geburt aus Bäumen (z.B. wurde der schöne Adonis aus einem
Myrrhenbaum geboren), als auch der sogenannte Todesbaum (s. das
Kreuz Christi und die Bäume auf Gräbern in verschiedenen Märchen)
sind Ursymbole am Anfang und Ende des Lebens. Ein bekanntes
Motiv ist, wie Philemon und Baucis sich von den Göttern, denen sie
Gastfreundschaft gewährt hatten, den gleichzeitigen Tod wünschten.
Zur Belohnung durften sie gleichzeitig sterben, indem sie sich in eine
Eiche und eine Linde verwandelten und so ineinander verflochten
fortlebten. Auch im Grimmschen Märchen finden wir den Baum auf
dem Grab der Mutter, der das hinterbliebene Mädchen tröstet und
als Zauberbaum die Wünsche erfüllt. Diese Hinweise mögen als
Kontext zu der nebenstehenden Illustration von Doré genügen, der
die Welt der Engel und der Toten einbettet in eine gespenstig wirkende
Totenlandschaft, in die aus dem Hintergrund das Menschenpaar
eintritt.*

Mögen die Texte von Newman durch diese Illustration von Doré eine weitere Veranschaulichung finden.

Affirmationen:

Ich BIN der Tag, ich BIN der Tau,
du aber bist der Baum.

(R. M. Rilke)

*

Im Reich der Geister gilt nicht menschlich Maß.

(J. H. Newman)

*

Dann werden wir sein wie die Träumenden.

(Psalm 126)

Newman beschreibt hier die Seele mit dem Symbol einer Kugel und greift damit auf eine antike altgriechische Vorstellung zurück. Die Seele bewegt sich nach dem Ableben nicht aus eigener Kraft, sondern wird von einer fremden Kraft getragen, eben vom Schutzengel. In diesem neuen Seinszustand »hört« die abgeschiedene Seele die herzergreifende Botschaft ihres Engels, der vor dem Angesicht Gottes steht und den Lebensweg der Seele beschreibt. Die Seele wagt es schließlich, den Schutzengel zu grüßen, worauf dieser nach ihrem Wunsch und Begehren fragt. Die Seele wünscht sich geistige Zwiesprache und bewußte Gemeinschaft mit dem Engel. Darauf belehrt der Engel die Seele darüber, daß sie nach dem Tod nicht zugleich zu Gott, dem gerechten und heiligen Richter, gelangt, sondern im Zwischenreich spirituelle Erläuterungen erfährt. Dazu gehört insbesondere, daß im Reich der Geister menschliches Maß von Raum und Zeit aufgehoben sind. Der Engel spricht:

Im Reich der Geister gilt nicht menschlich Maß
Für das, was groß, was klein im Strom der Zeit.
Nach Sonn' und Mond, kreisend in ew'ger Bahn,
Nach der Gestirne Auf- und Niedergang,
Der Jahreszeiten Folge und dem Schwung
Des Pendels, das nach rechts und links sich regt,
Genau und pünktlich teilt der Mensch die Zeit,
Gleichmäßig fließend, jedem gleich zuteil.
Nicht so in unsrer körperlosen Welt;
Der Augenblicke stete Folge mißt
Da der lebendige Gedanke nur;
Mit seiner Stärke wachsen, schwinden sie.[11]

In dem weiteren inneren Dialog der Seele mit ihrem Engel geht es dann um die Frage, warum in diesem Seinszustand der früher so schreckliche Gedanke an den Tod und das Gericht verschwunden sind. Worauf der Engel antwortet:

Weil dich damals schon
Die Furcht umfing, bist du nun frei von ihr;
Die Todesangst nahmst du vorweg, und so
Bleibt dir des Todes Bitterkeit erspart.
Auch weil bereits in deiner Seele das
Gericht begonnen hat. Es nimmt der Herr
Den Tag des Allgemeinen Weltgerichts,
Wo alles endet, was im Fleische lebt,
Für einen jeden Menschen schon voraus
Bei seinem Tod; und wie den Jüngsten Tag
In dem Besonderen Gerichte du
Bereits durchlebst, so fällt auch schon, noch eh'
Dem Throne du dich nahst, ein Strahl auf dich.[12]

Die Antwort des Engels besagt, daß die im Leben vorweggenommene Auseinandersetzung mit dem Tod und die einmal durchlittene Todesangst positive Nachwirkungen für die Seele im Zwischenreich haben. Auch der befürchtete letzte Urteilsspruch beim Jüngsten Gericht beginnt bereits in der Seele, indem sie sich selber richtet. Vergleichen wir an dieser Stelle die visionäre Imagination des Kardinals mit den Anschauungen des Tibetischen Totenbuches und den berichteten Nah-Todeserfahrungen aus der westlichen Kultur, so werden große Ähnlichkeiten bei den Widerfahrnissen der Seele im Zwischenzustand deutlich. Nach der Tiefenpsychologie C.G. Jungs beruhen diese Gemeinsamkeiten auf eingeprägten sogenannten archetypischen Lebensmustern, die allen Menschen gemeinsam sind. Darüber hinaus bilden die in diesen Mustern gespeicherten Erfahrungen so etwas wie ein Kontinuum, oder symbolisch gesprochen, eine Art Silberschnur, welche dieses Leben mit der jenseitigen Existenz im Zwischenzustand verbindet. Eine ähnliche verbindende Funktion haben die Traumbilder im Diesseits und im Jenseits, worauf ich bereits in der Einleitung aufmerksam gemacht habe.

Im weiteren Dialog zwischen der Seele und ihrem Engel geht es um die Frage, wie es sich mit den sinnlichen Wahrnehmungen im Zwischenzustand verhält. Bisher hat die Seele die spirituellen Botschaften des Engels »gehört«, aber ihn nicht gesehen und fragt: »Bleib ich beraubt des Sehens die ganze Zeit der Läuterung?« Der Engel antwortet darauf, daß es noch eine Zeitlang sinnliche Wahrnehmungen geben wird, einen Nachklang von Empfindungskraft, damit die Seele nicht zerbricht.

Gefühl, Geschmack, Gehör hast du nicht mehr;
Du lebst in einer Welt von Zeichen jetzt,
Darinnen sind lebendig ausgeprägt
Der höchsten Wahrheit heil'ge Schätze all.
Dem Leib entflohn, gewahrt die Seele nun
Nur noch sich selbst. Doch daß die schwere Last
Der tiefen Einsamkeit dich nicht zerbricht,
Gewährte Gott dir aus Barmherzigkeit
Noch einen Nachklang von Empfindungskraft.[13]

Diese gewährte Barmherzigkeit ist für die Seele wichtig, um den Anfeindungen und Versuchungen durch die Dämonen widerstehen zu können. Die Nähe der Dämonen kann die Seele durch grausigen Lärm und ekelhaften Mißklang in große Bedrängnis und Not bringen:

Tugend und Laster,
Ein Betrüger erfand's
s'ist alles eins!
Haha!
Furcht vor der Höll'.
Vor verderblicher Flamm'
Ein Feigling erdacht's.
Sagt, was er wert,
Ist's auch ein Heil'ger,
Haha!
Verschlag'nen Sinns
Dient er um Lohn,
Haha!
Aus Eigennutz
Nur strebt er so
Zum Himmel auf,
Und nicht aus Lieb'.
Haha![14]

Den Höhepunkt im Traum des Gerontius bilden fünf Chöre von himmlischen Geistern, die in ihren Preisungen liturgische und hymnische Stücke aus kirchlichen Texten verwenden. Der Engel, der die Seele in diesen nächsten himmlischen Ort, den Hof des Gerichtes, begleitet, erläutert, daß hier nichts aus irdischem und materiellem Stoff bestehe, sondern alles aus heiligen, seligen und unsterblichen Wesen geformt sei. Jeder dieser Chöre hebt an mit dem gleichen Vierzeiler:

> Preist in den Höhen den Heiligen,
> Preist in den Tiefen Ihn!
> Wunderbar all seine Worte,
> Zielvoll ist all sein Tun.[15]

Der erste Chor besingt dann die Geistwesen, die ohne Makel und Schuld sind. In der nächsten Strophe wird der göttliche Sohn gepriesen, indem sich der himmlische Geist und das irdische Fleisch zu einer neuen Einheit verbinden.

Der zweite Chor beklagt den Menschen, der die Beziehung zu Gott verloren hat:

> Wehe dem Menschen, er wurde
> Treulos erfunden im Kampf;
> Erbschaft des Himmels verlor er
> Und die Gemeinschaft des Lichts.

> Über ihm grollender Himmel,
> Um ihn der Winde Geklirr,
> Engel hatt' er zu Freunden,
> Tiere nun sind ihm verwandt.«[16]

Die weiteren Chöre besingen den heilsgeschichtlichen Weg des Menschen und seine Erlösung. So klingt es im dritten Chor der Engel:

Oh Mensch, aus deiner Neugeburt
Ein Strahl des Lebens bricht,
Du wirst aufs neue, was einst du warst,
Aus Erd' blüht Himmelslicht.[17]

Bei dem weiteren Aufstieg der Seele zu Gott begegnet sie einem besonderen Engel, dem Engel der heiligen Treppe, welcher spricht:

Vater, des Güte nur kennt, wer Dich sieht
Von Angesicht zu Angesicht.
Dem Menschen galt der unendliche Aufwand
Deiner siegenden Gnade.
Gefallener Mensch, Geschöpf vergänglichen Tages,
Taucht nicht als Maß dieser Liebe.
Es braucht, zu künden Deines Werkes Triumph,
Untilgbar Feuer, des Engels geistigen Raum.[18]

Als letztes Zitat möchte ich abschließend die gläubige und hoffende Seele zu Wort kommen lassen, welche singt und sagt:

Trag mich hinweg, und in der tiefsten Nacht
Laß mich nun sein,
In stiller Hoffnung haltend dort die Wacht,
Für mich allein,
Dort, regungslos, voll Glück in tiefstem Schmerz
Und unverzagt,
Sing' ich mein ewig Klaglied himmelwärts,
Bis Rettung tagt;
Sing' ich Erleichterung der wunden Brust,
Die ohne Ruh'
Sich müht und härmt, bis sie einst eilt voll Lust
Dem Frieden zu;
Sing' ich von meinem Herrn, den ich erkor; –
Hinweg mich trag,
Daß eher meine Seele steig' empor,
Zu schaun Ihn in der Wahrheit immerwähr'ndem Tag.[19]

Welche Bedeutung könnte nun diese spirituelle Dichtung besonders für Sterbebegleitung von Menschen haben, die mit der christlichen Geisteswelt vertraut sind? Wenn sterbende Menschen sich selber nicht mehr sprachlich artikulieren können, könnte eine spirituell orientierte Sterbebegleitung den einen oder anderen Text rezitieren und damit seelsorgerlichen Beistand leisten. Eine weitere Möglichkeit ist, sich die Vertonung des Traumes des Gerontius durch den bedeutenden englischen Komponisten Edward Elgar zu beschaffen und ausgewählte Stücke aus diesem Oratorium zu Gehör zu bringen.

Es mag viele moderne Menschen geben, für welche diese Texte und die dahinter stehenden Vorstellungen schwer oder nicht verständlich sind. Um ihnen auf dem Sterbebett im Angesicht des Todes Trost und Hoffnung zu vermitteln, möchte ich anregen, daß ein Team von Sterbebegleiterinnen und Klinikseelsorgern und -seelsorgerinnen moderne Texte zusammenträgt, um abgeschiedene Seelen durch das Zwischenreich zu begleiten und tröstliche Vorstellungen über diese Zukunft zu vermitteln. Nach meiner Kenntnis der christlichen Literatur zu diesem Thema, äußert man sich über die spirituellen Erfahrungen der Seele im Zwischenreich bis zur endgültigen Heimkehr ins ewige Licht und zu Gott recht abstrakt und zurückhaltend. Man beruft sich dabei auf die Bibel und den kritischen Verstand, daß man über diese Wirklichkeit jenseits der Todesschwelle nichts Genaues sagen und nichts Genaues wissen könne. Im Gegensatz dazu sei an die Offenbarung des Johannes erinnert, wo in gewaltigen Bildern und archetypischen Symbolen diese spirituelle Wirklichkeit beschrieben wird. Doch die meisten Theologen und Theologinnen des Wortes haben Schwierigkeiten mit der Bilderwelt und den Symbolen (und bemühen sich daher auch erst gar nicht darum). Neben der Offenbarung seien auch die vielen apokryphen Schriften aus den ersten nachchristlichen Jahrhunderten erwähnt, welche die anerkannten biblischen Schriften in vielen Fragen ergänzen. Eine erste Übersicht und die Problematik dieser Schriften referiert Metzger und urteilt zusammenfassend: »Obwohl man schon beim oberflächlichen Lesen die Minderwertigkeit der Apokryphen gegenüber der kanonischen Literatur erkennt, so sind doch diese Dokumente trotz ihrer Unbrauchbarkeit als Quellen für das apostolische Zeitalter bedeutsam, da sie die Überzeugungen ihrer Verfasser und das Interesse ihrer Leser reflektieren.«[20]

Auch in unserer Zeit richtet sich das Interesse vieler Menschen auf die spirituellen Erfahrungen der abgeschiedenen Seelen im Zwischenreich. Die heutige Sterbeliteratur mit Berichten von Nah-Toderfahrungen und die Erscheinungen von Verstorbenen mit Botschaften aus der Anderwelt sowie viele Visionstexte sollten aufgearbeitet werden. So verstehe ich auch meinen Beitrag, damit Ängste abgebaut werden können und wir durch Imaginationen der spirituellen Bilderwelt vertraut werden mit jener Wirklichkeit, der wir alle entgegengehen.

Nun möchte ich nochmals zu Kardinal Newman und seinem Traum des Gerontius zurückkehren, um auf einen Verdrängungsprozeß[21] aufmerksam zu machen, der sich millionenfach bei Menschen und insbesondere bei rational orientierten Theologinnen und Theologen wiederholt. Es ist überliefert, daß Newman über sein spirituelles Gedicht »selber so gering dachte, daß er es, wie ich hörte, für den Papierkorb bestimmte. Ein Freund, der ein Auge hatte für wahre Dichtkunst, rettete es und wurde so das Werkzeug, der Welt eines der originalsten Gedichte des Jahrhunderts zu erhalten, ebenso wie das unter allen, welches am wenigsten im Einklang steht mit der Art und Gesinnung des gegenwärtigen Jahrhunderts...«[22]

Wie sind diese Verleugnung der spirituellen Dichtung und ein derartiger Verdrängungsprozeß zu verstehen? In meiner therapeutischen Arbeit erlebe ich diese merkwürdigen Vorgänge häufig, daß in günstigen Augenblicken die unbewußten Kräfte des Selbst die Abschottungen des Ich und des rationalen Bewußtseins durchbrechen und eine innere Wahrheit zur Sprache bringen, die auch unangenehm sein kann und ein radikales Umdenken bewirken möchte. Doch viele Menschen lieben die alten Lebensmuster und selbst die neurotischen Verhaltensweisen mehr als das Neue und Heilende. Die ganze Bandbreite derartiger fortwährender Verdrängungsprozesse bringt die Bibel einmal auf den Punkt: Die Menschen lieben die Finsternis mehr als das Licht[23]. Da Theologen und Theologinnen natürlich auch Menschen sind, unterliegen sie den gleichen Abwehrmechanismen und Verdrängungsprozessen. Tragisch wird es immer dann, wenn sie als amtliche

Seelsorger der Kirchen und Religionsgemeinschaften sich der eigenen blinden Flecke ziemlich unbewußt sind und dadurch oftmals suchenden Gemeindegliedern und hilfsbedürftigen Seelen im Wege stehen und zu sogenannten religiösen und ecclesiogenen Neurosen beitragen[24].

Die Lösung dieses Problems sehe ich darin, daß künftige Seelsorger, ähnlich wie in den therapeutischen Berufen, ein Stück weit Selbsterfahrung oder eine angemessene Lehranalyse in der Ausbildung durchlaufen sollten. Die dagegen häufig vorgebrachten Einwände, daß der theologische Studiengang ohnehin durch zahlreiche Inhalte überlastet sei, könnten nach meiner Überzeugung durch eine neue seelsorgerliche Priorität verändert werden. Wer die traditionellen theologischen Studienpläne einmal kritisch sichtet, fragt sich angesichts der kollektiven Krise der Kirchen und der zunehmenden neurotischen Ängste der Menschen, warum die historischen Disziplinen in der Theologie noch immer ein solches Ausmaß haben müssen und damit über Jahre Zeit und Kräfte der Studenten und Studentinnen binden und besetzen, anstatt sie zu befähigen, durch seelsorgerliche Prioritäten der Welt ein Zeichen zu setzen. Abschließend paraphrasiere ich einige Bibelworte. Was hülfe es dem Menschen, wenn er alles theologische Fachwissen hätte, aber er hätte die Liebe nicht, so wären auch Seelsorger und Theologen nach diesem Wort nichts[25]. Oder: Was hülfe es dem Menschen, wenn er die ganze Welt gewönne und wüßte in der theologischen Geisteswelt bestens Bescheid und nähme doch Schaden an seiner Seele[26].

Der Tod Jesu als Modell
eigener Sterbevorbereitung

Für viele Christen ist das Leben Jesu und seine vertrauensvolle Beziehung zu Gott, seinem himmlischen Vater, ein nachahmenswertes Beispiel für ihren Glauben und ihr persönliches Leben. Sie orientieren sich an ihm und versuchen, zumindest partiell ihm ähnlich zu werden und nachzufolgen. Nach meinen Beobachtungen und Erfahrungen hört bei vielen die Nachfolge jedoch bei seinem Sterben und Tod auf. Diese Ereignisse bekommen einen derart hohen und einmaligen Stellenwert, daß es kaum jemand wagt, auch nur im entferntesten sich damit zu identifizieren. Wenn nun die theologischen Lehraussagen und kirchlichen Dogmen sagen, daß Christus wahrer Gott und wahrer Mensch war, dann dürfte es doch erlaubt sein, daß sich Menschen mit ihren Erfahrungen von Sterben und Tod an dem Menschen Jesus von Nazareth orientieren und für ihre persönliche Sterbevorbereitung und die Auseinandersetzung mit dem Tod von ihm lernen.

Mir geht es also darum, die Sterbevorbereitung Jesu, wie zum Beispiel seine Leidensankündigungen und auch Einzelheiten seines Sterbens, als ein Beispiel oder Modell zur Vorbereitung auf den eigenen Tod zu betrachten. So wichtig einerseits die überlieferten Worte und Taten Jesu, seine Heilungen von Krankheiten, auch sein mögen, so wesentlich waren für seine Anhänger und die christliche Urgemeinde sein Sterben und Tod. Wer die Passionsgeschichten Jesu aufmerksam liest, wird viele Details wahrnehmen, die auf die Zeugen dieses Sterbens einen tiefen Eindruck gemacht haben und deswegen wertgeachtet wurden, für die Nachwelt festgehalten und überliefert zu werden. Diese Vorgänge können all jene besonders verstehen, die anläßlich des Sterbens und Todes eines lieben Menschen ebenfalls darum bemüht sind, besondere Augenblicke und Erfahrungen aus dem Leben dieses Menschen festzuhalten und anderen zu erzählen. Dieses Erzählen hat einen besonderen therapeutischen Stellenwert in der Trauerarbeit und wirft unter diesen Gesichtspunkten ein neues Licht auf die alten Passionsgeschichten der Bibel. Was können wir nun aus den Leidensankündigungen Jesu und seinem Ringen um die Annahme des bevorstehenden Todes für die persönliche Sterbevorbereitung lernen?

Ich setze ein mit den *Leidensankündigungen* Jesu: »Dann begann er (Jesus), sie darüber zu lehren, der Menschensohn müsse vieles erleiden und von den Ältesten, Hohepriestern und den Schriftgelehrten verworfen werden; er werde getötet, aber nach drei Tagen werde er auferstehen. Und er redete ganz offen darüber.«[1] Die vier Verben: leiden, verworfen werden, getötet werden und auferstehen beschreiben in geraffter Form die kommende Passion Jesu. Diese einzelnen Stichworte werden durch die folgende Passionsgeschichte mit konkreten Erfahrungen und persönlichem Leiden verdeutlicht. Die zweite und dritte Leidensankündigung differenzieren dann das Verworfenwerden durch die Aussagen: »in die Hände der Menschen überantwortet werden, verspottet, angespuckt, gegeißelt werden«[2]. Als besonders beachtenswert und anrührend finde ich, daß Jesus ganz offen darüber redete – im Unterschied zu vielen Menschen heute, die über ihr Leiden und ihre Ahnungen vom nahenden Tod zu ihren Angehörigen nicht sprechen können; sie fühlen oder spüren, daß jene dafür nicht offen sind und kein Ohr haben für das, was einen sterbenden Menschen bewegt. Wenn dagegen Menschen ihren nahenden Tod anderen mitteilen können, hat dies oftmals eine klärende Funktion für ihr seelisches Erleben; sie fühlen sich mit dem letzten Geheimnis ihres Lebens, nämlich den Ahnungen vom nahenden Tod, nicht mehr allein gelassen. Offensichtlich hat Jesus geahnt und gewußt, daß er einen Märtyrer-Tod sterben muß. Indem er mit seinen Anhängern und Freunden offen darüber sprach, bereitete er sie und sich selber auf die angstmachenden Ereignisse vor; er versuchte, den kommenden Tod anzunehmen.

In dem Kontext der Leidensankündigungen und der Vorbereitung auf den kommenden Tod gehört auch die *Verklärung Jesu*. Unter der Verklärung haben wir den Prozeß einer spirituellen Wandlung zu verstehen, die dem Menschen eine besondere Ausstrahlung und einen Glanz verleiht, die so im alltäglichen Leben nicht in Erscheinung treten. Diese spirituelle Erfahrung beschreibt der Evangelist Lukas wie folgt:

»Und während Jesus betete, veränderte sich das Aussehen seines Gesichtes und sein Gewand wurde leuchtend weiß. Und plötzlich redeten zwei Männer mit ihm. Es waren Mose und Elija, sie erschienen in strahlendem Licht und sprachen von seinem Ende, das sich in Jerusalem erfüllen sollte. Petrus und seine Begleiter aber waren eingeschlafen, wurden jedoch wach und sahen Jesus in strahlendem Licht und die zwei Männer, die bei ihm standen. Als die beiden sich von ihm trennen wollten, sagte Petrus zu Jesus: Meister, es ist gut, daß wir hier sind. Wir wollen drei Hütten bauen, eine für dich, eine für Mose und eine für Elija. Er wußte aber nicht, was er sagte. Während er noch redete, kam eine Wolke und warf ihren Schatten auf sie. Sie gerieten in die Wolke hinein und bekamen Angst. Da rief eine Stimme aus der Wolke: Das ist mein auserwählter Sohn, auf ihn sollt ihr hören.«[3]

Die Verklärung ereignet sich nicht wie zufällig irgendwann, sondern als Jesus betet. Nach allgemeinen Erfahrungen kann das Beten und Meditieren zu einer Veränderung des Gesichtsausdruckes beitragen und bei dem Wissen um den nahenden Tod auch die Ausstrahlung verändern. Ich selber habe einige Male von Menschen, die die Aura eines anderen sehen können, eine derartige persönliche Beschreibung erhalten und fand mich in meiner inneren Wahrnehmung meines seelischen und spirituellen Zustandes richtig gesehen. Auch die zunehmend bekannter werdende Kirlian-Photographie kann derartige Phänomene sichtbar machen. Die Anwesenheit von Mose und Elija in diesem Widerfahrnis der Verklärung ist nichts Einmaliges, sondern wird in unzähligen spirituellen Erfahrungen des Ostens bezeugt: Der jeweilig spirituelle Lehrer der Betreffenden kann erscheinen; damit wird eine überzeitliche Gemeinschaft mit dem inneren Meister sichtbar. Ähnliche Erfahrungen machen auch wesentliche Menschen in ihren aktiven Imaginationen oder in Grenzen öffnenden Träumen, in denen die spirituellen Seelen- oder Gottesbilder erscheinen[4]. Die Bedeutung und der Sinn derartiger Widerfahrnisse ist, daß ein Mensch seinem Individuationsprozeß gerade im Angesicht des Leidens und bei dem Bemühen um die Annahme des Todes mit einer spirituellen Wirklichkeit vertraut wird, in welche die Geist-Seele beim Tode überwechseln wird.

Mit diesen Ausführungen haben wir die Verklärung Jesu bereits auf der Subjektstufe in ihrer Bedeutung für uns heute ein Stück weit zu klären versucht[5].

Im Prozeß der Verklärung als einer spirituellen Rückbindung an Gott und das höhere Selbst kann während des inneren Wandlungsprozesses manchmal eine Stimme hörbar werden, die eine Glaubensüberzeugung ausdrückt oder eine innere Vergewisserung kundtut. Bei der Verklärung Jesu geschieht dies durch die Stimme aus der Wolke, welche spricht: »Das ist mein auserwählter Sohn, auf den sollt ihr hören.« Vor dem Beginn des Leidens versichert diese Stimme Jesus seiner Berufung und autorisiert ihn: Die Jünger und später alle Nachfolgerinnen und Nachfolger sollen auf ihn hören. Durch diese Verklärung soll den Menschen klar gemacht werden, daß Jesus nicht alleine der Sohn der Menschen ist, oder wahrer Mensch, wie es in der kirchlichen Lehre heißt, sondern zugleich Anteil am Reich Gottes hat, oder wie es heute ausgedrückt wird, an der spirituellen Wirklichkeit. In ähnlicher Weise können auch heute Menschen durch die Auseinandersetzung mit Sterben und Tod geistige und seelische Wandlung und Verklärung erfahren.

Einen weiteren Schritt bei der Sterbevorbereitung Jesu und auch bei uns stellt das Bemühen und Ringen um die *Annahme des Todes* dar. Ich kenne Menschen, denen ist das Ringen Jesu um die Annahme seines Todes zu einem Beispiel für die persönliche Auseinandersetzung mit dem eigenen Tod geworden. Im Todeskampf Jesu im Garten von Gethsemane erleben sie den Menschen Jesus, der genauso trauert und verzagt ist wie wir in einer ähnlichen Situation. Der Evangelist Markus berichtet darüber:

»Sie kamen zu einem Grundstück, das Gethsemane heißt, und er sagte zu seinen Jüngern: Setzt euch und wartet hier, während ich bete. Und er nahm Petrus, Jakobus und Johannes mit sich. Da ergriff ihn Furcht und Angst, und er sagte zu ihnen: Meine Seele ist zu Tode betrübt. Bleibt hier und wacht! Und er ging ein Stück weiter, warf sich auf die Erde nieder und betete, daß die Stunde, wenn möglich, an ihm vorübergehe. Er sprach: Abba, Vater, alles ist dir möglich. Nimm diesen Kelch von mir! Aber nicht, was ich will, sondern was du willst (soll geschehen). Und er ging zurück und fand sie schlafend. Da sagte er zu Petrus: Simon, du schläfst? Konntest du nicht einmal eine Stunde wach bleiben? Wacht und betet, damit ihr nicht in Versuchung geratet. Der Geist ist willig, aber das Fleisch ist schwach. Und er ging wieder weg und betete mit den gleichen Worten. Als er zurückkam, fand er sie wieder schlafend, denn die Augen waren ihnen zugefallen: und sie wußten nicht, was sie ihm antworten sollten. Und er kam zum drittenmal und sagte zu ihnen: Schlaft ihr immer noch und ruht euch aus? Es ist genug. Die Stunde ist gekommen; jetzt wird der Menschensohn den Sündern ausgeliefert. Steht auf, wir wollen gehen! Seht der Verräter, der mich ausliefert, ist da.«[6]

Für die Praxis der persönlichen Sterbevorbereitung können wir aus diesem Text folgende Hilfen entnehmen: Für das Ringen um die Annahme des eigenen Todes kann es oft hilfreich sein, einige vertraute Menschen oder Freunde um sich zu haben. Auch wenn mancher es vorzieht, ähnlich wie Jesus in die Stille zu gehen und für sich alleine im Angesicht des Todes zu beten, so kann es doch tröstlich sein, Freunde in Rufweite zu wissen, um sich bei ihnen von Zeit zu Zeit Stärkung und Rat zu holen.

Der Text schildert uns ferner, daß die Sterbebegleitung häufig die eigenen seelischen Kräfte absaugt, so daß man leicht ermüdet und schläfrig wird, ähnlich wie Petrus, Jakobus und Johannes. Andererseits jedoch kann es geschehen, daß die Anwesenheit bei einem Sterbenden in einem selber ungeahnte Kräfte mobilisiert und man dadurch Stärkung und Tröstung empfängt, ähnlich wie ich es bei meinem letzten Besuch bei der sterbenden Trude erfahren habe (siehe S. 93 f.).

Für das Ringen um den nahenden Tod kann auch die Gebetshaltung Jesu ein besonderes Beispiel sein. Jesus bittet seinen himmlischen Vater, daß der Kelch des Leides und Sterbens an ihm vorübergehen möge. Die entscheidende Aussage, die uns auch aus dem Vaterunser vertraut ist, lautet dann: »Aber nicht, was ich will, sondern was *Du* willst, soll geschehen!« Die existentielle Bedeutung des Betens wird dann auch beim Sterben Jesu eindrucksvoll deutlich. Trotz aller Qualen und Schmerzen in seiner Sterbestunde war es ihm noch möglich, sich auf einen wichtigen Satz aus seiner religiösen Tradition zu besinnen: »Vater, in deine Hände lege ich meinen Geist!«[7] Ähnlich betete auch später der Märtyrer Stephanus bei seiner Steinigung.[8] Ich kenne einige Christen, die sich in den guten Tagen ihres Lebens bewußt auf das Sterben vorbereitet haben und in ihren letzten Zügen diesen Satz über die Lippen brachten.

Wer so wie Jesus, Stephanus oder viele andere Zeugen und Christen vor seinem Tod beten will, muß mit seiner religiösen Tradition vertraut sein. Doch dies ist leider bei den meisten Menschen in unserer Zeit nicht mehr der Fall. So erklärt sich das Problem, daß viele Menschen angesichts des Todes sprachlos werden. Zu der Unfähigkeit oder Hilflosigkeit, über eigene Ängste oder Gefühle zu reden, kommt dann im Angesicht des Todes noch Unwissenheit: Man kann auf kein vertrautes Gebet zurückgreifen. Um dieser Hilflosigkeit ein wenig Abhilfe zu schaffen, habe ich im Anhang dieses Buches einige Sterbegebete beigefügt. Wer schließlich von den Texten aus der religiösen Tradition nicht angesprochen wird, findet vielleicht in den zahlreichen Affirmationen einen positiven Leitgedanken, mit dem er sich etwas zu trösten vermag.

Eine besondere seelsorgerliche Hilfe mit tröstlicher Funktion kann schließlich ein symbolisches Abschiedsritual für die Sterbenden und deren Angehörige sein. Das Gefühlschaos von Trauer und Tränen kann durch Symbol-Handlungen ein Stück weit strukturiert werden; diese werden damit eine große Hilfe für die Betroffenen. Auch hierzu können wir uns einige Anregungen durch das letzte Abendmahl Jesu vermitteln lassen, wenn wir es einmal als Abschiedsritual betrachten. Besonders für Menschen, die einige Erfahrungen im persönlichen Umgang mit lebendigen Symbolen haben, könnte dieses Ritual als ein in Handlung umgesetztes Symbol hilfreich sein. Dies kann mit den traditionellen Symbolen von Brot und Wein oder auch mit Fisch geschehen, wie bei der Erscheinung des auferstandenen Christus am See bei Tiberias: Als die Jünger nach dem geheimnisvollen, erfolgreichen Fischfang an Land kamen, sahen sie ein Kohlefeuer mit gebratenen Fischen und Brot. Jesus spricht zu ihnen: »Kommt her und eßt! Keiner von den Jüngern wagte ihn zu fragen:

Wer bist du?, denn sie wußten, daß es der Herr war. Jesus trat heran, nahm das Brot und gab es ihnen, ebenso den Fisch. Dies war schon das dritte Mal, daß Jesus sich den Jüngern offenbarte.«[9]
Zur Gestaltung eines solchen Abschiedmahles möchte ich folgende Erfahrungen mitteilen:

Ähnlich wie bei einem festlichen Anlaß, so sollte ein Tisch gedeckt werden mit Symbolen, Kerzen und jenen Gaben, die in der Gemeinschaft der anwesenden Angehörigen gegessen und getrunken werden können. Ein Familienmitglied – oder, wenn es die Kräfte zulassen, der Abschiednehmende – sollte ein paar passende Worte sagen oder einen jener Texte aus dem Anhang dieses Buches verlesen, die persönlich wichtig geworden sind.

Wie ein solches Abschiedsmahl gestaltet werden könnte, möchte ich Ihnen am Beispiel von Familie G. zeigen. Der 75jährige Herr G. ahnte, daß er in der nächsten Zeit sterben würde; er lebte in den letzten zwei Tagen vor seinem Tod nochmals in beeindruckender Weise auf. Er hatte sich als gebildeter und belesener Mensch in seinem Ruhestand besonders für Rituale in den verschiedenen Kulturen und Religionen interessiert, er wußte von solchen Abschiedsmählern. Daher bat er seine Frau, gegen Abend neben seinem Bett den Tisch zu decken – mit Kerzen und einer Flasche jenes Weines, den er Zeit seines Lebens besonders gern getrunken hat. Dazu wünschte er sich gegrillten Lachs. Zum Abschluß jenes Mahles wünschte sich Herr G. dann einen Löffel voll Honig und trank anschließend langsam, schluckweise seinen Becher Wein. Dazwischen lasen die anwesenden Kinder ein paar besinnliche Gedichte und Texte, die dem Vater in den letzten Jahren besonders lieb geworden waren. Dann sprach der älteste Sohn ein Sterbegebet aus dem Gesangbuch, und die ganze Familie betete zum Abschluß das Vaterunser. In der folgenden Naht ist Herr G. in Frieden eingeschlafen.

Jürgen Goertz: Kruzifix

Der androgyne Christus
in Hohenwart

In der evangelischen Begegnungsstätte Hohenwart bei Pforzheim gibt es ein modernes Christusbild, das der Bildhauer Jürgen Goertz geschaffen hat. Wenn Sie das Gesicht dieses Christus genauer anschauen, werden Ihnen sicherlich auch die androgynen Gesichtszüge besonders auffallen. Wenn wir bei meditativen Besinnungen in Gruppen nur dieses Angesicht betrachten und die ganze Abbildung mit einem Blatt abdecken, so daß nur der Bereich des Gesichtes ausgeschnitten ist, sehen die meisten Frauen und Männer darin ein weibliches Angesicht. Um so größer ist dann das Erstaunen, wenn die ganze Abbildung sichtbar wird. Dem Künstler Goertz ist es offenbar gelungen, die Anima Jesu, also sein weibliches Seelenbild, sichtbar zu machen und damit ein neues androgynes Christusbild zu schaffen, in dem Weibliches und Männliches miteinander verbunden sind. Dieses ganzheitliche Christusbild hat eine besondere Entsprechung in den Christus-Träumen vieler Menschen, die mir in den letzten 20 Jahren mitgeteilt wurden. Darin erscheint überwiegend der barmherzige oder mütterliche Christus, der die Mühseligen und Beladenen zu sich ruft: »Kommet her zu mir alle, die ihr mühselig und beladen seid, ich will euch erquicken« (Matthäus 11,28).

Betrachten wir einzelne Symbole dieses Christus genauer und berücksichtigen dabei die Absicht und Intention des Künstlers, der in einem Gespräch äußerte, daß er nicht eine traditionelle Christusdarstellung schaffen wollte, sondern den leidenden Menschen schlechthin abbilden wollte, der auf den Gekreuzigten verweist. Diese Figur will also nicht einfachhin Christus darstellen, sondern mit den verschiedenen Symbolbezügen an ihn erinnern. Beginnen wir unsere Betrachtung mit der besonderen Kreuzform, die durch das Dreieck abgewandelt wurde (und damit auf die Symbolik von Paul Klee verweisen könnte). An der Christusfigur fällt auf, daß sich alle Symbole auf seiner rechten Seite befinden (vom Betrachter aus links). Diese Seite ist in der tiefenpsychologischen Symboldeutung die bewußte Seite, die der faßbaren Realität zugewendet ist. Dies könnte bedeuten, daß Christus den Kelch seines Leidens und die Kreuzigung durch die Soldaten bewußt angenommen hat. Indem er seinen Fuß über den Soldatenstiefel mit der Kanonenkugel hält, könnte gesagt sein, daß er die Verletzungen und letztlich den Tod unter seine Füße ge-kriegt hat. Krieg und Tod sind damit nicht das Letzte, sondern das Vorletzte. Schon diese neuartige szenische Darstellung könnte all jene Menschen trösten oder sogar versöhnlich stimmen, die ihre Kriegsverletzungen oder andere Verwundungen auch nach 50 Jahren nur schwer unter die Füße bekommen.

Betrachten wir ferner die weichen, weiblich erscheinenden Gesichtszüge mit dem anmutigen Lächeln und einem träumerischen Blick. Darin sehe ich ein seelenvolles Christusbild, ganz anders gehalten als die traditionellen Darstellungen. Besonders rätselhaft ist das Auge über dem Kopf des Christus. Mancher mag spontan an das sogenannte dritte Auge denken, mit der Bedeutung eines inneren und intuitiven Sehens, das über das natürliche Sehen der zwei Augen hinausreicht. Mich erinnert das Auge an das Bibelwort: »Sehet, welch ein Mensch!« (Johannes 19,5).

Für mich persönlich wie für eine ganze Anzahl von Menschen ist der Hohenwarter Christus zu einem Gottesbild geworden, das den Thanatos-Komplex heilt und betroffenen Menschen der Kriegs- und Nachkriegsgeneration hilft, sich mit der tragischen Vergangenheit endgültig auszusöhnen. Dieser Christus hat die Mächte und Gewalten der Welt entwaffnet (Kolosser 2,15) und verwandelt damit die bedrohlichen Dinge (Kanonenkugel, Soldatenstiefel, Leidenskelch) und die schmerzlichen Symptome (Seitenwunde Christi, zerbrochener Körper) zu neuen Symbolen mit spirituellen Inhalten, die unser Leben heil werden lassen. Seine Wunden verweisen uns auf das Wunder der Heilung.

Affirmationen:

In dem androgynen Christusbild spiegelt sich mein spirituelles Selbst.

Der Christus, der vom Kreuz herabsteigt, macht mir Mut, mein Leben unter die Füße zu nehmen.

Wie Christus durch sein Kreuz die andere Seite der Wirklichkeit fand, so kann ich durch mein Kreuz und meine Probleme meine Seele finden.

Himmel und Hölle
als archetypische Energiefelder

Der Himmel

Über das Leben nach dem Tode und das Weiterleben der Seele haben sich in der biblischen Überlieferung und der nachfolgenden christlichen Tradition die verschiedenen Vorstellungen von Himmel und Hölle entwickelt. Da sich in den frühen Jahrhunderten viele Menschen diese Orte der ewigen Glückseligkeit (= Himmel) und den Ort der Verdammnis und der ewigen Qual (= Hölle) recht anschaulich vorstellten, sind mit Hilfe der mythenbildenden Phantasie oftmals furchterregende Vorstellungen entstanden, die für das Bewußtsein vieler moderner Menschen so nicht mehr akzeptabel sind. Versuchen wir jedoch derartige mythologische Bilder und Symbole als Ausdrucksformen und Projektionen[1] von Ängsten und anderen seelischen Empfindungen zu deuten, dann können wir eigene und unserem Bewußtsein angemessenere Vorstellungen von Himmel und Hölle entwickeln. In meiner tiefenpsychologischen Deutung dieser Vorstellungen möchte ich versuchen, diese als archetypische Energiefelder der Seele zu beschreiben. Damit ist schon angedeutet, daß es mir nicht um die Örtlichkeiten von Himmel und Hölle geht, wo der Himmel oben als kosmische Dimension angesehen wird und die Hölle ein mysteriöser Ort, unterhalb der Erdoberfläche ist. Nach meiner Überzeugung, die ich mit vielen Menschen teile, bezeichnet der Himmel weniger einen bestimmten *Ort*, als vielmehr die *Art* der Gottesherrschaft über das Leben und Weiterleben der Seele nach dem Tode sowie einen spirituellen Erfahrungsbereich.

Die Bibel beschreibt den Himmel als Dimension des Göttlichen und ist weniger an einer Topographie der himmlischen Orte interessiert. Aus menschlicher Perspektive ist der Himmel eine dynamische

242

Wirksphäre Gottes, die immer im Werden ist. Dieser dynamische Himmel ist darauf aus, daß auch jeder einzelne seinen Platz findet, dorthin eingegliedert wird und nach dem Tod in diesem Bereich ein Bürgerrecht genießt. Ein anschauliches und spirituelles Symbol dafür ist die Glaubensüberzeugung von der Gemeinschaft der Heiligen im ewigen Lichte Gottes. Diese Vorstellung von einer Gemeinschaft bezeugt den Himmel als eine soziale Größe, in der die erlösten Menschen und ihre Seelen umfangen von einer universalen Liebe Gottes sind. Nach dem Zeugnis des Apostels Paulus ist diese Liebe unverweslich, auch wenn der Mensch verwest: »Nun aber bleibt Glaube, Hoffnung, Liebe, diese drei; aber die Liebe ist die Größte unter ihnen.«[2] Wo diese Kräfte herrschen und beherzigt werden und ein Leben bestimmen, da fängt ein Stück Himmel und Erde an.

Das Hoffnungsvolle und Heilende an der Vorstellung und/oder dem Glauben an den Himmel als spirituelles Kraftfeld Gottes ist, daß Menschen ein Ziel und eine Zukunft für das Leben nach dem Tode haben. Wer mit diesen Anschauungen und Überzeugungen in den Tod geht, fällt nicht ins Nichts, sondern hat eben ein Ziel vor Augen. Diese Zukunftsaussichten nach dem Tode können spirituelle Kräfte in einem Menshen erwecken. Später werde ich zeigen, wie diese durch geistliche Musik stimuliert werden können. Eine weitere Möglichkeit zur Erfahrung dieser himmlischen Kräfte und ihrer spirituellen Energien sind – wie in diesem Buch betont wird – die außergewöhnlichen und großen Träume der Menschen mit biblischen oder spirituellen Symbolen[3]. Für dieses Widerfahrnis besitzt der Mensch ein besonderes Empfangsorgan, das – so sahen wir – in der analytischen Psychologie C.G. Jungs als transzendente Funktion der Seele bezeichnet wird. Wir können diese Aufnahmefähigkeit in der Seele und ihre Ausdrucksmöglichkeiten im Traum mit einem Rundfunkempfänger oder einem Fernsehgerät vergleichen, das die in den Kosmos ausgestrahlten Wellen aufnimmt und für das menschliche Auge sichtbar bzw. für das Ohr hörbar macht.

Soweit wir Menschen uns mit den begrenzten Anschauungsformen über diese spirituelle Seinsweise nach dem Tode überhaupt Vorstellungen machen können, kennen wir dazu in etwa folgende Visionen und Träume der Menschen: In diesem Himmel werden die Menschen und ihre Seelen ganz und heil sein. Es soll dann keine Qualen und Schmerzen mehr geben. In ewigem Frieden und ewiger Ruhe werden die erlösten Menschen und ihre Seelen alles Schöne und Wahre genießen. Menschen, die dem Tode sehr nahe waren und wieder zurückgekehrt sind in dieses Leben, bezeugen nahezu übereinstimmend eine unbeschreibliche seelische Ekstase und ein spirituelles Glücksgefühl, das so etwas wie einen Vorgeschmack auf dieses zukünftige Leben nach dem Tode sein kann.

Mit folgendem Beispiel aus meiner therapeutischen Praxis möchte ich beschreiben, wie die Patientin Simone (Pseudonym) die Seele ihrer verstorbenen Mutter ins ewige Lichte bei Gott begleitete. Nachdem ich der Patientin schon längere Zeit in ihren seelischen Nöten beistand, bat sie mich eines Tages, in meiner Gegenwart das folgende Ritual vollziehen zu dürfen: Im Anfang der Stunde packte sie eine große weiße Kerze aus und zündete sie an. dann faßte sie einige Ergebnisse unserer vergangenen Besprechungen über ihre Krankheitsängste und die gewünschte Verabschiedung von der verstorbenen Mutter und ihre Versöhnung mit ihr zusammen:

»Als ich am Mittwoch zusammen mit meiner Schwester am Grab der Eltern war, fühlte ich mich ganz ruhig und war von Frieden erfüllt. Als ich später dann im ehemaligen Elternhaus war, bat ich meine Tante, mir einiges über meine Geburt im September 1944, etwas aus der Jugendzeit und den jungen Jahren meiner Mutter zu erzählen. Ich erfuhr, daß damals meine Mutter mit Depressionen im Wochenbett liegen mußte. Während mein Vater im Krieg war, sind zehn Tage nach meiner Geburt seine Eltern bei einem Bombenangriff ums Leben gekommen. In den folgenden Tagen bekam ich einen Magenpförtnerkrampf und wurde in die Klinik gebracht. Heute sehe ich diese Reaktion meines Körpers im Zusammenhang mit den Ängsten meiner Mutter und ihrer totalen Verzweiflung. Nach dem Tode meiner Mutter erlebte ich immer wieder, wie sie sich in meinen Träumen und Phantasien an mich klammerte und mein Seelenleben negativ beeinflußte. In den letzten Wochen jedoch haben sich diese Erscheinungsträume geändert und mir die Einsicht und die Botschaft vermittelt, daß sich die Mutter jetzt lösen möchte und ich mich von ihr verabschieden kann.«

In der folgenden Imagination faßt die Patientin ihre Gedanken zusammen:

»Liebe Mutti, Du bist mir wiederholt in verwandelter Gestalt in meinen Träumen erschienen. Das gibt mir den Mut, zu Dir zu sprechen und mich endgültig von Dir zu verabschieden. Du hast in Deinem Leben so viele Sorgen, Schmerzen und Krankheitsängste aushalten müssen. Als Papa im Krieg war und wir alleine waren, mußtest Du immer stark sein und für mich und meine Schwester sorgen. Du hattest niemanden, dem Du Dich anvertrauen konntest. Es tut mir leid, daß ich Dir in Deiner Krankheit nicht mehr helfen konnte. Deine Erscheinung hat mir das Signal gegeben, daß ich noch einmal mit Dir sprechen möge, um mich dann von meinen Krankheitsängsten lösen zu können. Unter dem Beistand meines Engels und meines Therapeuten als Zeugen möchte ich mich heute endgültig von meinen Krankheitsängsten und Todesphantasien lösen und wünsche auch für Dich, daß Du Dich von mir lösen kannst.

Ich bitte Gott, den Schöpfer, und meinen Engel, daß unsere gequälten Seelen sich jetzt endlich erholen können. Ich befreie mich jetzt von Deinen Umarmungen, indem ich Deine Arme von mir wegnehme, damit Du Deine Hände Deinem Engel und Begleiter reichen kannst. Du hast selber gesagt, daß Du Dich zu fest an mich gebunden hast. Ich wünsche Dir, daß Du mit Gottes Hilfe und durch die Begleitung Deines Engels und meines Engels endlich in das Licht gehen kannst.

Ich sage Dir dies, weil ich innerlich weiß, daß Du dies auch willst und meine Lösung akzeptierst.

Mutti, mein Herz ist erleichtert. Ich sehe, wie auch Du erleichtert fortgehst.«

Auch in den folgenden Wochen und Monaten nach diesem Ritual hat die Patientin wiederholt bezeugt, daß sich ihre qualvollen Krankheitsängste gebessert haben und sie auch in der Vorstellung lebt, daß ihre verstorbene Mutter jetzt ihren Frieden gefunden hat.

Die Hölle

Nun noch einige Anmerkungen zur Hölle als subjektivem Erlebnisfeld mit persönlichen Seelenqualen. In meiner langjährigen Begleitung von Menschen in therapeutischen Prozessen habe ich von vielgestaltigen Schuldgefühlen, Ängsten und anderen Seelenqualen erfahren, die den traditionellen Vorstellungen von einer Hölle sehr ähnlich sind. Für viele Patienten und Patientinnen war es eine erste Hilfe, auf traditionelle Bilder und Symbole zurückgreifen zu können, um den unbegreiflichen Ängsten und Qualen wenigstens einen bildhaften

Ausdruck zu verleihen und damit ein Stück weit die bedrängenden inneren Erfahrungen nach außen zu projizieren. In tiefenpsychologischer Sicht ist die Hölle kein geographischer Ort in irgendeinem mysteriösen Jenseitsland, sondern eine abgrundtiefe seelische Erlebnisqualität für panische Ängste und schmerzliche Seelenqualen. Damit wird der mythologische Ort der Qual zu einem psychischen Erfahrungsbereich im kranken Körper mit seelischen Qualen und deren geistiger Verarbeitung von pathologischen Vorstellungen und furchterregenden Projektionen von Höllenbildern.

Diese abgründige Erlebnistiefe, verbunden mit panischen Ängsten, sucht einen Ausdruck in den furchterregenden Bildern einer Hölle. Diese Hölle ist nicht irgendwo, sie ist in uns. Selbst wenn die Schreckensbilder der Hölle in den zurückliegenden Jahrtausenden noch nicht zum Ausdruck gebracht worden wären, müßten wir sie aus psychohygienischen Gründen in der Gegenwart erfinden, um die angstmachenden Energien in diese Bilder zu kleiden. Wie das gegenwärtige Leben zur Hölle auf Erden werden kann, schildert eine 60jährige Patientin mit einer Zwangsneurose:

»Meine panischen Ängste und meine Waschzwänge machen mir das Leben zur Hölle. Wenn ich doch nur sterben könnte, oder mir das Leben nehmen könnte, um endlich Ruhe zu haben. Die Angst jedoch, in die Hölle zu kommen, hält mich davon ab. Ich bin mir auch nicht im klaren darüber, ob mit dem Tode auch wirklich alles aus ist und endlich Ruhe herrscht. Immer wieder muß ich mich vier oder fünf Stunden waschen oder bis zu acht Stunden duschen, damit sich endlich das Gefühl der Reinheit einstellt. Ich komme mit meinem Willen und meinem Verstand einfach nicht gegen diesen Waschzwang an. In meiner Zwangsneurose lebe ich wie in einer Hölle.«

Neben den Therapeuten und Theologen sind es vor allem die Dichter/innen und Schriftsteller/innen, die für moderne Menschen die Seelenqualen der Hölle vor Augen stellen. Für Dostojewski ist die Hölle eine »Reuequal«, daß man nicht mehr lieben kann«[4]. Ähnlich beschreibt auch Thomas Mann in »Doktor Faustus« die Hölle auf Erden, wo es kein Erbarmen gibt und alle Hilfeschreie oder Kritik im Winde verhallen. In zahlreichen Details beschreibt er eine Hölle, für die es zahlreiche Parallelen in der Situation der Verfolgten und Gemarterten während des Dritten Reiches gibt. In den schalldichten

Kellern der Gestapo zum Beispiel geschahen unendliche Folterungen und Qualen »tief unter Gottes Gehör«.[5] Mit diesem Sprachbild drückt der Dichter die Höllenqualen all jener aus, die Auschwitz und den Holocaust überlebt haben oder darin umgekommen sind.

Für die Schriftstellerin *Luise Rinser* sind Gottesverlassenheit, Nicht-mehr-lieben-Können und eine totale Hoffnungslosigkeit wesentliche Metaphern für die Hölle. So schreibt sie in dem Roman »Mitte des Lebens« (1950): »Ich habe eine bestimmte Vorstellung von der Hölle. (...) Man sitzt ganz gottverlassen da und fühlt, daß man nicht mehr lieben kann, nie mehr, und daß man nie mehr einem Menschen begegnen wird, in alle Ewigkeit nicht.«[6] In ihrem Briefroman »Abenteuer der Tugend« (1957) spricht Rinser davon, daß Schwermut und Hoffnungslosigkeit die Hölle seien: »Schwermut ist soviel wie Hoffnungslosigkeit, und der Verlust jeglicher Hoffnung für immer ist ‹die Hölle›. So wäre also menschliche Schwermut das Verfallensein an die Versuchung der Hölle, jegliche Hoffnung aufzugeben. Der Schwermütige ist deshalb schwermütig, weil er nichts hofft und darum nichts mehr wirklich will, nichts mehr wollen kann. Dann wäre aber Schwermut nicht einfach eine besondere Gemütsartung, ein ‹Temperament›, sondern eine Sünde wie jede andere auch, nein, eine sehr schwere, die allerschwerste, denn sie ist das bewußte Sich-Aufgeben, es ist so gut wie: sich dem Teufel verschreiben.«[7]

Es könnten noch zahlreiche weitere Schriftstellerinnen oder Dichter zum Thema Hölle und Anderwelt zitiert werden, die letztlich alle ähnliche Gemütsverfassungen und emotionale Befindlichkeiten thematisieren. Diese Texte machen deutlich, daß die Hölle kein jenseitiger Ort ist, sondern sie ist eine qualvolle Wirklichkeit unter uns Menschen.

Abschließend möchte ich noch eine Höllenauffassung des Theologen und Religionspädagogen Otto Betz vorstellen:

»Hölle bedeutet nun, daß alles, was in einem Menschen steckt, nicht zur Entfaltung kommt, alles muß verkümmern und verderben. Seine Sehfähigkeit und sein Geschmacksorgan, seine Denkkraft und vor allem seine Liebesfähigkeit schrumpfen ein und werden zunichte. Das Bild des völlig Amputierten, der keine Organe mehr hat, sich auszudrücken und mit anderen Menschen in Kontakt zu kommen, drückt das vielleicht am besten aus, was hier gemeint ist. Nichts kann mehr in einen solchen Menschen eindringen, nichts kann aus ihm hervortreten. Der höllisch Amputierte steckt in einer grenzenlosen Einsamkeit, es ist keiner da, der ihn hören könnte. Seine Daseinsweise entbehrt alles dessen, was ein Leben sinnvoll und menschlich kostbar macht. So kann man also die Hölle umschreiben als ein bewegungsunfähig gewordenes Dasein, dessen Merkmale völlige Impotenz, Schließung aller Sinne, Verlust aller Kenntnisse, aller Empfindungen, aller Offenheit für die menschlichen Grunderfahrungen der Freude, der Schönheit, der Wahrheit, der Liebe wären. Der Verdammte hat sich gegen das Leben entschieden, gegen die Fülle und Erfüllung, nun wird sein Torso, der Restsatz seines verfehlten Lebens, auf ein Minimum reduziert in die schreckliche Endlosigkeit entlassen, in das permanente Sterben, in den Untergang ohne Ende.«[8]

Todeserfahrungen in der Musik

Neben Bildern und Symbolen des Todes ist in ganz besonderer Weise die Musik eine Ausdrucksform zur Verarbeitung von Todeserfahrungen. Wer einmal an einer Beerdigung teilgenommen hat, konnte sicherlich erfahren, wie neben den tröstenden Worten besonders die Musik die Empfindungen und Gefühle angesichts des Todes anzusprechen vermochte. Anrührend ist zum Beispiel bei Staatstrauer oder bei Staatsbegräbnis der bekannte Trauermarsch von Chopin. Einen besonderen Ausdruck findet die Totenmusik dann in den vertonten Requien, auf die ich später ausführlicher eingehen werde.

Im folgenden möchte ich verschiedene Musikbeispiele nennen, die den Tod zum Thema haben. Je nach Ihrem persönlichen Musikinteresse, können Sie dann entweder Instrumentalmusik oder eines der genannten Requien auswählen. Wenn Sie sich in einer besonderen Lebenssituation mit dem Tod auseinandersetzen wollen oder durch einen Todesfall in der Familie dazu genötigt werden, dann mögen Sie dazu eine für Sie entsprechende Musik suchen.

Für diese meditative Übung mögen Sie sich zu einer für Sie möglichen Zeit in ein ruhiges Zimmer zurückziehen und sich entspannt hinsetzen oder -legen. Hören Sie nun die von Ihnen ausgewählte Musik und lassen Sie sich von den Schwingungen der Musik anrühren, so daß Ihre Seele beflügelt und Ihre Einbildungskraft angeregt wird, sich mit dem Tod auseinanderzusetzen. Wenn Sie zudem ein besonders visuell veranlagter Mensch sind, können Sie zu der Musik auch ein entsprechendes Bild anschauen (Beispiele in diesem Buch) oder ein für Sie bedeutsames Symbol des Todes imaginieren oder durch die gehörte Musik sich entwickeln lassen. Für die Kombination von Bild und Ton nenne ich Ihnen als erstes das bekannte Lied von *Franz Schubert* (1797-1828): Der Tod und das Mädchen[1]. Dazu können Sie das Bild von Edvard Munch (vgl. S. 156) anschauen. In diesem Lied tritt der Tod in Gestalt eines Liebhabers an das junge Mädchen heran. Dieses reagiert mit Panik und Schrecken und bittet:

»Vorüber, ach vorüber,
geh' wilder Knochenmann.
Ich bin noch jung, geh' Lieber!
Und rühre mich nicht an!«

Schubert drückt in seiner Tonmalerei durch markante rhythmische Punktierung das tödliche Erschrecken des Mädchens aus. Analog zu dieser Musik gibt es auch das Lied: »Der Jüngling und der Tod« (nach Joseph von Spaun)[2]. Wenn Sie von den Vertonungen Schuberts angesprochen werden, wäre zum Thema auch noch »Wanderers Nachtlied« von Goethe (»Über allen Gipfeln ist Ruh ...«) zu empfehlen.[3]

Als weiteres Beispiel für die Kombination von Bild und Vertonung möchte ich Ihnen das bekannte Bild von Arnold Böcklin: Die Toteninsel (vgl. S. 252) nennen und dazu die entsprechende Vertonung von *Sergej Rachmaninow* (1873-1943), der sich durch das genannte Bild hat inspirieren lassen[4]. Beim Anhören der symphonischen Dichtung von Rachmaninow werden die tonmalerischen Mittel assoziativ zu dem genannten Bild hörbar. Der 5/4-Takt will den Eindruck des Schaukelns eines Bootes auf dem Wasser nachahmen. Zu den ausdrucksstarken Bläsern, die Assoziationen an die Posaunen von Jericho erwecken, gesellen sich durch die Streicher klangliche Synonyme und Assoziationen zu den Nebelschwaden auf dem genannten Bild. Zahlreiche weitere musikalische Kunstgriffe suggerieren dem Hörer die Schrecken des Jüngsten Gerichtes und die Vision von einem jenseitigen Totenland.

Ein besonders ergreifendes Klangbeispiel für das Thema Tod sind die sogenannten Kindertotenlieder von *Gustav Mahler,* die er nach Texten von Friedrich Rückert komponierte. Mahler komponierte diese Totenlieder in den Jahren, als sein Kind geboren wurde; er ahnte dabei noch nicht, daß drei Jahre später tatsächlich dieses Kind sterben würde. In den Jahren vor diesem tragischen Ereignis kritisierte seine Gattin Alma Mahler die Arbeit an diesem Thema mit den Worten:

»Ich kann es wohl begreifen, daß man so furchtbare Texte komponiert, wenn man keine Kinder hat oder wenn man Kinder verloren hat. Schließlich hat auch Friedrich Rückert diese erschütternden Verse nicht phantasiert, sondern nach dem grausamsten Verlust seines Lebens niedergeschrieben. Ich kann es aber nicht verstehen, daß man den Tod von Kindern besingen kann, wenn man sie eine halbe Stunde vorher, heiter und gesund, geherzt und geküßt hat.«[5]

Als nächstes Beispiel zum Thema Totenmusik möchte ich den sogenannten Trauermarsch von *Frédéric Chopin* aus seiner zweiten Klaviersonate in b-Moll nennen. Die düsteren musikalischen Klänge erwecken unweigerlich die Assoziationen an einen Leichenzug. Der schwer einherschreitende Trauermarsch erfährt im Mittelteil der Sonate in Des-Dur eine besondere musikalische Aufhellung mit einem phantastischen und fast schwärmerischen Stimmungsgehalt. So ist hier in eindrucksvoller Weise das Nebeneinander von Trauer und Hoffnung hörbar geworden.

Eine Vertonung, die besonders von der Hoffnung und Zuversicht auf das ewige Leben erfüllt ist, liegt in der neunten Symphonie von *Anton Bruckner* (1824-1896) vor. Mit dieser tröstlichen Abschiedsmusik, die der Meister »dem Lieben Gott« gewidmet hat, legt der alt und müde gewordene Komponist seine Seele in die Hände des Schöpfers zurück. In dieser ergreifenden Tonmalerei klingen die Hauptthemen des Lebens an, das Zur-Welt-Kommen und das Ringen und Mühen im Leben. Im zweiten Satz werden durch musikalische Ausdrucksformen die Ausgelassenheit und die Lebenslust nochmals hörbar. In dem Adagio des dritten Satzes beschreibt Bruckner nach seinen eigenen Worten den Abschied vom Leben. In der Musik wird der Lebenskampf signalisiert, bis Trompeten den Sieg künden und Streicherklänge schließlich die Seele zum Himmel begleiten. Nach dem Musikwissenschaftler Christoph Rueger ist die neunte Sinfonie von Bruckner »einer der tröstlichsten Abschiedsgesänge vom irdischen Leben, der aber doch zugleich erfüllt ist von einer unüberhörbaren, inbrünstigen Hoffnung, ja Zuversicht in das andere, ewige Leben«[6].

Arnold Böcklin: Die Toteninsel (1886)

Die »Toteninsel« macht den Thanatos-Komplex sichtbar

Arnold Böcklins Bilder von der Toteninsel regen viele Menschen zum Träumen an, speziell zu Todesträumen und zur Auseinandersetzung mit dem Thanatos-Komplex, jenem Energiefeld, das, wie wir bereits erkannt haben, in unserer Seele und in dem Meer unseres Unbewußten wie eine Insel herausragt und die Aufmerksamkeit auf sich zieht. In den Jahren von 1880 bis 1886 malt Böcklin fünf verschiedene Fassungen der Toteninsel. Im Frühjahr des Jahres 1880 bestellt die verwitwete Maria Berna, die spätere Gräfin Oriola, bei ihrem Besuch in Böcklins Florentiner Atelier eine besondere Landschaftskomposition mit dem Arbeitstitel »Bild zum Träumen«. Bei der Übersendung des Bildes an die Witwe im Juni 1880 schreibt Böcklin: »Sie werden sich hineinträumen können in die dunkle Welt der Schatten, bis Sie den leisen, lauen Hauch zu fühlen glauben, den das Meer kräuselt. Bis Sie Scheu haben, die feierliche Stille durch ein lautes Wort zu stören.« Die genannte feierliche Stille des Bildes wirkt insbesondere auf all jene Menschen, die Trauerarbeit um den Abschied eines geliebten Menschen leisten. Die mythischen Symbole der Toteninsel üben nicht nur auf Trauernde eine magische Wirkung aus, sondern besonders auch auf depressive und resignierte Menschen. Der Maler lieferte in dieser Auftragsarbeit der Witwe ein »Bild zum Träumen«; er konnte diese besondere Stimmung malen, weil er sich, bedingt durch den frühen Tod einiger Kinder und seine eigene resignative Grundstimmung, in die Todesstimmung einfühlen konnte.

In einer kurzen Bildbeschreibung möchte ich einige Elemente und Motive hervorheben. Wenn der Betrachter die Felseninsel mit den Grabkammern anschaut, wird sein Blick gefesselt von den Zypressen und dem Todeskahn im Vordergrund. Die grünen Lebensbäume in der Mitte des Bildes erwecken die Hoffnung, daß nicht die Grabkammern und die tödlichen Versteinerungen der Mittelpunkt sind, sondern das im Tode verwandelte grünende neue Leben. Angesichts des Todes bäumt sich die Seele auf zum Leben. In dem schräg ins Bild gesetzten Kahn mit einem Ruderer sehen wir eine weiß verhüllte Gestalt und einen weißverhangenen Sarg.

Die Wirkungsgeschichte des inzwischen sehr bekannt gewordenen Bildes sehe ich vor allem darin, daß in den Todesträumen vieler Menschen oftmals ähnliche Motive auftauchen, die als archetypische Symbole in die Seele der Menschen eingeprägt zu sein scheinen, um dann angesichts des Todes in Erscheinung zu treten. Auch aus den Mythen vieler Völker kennen wir – wie im Buch des öfteren erwähnt – das Motiv, daß ein Totenfährmann den Abgeschiedenen in einer Barke oder in einem Kahn zu einer jenseitigen Insel hinüberfährt. In meiner tiefenpsychologischen Deutung möchte ich betonen, daß die Toteninsel auf eindrucksvolle Weise die psychischen Energien und seelischen Kräfte des Thanatos-Komplexes sichtbar macht: Todesgedanken, Melancholie und Zukunftsangst werden ins Bild gesetzt. Es ist eine allgemeine therapeutische Erfahrung, daß das Aussprechen von Todesängsten oder auch von Suizidgedanken sowie das Malen oder Tonen dieser Todesgefühle die subjektive Betroffenheit ein Stück weit objektivieren helfen und damit zur Auseinandersetzung mit dem Tode beitragen.

Affirmationen:

Angesichts des Todes bäumt sich meine Seele auf zum Leben.

Im weißen Stein verklärt sich die Welt zum reinen Sein.

Bevor ich ausführlicher auf das Requiem von Mozart und Brahms eingehe, möchte ich eine tabellarische Übersicht des Musikwissenschaftlers Hans-Christian Schmidt vorlegen, in der elf verschiedenen Todesaspekten oder Todessymbolen die entsprechenden Musikbeispiele zugeordnet sind[7]:

MUSIKBEISPIELE ZU VERSCHIEDENEN TODESASPEKTEN

1. *Sterben und Tod in bildlicher Darstellung*
   Musik:
   Dido and Aeneas – H. Purcell
   »Crucifixus« aus der h-Moll-Messe von J.S. Bach

2. *Der starre Tod*
   Musik:
   Aus dem Schwanengesang »Der Doppelgänger« – F. Schubert
   Aus der Winterreise »Der Leiermann« – F. Schubert

3. *Der schreitende Tod*
   Musik:
   Sonate As-Dur op. 26, Langsamer Satz – L. v. Beethoven
   Sonate b-Moll »Trauermarsch« – F. Chopin
   Klavierquintett Es-Dur op. 44, 2. Satz – R. Schumann
   1. Symphonie, 3. Satz – Gustav Mahler

4. *Der tanzende Tod oder Sterben im Dreiviertel-Takt*
   Musik:
   Danse macabre, op. 40 – C. Saint-Saëns
   Valse triste – J. Sibelius
   Aus Deutsches Requiem »Denn alles Fleisch, es ist wie Gras«
   – J. Brahms

---

5. *Der furchterregende Tod*
Musik:
Die Toteninsel – Sergej Rachmaninow

6. *Der verklärte Tod*
Musik:
Tod und Verklärung sowie aus Vier letzte Lieder »Im Abend-
rot« – R. Strauss

7. *Der antizipierte und der akzeptierte Tod*
Musik:
Kindertotenlieder und 9. Symphonie, Finale – G. Mahler

8. *Der betrauerte Tod*
Musik:
»Der Tod und das Mädchen« – F. Schubert
Violinkonzert, Adagio – A. Berg
7. Symphonie, Schlußtakte 2. Satz – A. Bruckner

9. *Der realistische Tod*
Musik:
Symphonie fantastique, 4. Satz – H. Berlioz
Chayenne – Thema von E. Morricone

10. *Der heroische Tod*
Musik:
Götterdämmerung »Trauermarsch« – R. Wagner

11. *Der süße Tod*
Musik:
Aida, Schlußszene – G. Verdi

Den umfassendsten Ausdruck findet das Todesthema in den Requien der verschiedensten Meister[8]. Am bekanntesten dürften die Requien von Mozart und Brahms sein, auf die ich mich hier begrenzen möchte.

Wolfgang Amadeus Mozart (1756-1791) hat sich schon Jahre vor seinem frühen Ende mit ihm auseinandergesetzt und schrieb die Totenmesse im Bewußtsein, letztlich seinen eigenen Grabgesang zu komponieren. Das Requiem wurde im Sommer 1791 von einer maskierten »grauen Eminenz« in Auftrag gegeben[9], die einen gespenstischen Eindruck auf den schon kranken Mozart machte[10]. Von Zeit zu Zeit kam dieser »graue Unbekannte« und erkundigte sich nach dem Fortgang der Komposition. Der sensible Meister, der seinen eigenen Tod ahnte, arbeitete in den folgenden Monaten mit innerem Zittern an dem Requiem. In die liturgischen Texte der Messe hat Mozart gedämpft und verschleiert seine persönliche Todesangst einfließen lassen.

Wolfgang Amadeus Mozart – Requiem

Das Requiem beginnt nach einer kurzen Orchestereinleitung mit dem ergreifenden Chor: »Requiem aeternam dona eis« (Gib ihnen die ewige Ruhe). Dieser Introitus als Eingangsgesang der Messe beinhaltet im Requiem das Gebet für die Toten. Nach einem erhebenden Sopran-Solo erklingt in einer ausdrucksstarken Doppelfuge das »Kyrie eleison« (Herr, erbarme dich). Diese Bitte um das göttliche Erbarmen bringt Mozart in seiner Musik in herben Disonanzen zum Ausdruck. Karl Gustav Fellerer, der sich besonders mit der Kirchenmusik Mozarts befaßt hat, weist darauf hin, daß die Doppelfuge des »Kyrie« in Thema und Durchführung den nachhaltigen Eindruck von Bach und Händel verrät:

»Die Einheit der Gegenthemen mit dem Hauptthema, der unaufhörliche Fluß der Fuge schaffen eine Geschlossenheit des Satzes, die zum Ausdruck düsterer Zerknirschung wird. Doch ist es nicht äußere Dramatik, sondern inbrünstiges Gebet, das diesen Ablauf der Kyrie bestimmt.«[11]

Die folgende *Sequenz* mit sechs Sätzen und zahlreichen Strophen bildet in Mozarts Komposition den zentralen Mittelpunkt des Werkes. Im Unterschied zu anderen Vertonungen des Requiem, in denen der Zorn Gottes und das Jüngste Gericht mit musikalischen Ausdrücken stark dramatisiert werden, stellt Mozart die Bitte um Vergebung und Errettung sowie die Hoffnung auf das Heil heraus. Die weitere Interpretation des Werkes möchte ich dem kirchenmusikalischen Fachmann Fellerer überlassen, der schreibt:

»Die Gebetsteile stehen im Mittelpunkt der Komposition, sosehr die Zeichnung des Schreckens des Weltgerichts die Grundlage für das inbrünstige Bitten gibt. Bei ‹solvet saeclum in favilla› tritt das Requiem-Thema in angstvoller Rhythmisierung wieder auf. In dämonischer Erregung folgt ‹Quantus tremor› bis bei ‹Tuba mirum› in die Stille die Posaune des Gerichts, in ihrem Motiv vom Solobaß aufgenommen, erklingt. Nicht die Größe des Herrschers, sondern der barmherzige und milde Gott steht vor Mozarts Vorstellung. Ihm kann der Solosopran bei ‹Quid sum miser› in Zuversicht sich nahen und einen trostvollen Abschluß des Abschnittes einleiten. Im zeitgebundenen Ausdruck des Erhabenen folgt ‹Rex tremendae› als Grave mit den Punktierungen, während der Chor sich in polyphonen Einsätzen von der Homophonie löst und im eindrucksvollen Ruf ‹salve me› den Satz beschließt. Das ‹Recordare›, die Bitte des sündigen Menschen vor der ‹Majestas Domini›, hat Mozart in inbrünstigem Gebet zum Hauptsatz seines ‹Dies irae› gestaltet. Er selbst hat gerade in diesem Satz den Kern des Werkes gesehen und hat seiner Frau berichtet, daß es ihm von größter Bedeutung sei, diesen Teil aufgezeichnet zu haben, falls der Tod ihn das gesamte Werk nicht mehr vollenden ließe. In schroffem Gegensatz zu diesem ausdrucksvollen Gebet steht die Zeichnung der Qualen der Verdammten in ‹Confutatis›, der die inbrünstige Bitte der Frauenstimmen und das ausdrucksvolle Gebet des Chors ‹Oro supplex› folgt. In dem eindringlichen Schlußsatz ‹Lacrimosa› findet Mozart den Abschluß des ‹Dies irae› in der Inbrunst des Gebets. Die charakterisierenden Motive des ‹Dies irae› beherrschen die gesamte Komposition, die im Angesicht des eigenen Todes Schaudern und Bitte, Angst und Hoffnung, zur höchsten künstlerischen Gestalt geführt haben. Süßmayr hat im Geiste Mozarts das ‹Dies irae› zu Ende geführt, wenn auch die manchmal derbe Posaunenverwendung wohl nicht im Sinne von Mozarts feinsinniger Instrumentation ist.«[12]

Bernhard Paumgartner, wohl einer der besten Kenner von Mozarts Leben und Werk schreibt in seinem weitverbreiteten Buch über Mozart, daß das Requiem in seiner Innerlichkeit und Tiefe besonders Bachs h-moll-Messe verwandt sei. Seine Deutung des Requiems kann persönlich wichtige Anregungen und Impulse vermitteln:

»Die süße Milde der ›Zauberflöte‹ ist auch über dieses Werk gebreitet. Selbst die Schrecken des Jüngsten Tages werden im ›Dies irae‹ (Tag der Rache) ohne die Spur einer theatralischen Geste zum bangen Erlebnis der Seele. Aus der flehentlichen Bitte des Introitus um die ewige Ruhe der Entschlafenen hebt sich die sanfte Choralmelodie des Solosoprans ›Te decet hymnus‹ (Dir gebührt ein Loblied) wie das ruhige Licht der Verheißung über die Dunkelheit, Zweifel und Verirrung. Über Schauern der Verdammnis im ‹Confutatis« (Wird die Hölle ohne Schonung) schwebt das himmlische ›voca me‹ der Frauenstimmen und die wunderbaren, über alle irdischen Begriffe erhabenen Harmoniefolgen des ›Oro supplex‹. Die furchtbare Majestät Gottes im ›Rex tremendae‹ (König schrecklicher Gewalten, laß Gnade walten) lächelt gnadenvoll zur kindlich leisen Bitte des ›Salve me‹. Heilige Trostgedanken besänftigen den Anfang des tränendunklen, erschütternden ›Lacrimosa‹ (Tag der Tränen), die bange Vision des ›Tuba mirum‹ (Laut wird die Posaune klingen) und das innige Gebet des ›Recordare‹ (Milder Jesus). Verzweifeltes Ringen der Kreatur löst sich allüberall zur Geborgenheit ewigen Friedens. So fand Mozart selbst in bitterer Sterbensnot durch die Kraft eines schlichten Unsterblichkeitsglaubens den Weg zum Tode als dem ›wahrsten, besten Freunde des Lebens‹.«[13]

Ich möchte nach häufigem Hören der Seelenmesse Mozarts und nach Beschäftigung mit deren Symbolik und Wirkung noch einige persönliche Erfahrungen und therapeutische Erkenntnisse berichten: Meisterhaft versteht es Mozart, in seinem Requiem mit den sinnlich-geistigen Ausdrucksmitteln der Musik die Hörerinnen und Hörer und ganz besonders trauernde Menschen ganzheitlich anzurühren und seelisch in Schwingung zu versetzen. Durch die Musik, den Chor und die Solisten wurde ich über meine sinnlichen Wahrnehmungen in einen überpersönlichen Resonanzraum, gleichsam in eine spirituelle Klangwelt versetzt. Die tröstlichen Klänge der Musik, die Botschaft von der Barmherzigkeit Gottes und die hinter dem gesamten Werk zu ahnende Glaubensgewißheit des Meisters im Angesicht des Todes haben mich auf die Idee gebracht, gerade dieses Werk zu den therapeutischen Prozessen in der Seele eines Menschen in Beziehung zu setzen. Ähnlich wie jene tröstlichen Klänge und Sprachbilder des Textes einen trauernden Menschen oder jeden Menschen innerlich zutiefst anzurühren vermögen, so ist dies auch durch tröstliche Träume und andere innere Erlebnisse von Menschen im therapeutischen Prozeß möglich. So wie die schöpferischen Prozesse in einem Musiker und Künstler ablaufen, können sich derartige Wirkungen in jedem schöpferischen Menschen ereignen und heilende Kräfte freisetzen und zum Fließen bringen. In solchen inneren Wirkungen und therapeutischen Prozessen wird der Mensch seinem alltäglichen Dasein enthoben, sein Herz geweitet, seine Seele bekommt Flügel. Wenn die Seele eines Menschen durch Mozarts Musik beschwingt wird, wenn die Geist-Seele durch das Requiem Tröstung und Vergewisserung erfährt, dann spreche ich angesichts dieser besonderen Wirkungen zu Recht von spiritueller Therapie. Nach meinen Erfahrungen haben diese Wirkungen der Musik in bestimmten Augenblicken bei manchen Menschen die gleichen Wirkungen wie die therapeutischen Prozesse einiger Träume. Auf diese Parallelen zwischen Mozarts tröstlicher Seelenmesse und ihren heilenden Wirkungen und den therapeutischen Prozessen in gelungenen Therapien mit spirituellen Symbolen in großen und archetypischen Träumen werde ich im nächsten Kapitel »Überlegungen zur therapeutischen Arbeit mit Totenmusik«, speziell zum Requiem Mozarts in Trauerseminaren, zurückkommen.

Johannes Brahms – Ein Deutsches Requiem

In anderer Weise als der Katholik Mozart behandelt der Protestant *Johannes Brahms* (1833-1897) in seinem »Deutschen Requiem« das Thema Tod. Ähnlich wie Mozart war auch Brahms mit dem Tod in seinem Lebenskreis konfrontiert (Tod der geliebten Mutter und des Freundes und Förderers Schumann), dennoch ist er bei diesem ernsten Thema fortwährend bemüht, den Hinterbliebenen Trost zu spenden und Hoffnung ins Leben und Sterben zu tragen. Während andere Komponisten in dem lateinischen Requiem häufig die Aufmerksamkeit auf die Seelenqualen im Tod richten und den göttlichen Zorn beim Jüngsten Gericht ausmalen, wendet sich Brahms in seinem »Deutschen Requiem« an die Lebenden und will ihnen Hoffnung vermitteln. Diese gläubige Diesseitigkeit spricht daher viele moderne Menschen unmittelbar an und vermittelt positive Vorstellungen zur Auseinandersetzung mit dem Tod.

Brahms spricht durch seine Musik unmittelbar die Erlebnisfähigkeit des Hörers an und erweckt damit die Einbildungskraft der Seele und die Vorstellungskraft der Phantasie und des Geistes, um sich konstruktiv und kreativ mit dem Tod auseinanderzusetzen. Neben der Musik und der Komposition trägt dazu bereits die freie Textauswahl aus den Psalmen und dem Neuen Testament bei.

Der erste Satz beginnt langsam mit gedämpften und dunklen Klängen des Orchesters, in die schließlich der Chor mit den Worten aus der Bergpredigt einstimmt: »Selig sind, die da Leid tragen, denn sie sollen getröstet werden«[14]. In dem Mittelteil dieses ersten Satzes werden die Leidtragenden durch das sogenannte Tränenmotiv mit ihrer gedrückten Stimmung klanglich umspielt, bis die gesungenen Worte des Psalmisten wieder in hoffnungsvolle Freude umschlagen: »Die mit Tränen säen, werden mit Freuden ernten. Sie gehen hin und weinen, und tragen edlen Samen, und kommen mit Freuden und bringen ihre Garben«[15]. Der zweite Satz beginnt mit den Klängen eines Trauermarsches und verkündigt die Vergänglichkeit des Menschen: »Denn alles Fleisch ist wie Gras und alle Herrlichkeit des Menschen wie des Grases Blume. Das Gras ist verdorrt und die Blume abgefallen«[16]. In die gedrückte traurige Stimmung bricht triumphierend der Chor mit dem Orchester ein und verkündigt das unvergängliche Wort Gottes: »Aber des Herrn Wort bleibet in Ewigkeit«[17].

Der dritte langsame Satz beginnt mit dem Bariton-Solo: »Herr, lehre doch mich, daß ein Ende mit mir haben muß, und mein Leben ein Ziel hat, und ich davon muß«[18]. Diese demütige Bitte wird in einem Wechselgesang von dem Chor aufgenommen. Nachdem in den beiden vorausgegangenen Sätzen mehr die allgemeine Botschaft vom Leid und der Vergänglichkeit vorgetragen wurden, meditiert und reflektiert in diesem dritten Satz das gläubige Ich über die Befindlichkeit angesichts des Todes und kommt schließlich zu der hoffnungsvollen Glaubensaussage: »Nun Herr, wes soll ich mich trösten? Ich hoffe auf Dich«[19]. Die gleiche Gewißheit wiederholt der Chor für alle Seelen der Gerechten, die in Gottes Hand sind.

Der vierte Satz vermittelt uns einen klanglichen Eindruck vom Himmel. In sanften Tönen und wiegenden Rhythmen singt der Chor: »Wie lieblich sind deine Wohnungen, Herr Zebaoth. Meine Seele verlanget und sehnet sich nach den Vorhöfen des Herrn«[20]. Im fünften Satz schließlich besingt der Sopran die Erlösung einer verklärten Seele und spricht die Hoffnung aus:»Ihr habt nun Traurigkeit; aber ich will Euch wiedersehen und Euer Herz soll sich freuen, und Eure Freude soll niemand von Euch nehmen«[21]. Dann kommt es zu einem Wechselgesang mit dem Chor, in dessen Botschaft Brahms persönliche Erinnerungen an seine verstorbene Mutter einfließen läßt, wie es der Musikwissenschaftler U. Schreiber in seiner Einführung zum Requiem deutet:

>»Im Mittelteil evoziert Brahms durch den gegen das Sopran-Solo singenden Chor die Erinnerung an seine von ihm so geliebte Mutter: ‹Ich will euch trösten, wie einen seine Mutter tröstet›. Der gleichsam engelhaften Idyllik des vierten Satzes steht hier die persönlichste Erinnerung zur Seite. Beiden Teilen gemeinsam ist die abgeklärte, das Irdische überwindende Atmosphäre.«[22]

Im sechsten Satz wird dem Gläubigen von dem Bariton-Solo ein besonderes Glaubensgeheimnis verkündigt:»Wir werden nicht alle entschlafen, wir werden aber alle verwandelt werden«[23]. Der Abschluß des feierlichen siebenten Satzes ist ein Spiegelbild zum ersten Satz und verkündigt in dem gleichen F-Dur mit Worten aus der Offenbarung die Glaubensgewißheit:»Selig sind die Toten, die in dem Herren sterben, von nun an. Ja, der Geist spricht, daß sie ruhen von ihrer Arbeit, denn ihre Werke folgen ihnen nach«[24]. Das Selig der Leidtragenden aus dem ersten Satz ertönt hier verklärt für die Seligkeit der Toten.

Ich bin auf das Requiem von Brahms etwas ausführlicher eingegangen, weil die sieben Sätze dieses Werkes nach *meiner* Empfindung der bestmögliche musikalische Ausdruck für die Auseinandersetzung mit dem Tod und der eigenen Sterblichkeit sind. Darüber hinaus vermittelt gerade dieses Werk neben dem Trost auch Einblicke in die Individuation des Menschen angesichts des Todes. Wenn ich unter diesem Gesichtspunkt das Requiem einer tiefenpsychologischen und symbolischen Deutung unterziehe, dann möchte ich daraus therapeutische Schritte ableiten. Dabei gehe ich nochmals am Text des Requiems entlang und setze einige Worte und Sprachbilder in Beziehung zu therapeutischen Erfahrungen. Wenn Sie in einer späteren Reflexion oder Meditation diese Gedanken genauer und im einzelnen nachvollziehen wollen, möchte ich Ihnen die Beachtung des genauen Textes im Anhang dieses Buches empfehlen (vgl. S. 305 f.).

Den Anfang einer jeden Therapie und jeden intensiven Bemühens um Selbstverwirklichung bildet meistens das Leiden eines Menschen. In den fließenden Tränen kommen die blockierten und erstarrten Gefühle und seelische Prozesse wieder in Fluß. Schmerzen und Symptome stimulieren dazu, nach Lösungen (analog zur religiösen Er-Lösung) zu suchen und sich um Heilung zu bemühen (in Analogie zum religiösen Heil).

So möchte ich den zweiten Satz des Brahmsschen Werkes in diesem Zusammenhang als Amplifikation[25] zum ersten Teil des Werkes verstehen, weil hier das Leiden in einen größeren Kontext gestellt wird.

Analog zum dritten Satz des Requiems beginnt im therapeutischen Prozeß die Selbsterkenntnis und die Einsicht in den »Schatten«[26], in dunkle und unentwickelte Persönlichkeitsanteile. Das reflektierende und suchende Ich bemüht sich um die Zielgerichtetheit des Lebens. Den nächsten Schritt der Selbstverwirklichung bildet die Auseinandersetzung und Begegnung mit den Seelenbildern von Anima und Animus[27], die den Vorhof zur Begegnung mit dem spirituellen Selbst bilden. Entsprechend dazu werden im vierten und fünften Satz des Requiems die Empfindungen der Seele besungen, indem das freudige Zusammenspiel von Leib und Seele gepriesen wird. Auch das biblische Sprachbild von der tröstenden Mutter gehört in den therapeutischen Kontext der Seelenbilder, wo sich die Anima und der Animus aus dem Mutterbild bzw. den Elternbildern ent-wickeln.

Entsprechend zu der Ganzwerdung und Heilung im therapeutischen Prozeß, die letztlich immer Gnade und Geschenk sind, besingt im sechsten Satz des Requiems der Bariton und der dann einstimmende Chor: »Siehe, ich sage euch ein Geheimnis (...). Wir werden alle verwandelt werden.« Der Ehrung des Herrn entspricht im therapeutischen Prozeß das tiefe Gefühl der Dankbarkeit von Ratsuchenden, Patienten oder Patientinnen, wenn sie eine Lösung ihrer Probleme gefunden haben und sich gebessert und geheilt fühlen.

Mit dem Aufzeigen von einigen Analogien zwischen musikalischem Werk und therapeutischen Abläufen wollte ich keineswegs das Requiem in Psychologie auflösen, sondern die Entsprechungen von musikalischen und religiösen Erfahrungen einerseits und seelischen symbolischen Prozessen andererseits aufzeigen. Nach meiner Überzeugung beruht die tröstende Wirkung dieses Werkes auf den genannten Analogien der Musik und der sprachlichen Botschaft des Requiems zu den seelischen Empfindungen und psychischen Prozessen auf dem müh-seligen Wege der Ganzwerdung und Heilung. Dazu möchte ich noch persönliche Erfahrungen mit dem Requiem anläßlich des Todes meiner geliebten Mutter berichten: In den Wochen und Monaten des inneren Abschiednehmens und der Trauerarbeit habe ich an mehreren Orten Aufführungen des Requiems erlebt und wurde durch die Musik und die gesungene Botschaft immer aufs neue tief berührt und getröstet. Daher kann ich Ihnen besonders dieses Werk empfehlen, wenn Sie Trost für Ihre Seele brauchen oder sich existentiell mit dem Tod auseinandersetzen wollen.

Überlegungen zur therapeutischen Arbeit mit Totenmusik

Trauerseminare

Wenn Sie als Therapeutin oder als Psychologe, als Seelsorger oder Sterbebegleiterin ein Seminar zur Trauerarbeit durchführen wollen oder interessierte Menschen zur Auseinandersetzung mit dem Tod und der eigenen Sterblichkeit begleiten wollen, könnten Ihnen dazu die folgenden Erfahrungen und Überlegungen hilfreich sein. Bitte verstehen Sie diese nicht als festgelegtes Programm, sondern als Anregungen, die offen sind für Ihre eigenen Ideen und die besondere Situation der Teilnehmenden. Die Gewichtungen bei den folgenden Themenschwerpunkten ergeben sich aus den vorliegenden Bedürfnissen und Gegebenheiten. Wenn z.B. nur Teilnehmer oder Teilnehmerinnen dabei sind, die sich mit ihren Trauergefühlen und dem Abschiednehmen anläßlich eines Todesfalles auseinandersetzen wollen, sollten diese Anliegen besonders berücksichtigt werden. Besteht dagegen Ihr Teilnehmerkreis aus Menschen, die sich mit dem eigenen Tod auseinandersetzen wollen, dann sollten Sie die folgenden vier Themenschwerpunkte entsprechend anders gewichten und bei Ihren Vorbereitungen Akzente setzen.

Ihnen aber, die diese Überlegungen als vom Thema der Vorbereitung auf den Tod persönlich Betroffene lesen wollen, möge es zur fallweisen und ausschnitthaften Anregung dienen. Manche Gesichtspunkte, die Ihnen anfanghaft aus dem vorherigen Kapitel vertraut sind, erfahren so Vertiefung und Konkretion.

VIER THEMENVORSCHLÄGE
FÜR EIN TRAUERSEMINAR UND DEN TOD

1. Einheit: Abschied und Trauergefühle anläßlich eines Todesfalls

Es geht um persönliche Auseinandersetzung mit dem todsicher kommenden eigenen Tod und den damit verbundenen Lebensängsten und der Todesfurcht.

Empfohlene *Musikbeispiele* für den Anfang einer Sitzung: Nr. 2, 5 oder 8, 9 (aus der Aufstellung S. 255/256)
   Requiem von Mozart: Introitus und/oder Kyrie
   Requiem von Brahms: »Denn alles Fleisch ist wie Gras«

Texte aus diesem Buch (in Auswahl): Kap. 1, 4 oder 5, 6

Abbildungen:
   Böcklin: Die Toteninsel; Die Lebensbäume zum Traum von Nebukadnezar oder auf dem Grabmal in Zürich

Affirmationen: Auswahl aus Teil A im Anhang

2. Einheit: Wie die vor Traurigkeit oder Todesfurcht erstarrten Gefühle wieder zum Fließen kommen, eine neue Herzlichkeit wächst und die Hoffnung auf die Barmherzigkeit erwacht

Musikbeispiele: 3, 4 oder 7
   Requiem von Mozart: Sequenz (in Auswahl)
   Requiem von Brahms: Selig sind, die da Leid tragen

Texte zur Lesung aus diesem Buch: Kap. 6, 9 oder 11

Abbildungen zur Meditation: Munch: Tod und Leben; Thoma: Zwischen Liebe und Tod; Totentanz

Affirmationen: Auswahl aus Teil B oder C im Anhang

3. Einheit: Auseinandersetzungen mit den verschiedenen Bildern und Vorstellungen vom Tod und die Entwicklung von persönlichen Bildern und Überzeugungen vom Tod

Musikbeispiele: 1, 4 oder 8, 9
Requiem von Mozart: Confutatis und/oder Lacrimosa
Requiem von Brahms: Ihr habt nun Traurigkeit und/oder Denn wir haben hier keine bleibende Statt

Texte zur Lesung aus diesem Buch: Kap. 12, 14, 15 oder 16

Abbildungen zur Meditation: de Saint Phalle: La morte; Munch: Das Mädchen und der Tod; Bosch: Tunnel

Affirmationen: Auswahl aus Teil D und E im Anhang

4. Einheit: Ahnungen vom ewigen Frieden und der Erlösung. Es geht um Imaginationen vom persönlichen Engel als Botschafter und spiritueller Begleiter in das ewige Licht.

Musikbeispiele: 6 oder 8, 11
Requiem von Mozart: Sanctus, Agnus Dei oder Communio
Requiem von Brahms: Wie lieblich sind deine Wohnungen oder Selig sind die Toten

Texte zur Lesung aus diesem Buch: (in Auswahl) Kap. 13, 14 oder 15, 18

Abbildungen zur Meditation: Verrochio: Raphael und Tobias; der etruskische Todesengel Vanth; der androgyne Christus von Hohenwart

Affirmationen: Auswahl aus Teil F und G im Anhang

Jeder der hier genannten vier Themenschwerpunkte kann selbstverständlich auf zwei oder mehr Zusammenkünfte ausgeweitet werden, wenn dies durch Bedürfnisse vor Ort angezeigt ist. Nach meinen Erfahrungen hat sich folgender Ablauf zu jeder Einheit bewährt:

1. Zur Einstimmung hört die Gruppe eine ausgewählte Totenmusik (s. dazu die Empfehlungen in der vorangegangenen Aufstellung).
2. Gesprächsrunde, in der jeder seine Erfahrungen, Gedanken oder Gefühle zum Thema Tod äußern kann.
3. Möglichkeiten zu Gesprächen in Kleingruppen oder zu Paargesprächen mit jenen Teilnehmerinnen oder Teilnehmern, mit denen man sich persönlicher austauschen möchte.
4. Lesung von ausgewählten Kapiteln und Themen dieses Buches.
5. Betrachtung und Meditation eines ausgewählten Bildes aus diesem Buch.
6. Ein Ausschnitt aus dem Requiem von Mozart, Brahms oder eines anderen Musikwerkes mit Totenmusik.
7. Zum Abschluß können ausgewählte Affirmationen (s. Anhang) oder andere Texte gelesen oder wechselweise respondiert werden, indem sich zwei Kleingruppen abwechselnd den Leitsatz zusprechen.

Selbstverständlich können Sie auch alleine für sich diese Themen durcharbeiten oder im Freundeskreis mit zwei oder drei Personen diese Themenschwerpunkte gestalten. Dazu möchte ich insbesondere alle jene ermutigen, die psychologische Selbsterfahrungsgruppen erlebt oder einen therapeutischen Prozeß selbst durchlaufen haben. Für all jene und insbesondere für die Therapeuten und Therapeutinnen, Seelsorger oder die anderen eingangs genannten psychosozialen Berufsgruppen, die im genannten Bereich etwas planen und durchführen wollen, möchte ich nun noch einmal einige Beziehungen zwischen den verschiedenen Stücken des Requiems von Mozart und den therapeutischen Schritten in der persönlichen Selbsterfahrung aufzeigen. Ich greife dabei auf Ausführungen im vorhergehenen Kapitel zurück. Die Analogie und die Beziehungen zwischen dem Requiem und seinen musikalischen Wirkungen und den therapeutischen Erfahrungen sind vor allem im seelischen Erlebnisbereich, in verschiedenen Stimmungen und Gefühlen zu suchen. Auch wenn für manchen die tröstenden Wirkungen und die heilenden Energien der Musik nicht zugleich einsichtig sind und mit therapeutischen Erfahrungen in Beziehung gebracht werden können, so möchte ich doch empfehlen, sich einfach eine Zeitlang die Musik und deren Wirkungen in den Tiefenschichten der Seele einzulassen. Während meiner langjährigen Erfahrungen habe ich die unten ausgeführten Parallelen zwischen den acht Satzvertonungen der Totenmesse Mozarts zu therapeutischen Schritten in der Selbsterfahrung entdeckt.

Zum tieferen Verständnis der Beziehungen zwischen dem Requiem Mozarts und den therapeutischen Prozessen in der eigenen Seele mögen Sie aber bedenken, daß jeder Mensch verschiedene Wahrnehmungen in den unterschiedlichsten Ebenen seiner Persönlichkeit und Seele gleichzeitig erlebt. Ein hilfreiches Modell dafür ist das Bild »Eros« von Paul Klee (s. S. 136). Mit den verschiedenen farblichen Ebenen und deren gegenseitiger Durchdringung bringt der Maler zum Ausdruck, was in uns auch das Hören von Musik gleichzeitig auf verschiedenen Ebenen und Bereichen anrührt; sie zeitigt damit vergleichbare Wirkungen, die wir auch in therapeutischen Prozessen oder in Träumen erleben können.

Nach dieser zusammenfassenden Hinführung lade ich Sie nun ein, teilzuhaben an Innenerfahrungen, die mir beim wiederholten Hören des Requiems und bei der Meditation der Texte wichtig geworden sind, und diese in Beziehungen zu sehen zu therapeutischen Schritten und heilenden Wirkungen in der eigenen Seele.

1. Der *Introitus* mit seinem ruhigen Tempo holt die Trauernden in ihrer Stimmung in der konkreten Situation des Abschiedsschmerzes ab. Die Bitte um ewige Ruhe und das Leuchten des ewigen Lichtes entspricht der Sehnsucht vieler Ratsuchenden am Anfang der Beratung oder Therapie, nach den fortwährenden Seelenqualen endlich wieder die Balance und den inneren Frieden zu finden, und zum Beispiel einmal wieder friedevoll durchschlafen zu können. Die Bitte um das Leuchten des ewigen Lichtes hat nach meiner Erfahrung eine Entsprechung in der tiefen Sehnsucht vieler Patienten nach Klarheit und Durchblick in den gegenwärtigen Verstrickungen und seelischen Schwierigkeiten. Vielleicht beachten Sie beim Hören des Introitus den Wechsel vom Chor zum Solosopran mit den Worten aus Psalm 65: »Oh Gott, dir gebührt ein Loblied, dir erfülle man seine Gelübde. Erhöre mein Gebet«. Nach meinen Erfahrungen vermag die Frauen-

stimme in besonders eindringlicher Weise die seelischen Empfindungen des/der einzelnen auszudrücken, so daß hier eine persönliche Identifikation mit dem Text möglich wird. Der Sopran spricht aus und singt, was der/die einzelne im Stillen in ähnlicher Weise ausdrücken könnte.

2. Das *Kyrie* spricht auf musikalischer Ebene und mit religiösen Texten das aus, was viele Patienten und Ratsuchende zutiefst wünschen und ersehnen, nämlich Barmherzigkeit und Verständnis, Liebe und Akzeptanz. Was im religiösen Kontext und auf spiritueller Ebene von Gott oder Christus erbeten wird, erwarten viele Patientinnen und Patienten auf der therapeutischen Ebene von ihren Therapeuten oder einem Seelsorger. Sie alle können zu Heilsgehilfen jenes göttlichen Arztes werden, der spricht: »Ich bin der Herr dein Arzt!« (Exodus 15,26).

3. Der dritte Teil des Requiems, die Sequenz mit ihren sechs Stücken, welche die Sündenqualen, Angstgefühle, schuldgebeugte Herzensreue und die Hinwendung zum gekreuzigten Erlöser zum Ausdruck bringen, spiegeln auf der therapeutischen Ebene die vielfältigen Gefühle der Angst und Reue; bis hin zur Todesangst, in der seelischen Hölle der Psychose unterzugehen und zu versinken. Beim Hören dieser verschiedenen Sätze wird auffallen, daß Mozart mit den abwechselnden Solostimmen und ihren unterschiedlichen Stimmumfängen die Botschaft des Textes hervorhebt und darüber hinaus verschiedene symbolische Ebenen andeutet, ähnlich wie wir dies schon bei den verschiedenen farblichen Ebenen im Bild von Paul Klee kennengelernt haben: Das »Dies irae« singt der Chor und verweist damit auf die tiefste Klangebene, die wiederum in unserem Leib, dem Resonanzkörper der Seele, mit der Wut im Bauch und den furchterregenden Rachegefühlen eine Entsprechung hat. Doch schon hier erscheint mir wichtig, daß Mozart als begnadeter Genius in seinen musikalischen Ausdrucksformen keine Rachegefühle weckt und schürt, sondern durch den ruhigen und ausdrucksstarken Gesang des Chores diese niederen Gefühle des Zorns und der Rache strukturiert, beruhigt und nahezu verklärt. Diese heilsamen Wirkungen der musikalischen Aus-

drucksformen kommen in dem feierlichen und erhebenden Ton der Posaune ebenfalls zu Gehör. Während in den Werken vieler anderer Meister die Posaunen des Jüngsten Gerichtes dem Hörer durch Mark und Bein gehen, bringt Mozart mit den warmen Klängen der Posaunen, die besonders in der Aufnahme von Herbert von Karajan zum Tragen kommen, eher eine warme Herzlichkeit in uns zur Schwingung. Er macht damit die später besungene Barmherzigkeit für die anwesenden Trauernden erlebbar und überführt sie in eine tröstliche Stimmung.

4. Das *Offertorium* beinhaltet die Darbringung von Brot und Wein mit dem dazugehörigen gesungenen Gebet der Totenmesse. Es wird darum gebeten, die Seelen aller verstorbenen Gläubigen vor den Qualen der Hölle und den Tiefen der Unterwelt zu bewahren. Die Gabenbereitung und die Darbringung der Opfergaben im Offertorium können wir in der menschlichen Erlebnisebene damit vergleichen, wie sich ein Patient mit seiner ganzen Person in den therapeutischen Prozeß einbringt. So wie hier darum gebeten wird, daß Gott die dargebrachten Gaben annehmen möge, so ist auf dem Höhepunkt des therapeutischen Prozesses die Seele von dem sehnlichsten Wunsch nach Annahme beseelt. Ähnlich wie es dort um das Hinübergehen (Transire) vom Tode zum Leben geht, geht es auch im therapeutischen Geschehen um eine grundlegende Wandlung und Transformation von der Neu-rose zur Rose, von dem krankmachenden Leiden zu einer neuen Leidenschaft für ganzheitliches Leben.

5. Das *Sanctus* mit dem dreimaligen Heilig, Heilig, Heilig hat im therapeutischen Prozeß seine Entsprechung in der Heil-ung. Diese kann nicht durch richtige Methode alleine und auch nicht durch den Therapeuten *gemacht* werden, sondern ist ein Widerfahrnis, das aus einer spirituellen Dimension geschenkt wird. Für den psychischen Heilungsprozeß ist die vertrauensvolle Beziehung zwischen Patient und Therapeut von grundlegender Bedeutung. Die sich ereignenden seelischen Übertragungsprozesse ermöglichen einem Menschen die Hemmungen und neurotischen Blockaden zu bearbeiten und so wieder Anschluß an seine Wurzeln zu finden. Die heilenden Kräfte oder die archetypischen Bilder sowie die gehörte Musik können sein innerstes Wesen in Schwingung versetzen und eine Balance in der Person

bewirken. Wichtig für diesen psychischen Prozeß ist, daß die erweckten und befreiten Lebensenergien nicht nur wahrgenommen und angenommen werden, sondern auch zur fundamentalen Änderung des Lebens führen.

6. Das *Benedictus* bringt den Dank dem gegenüber zum Ausdruck, der da kommt im Namen des Herrn. Ein ähnliches tiefes Gefühl der Dankbarkeit ereignet sich auch bei vielen Menschen in einem gelungenen therapeutischen Prozeß. Das Gefühl des Dankes kommt häufig auch in der Ausstrahlung eines Menschen zum Ausdruck. Andere sagen es mit rührenden Worten oder zeigen es durch ein kleines persönliches Geschenk von besonderer symbolischer Bedeutung. Manche Menschen erinnern sich an dieses tiefe Gefühl der Dankbarkeit noch nach Jahren oder sogar Jahrzehnten. Wenn ich persönlich an meinen eigenen therapeutischen Prozeß in der Lehranalyse denke, wird auch in mir nach langer Zeit dieses Gefühl der Dankbarkeit für die gewonnenen Erfahrungen und die damit ermöglichten bisher nicht gekannten spirituellen Widerfahrnisse lebendig.

7. Das *Agnus Dei*, das Lamm Gottes schließlich, das hinwegnimmt die Sünden der Welt, hat eine ganz besondere Beziehung zum therapeutischen Prozeß, zu dem – wie angemerkt – die sogenannte Übertragungs-Beziehung zwischen Therapeut und Patient gehört. Indem ein Therapeut einen Menschen einfühlsam und verständnisvoll anhört und begleitet, entwickelt sich ein derart tiefes Vertrauensverhältnis, daß der Patient seine Ängste und anderen Gefühle sowie seine neurotischen Konflikte auf den Analytiker überträgt und damit der Auseinandersetzung und Analyse sowie der therapeutischen Bearbeitung zugänglich macht. Auf der spirituellen Ebene geschieht mit dem »Lamm Gottes« etwas ähnliches, wenn wir zur Deutung dieses Symbols den grundlegenden biblischen Text aus Jesaja 53 heranziehen:

»Er wurde verachtet und von den Menschen gemieden, ein Mann voller Schmerzen, mit Krankheit vertraut. Wie einer, vor dem man das Gesicht verhüllt, war er verachtet; wir schätzten ihn nicht. Aber er hat unsere Krankheit getragen und unsere Schmerzen auf sich geladen. Wir meinten, er sei von Gott geschlagen, von ihm getroffen und gebeugt. Doch er wurde durchbohrt wegen unserer Verbrechen, wegen unserer Sünden zermalmt. Zu unserem Heil lag die Strafe auf ihm, durch seine Wunden sind wir geheilt.«

8. Die *Communio* schließlich, die Gemeinschaft der Heiligen im ewigen Licht, möchte ich abschließend zur neueröffneten Kommunikationsfähigkeit im therapeutischen Prozeß in Beziehung setzen. Ein seelisch kranker Mensch ist durch seine Neurose nicht nur in seiner Gesundheit und Arbeitsfähigkeit gestört, sondern auch in seinen Beziehungen und erlebt sich damit oftmals isoliert von der menschlichen Gemeinschaft. Indem nun ein gestörter Mensch durch langwierige therapeutische Bemühungen oder seelsorgerliche Begleitung wieder in die Gemeinschaft seiner Familie oder in die Gemeinde integriert wird, werden ihm damit im seelisch-geistigen Erlebnisbereich zugleich grundlegende spirituelle Erlebnismöglichkeiten für die Communio eröffnet. Hier zeigt sich wiederum, wie sich die therapeutische Seelenheilkunde und das theologische Heil für die Seele ergänzen, und erstere bei vielen Menschen sogar die Vorbedingung dafür zu sein scheint, daß der Same des Wortes Gottes und das Evangelium auf einen vorbereiteten Herzensboden fallen können. Aus diesem Grunde scheint ist es mir nach jahrzehntelangen Bemühungen um einen Dialog mit der Tiefenpsychologie unverständlich und unverantwortlich, daß sich noch immer viele Theologen und Verantwortliche in den Kirchenleitungen von der Psychotherapie distanzieren, statt die bewährten Methoden und Erfahrungen der Psychotherapie für die therapeutische Seelsorge zum Wohle und zur Heilung kranker Menschen mehr zu nutzen als bisher.

Eine wichtige vermittelnde Funktion hat in diesem Bereich die Musik mit ihren therapeutischen Wirkungen auf die Seele der Trauernden und all jener Menschen, die sich mit ihren Ängsten vor dem Tod auseinandersetzen wollen. Aus räumlichen Gründen muß ich mich hier leider auf die kurz angedeuteten Parallelen zwischen den Wirkungen des Requiems im seelischen Erlebnisbereich und den therapeutischen Erfahrungen begrenzen. Wenn Sie in der therapeutischen Praxis stehen oder selber über therapeutische Erfahrungen verfügen, werden Sie sicherlich meine kurz beschriebenen therapeutischen Aspekte für sich ergänzen und erweitern können.

Über das Hören meditativer Musik

Ich möchte Ihnen (gegebenenfalls auch für die therapeutische Arbeit mit anderen Menschen) noch einige Empfehlungen für das Hören von meditativer Musik angesichts der Auseinandersetzung mit dem Sterben und dem eigenen Tod geben. Die folgenden Anregungen zum Hören und/oder Meditieren der Musik beruhen auf persönlichen Erfahrungen, die ich mit vielen Menschen teile, daß Musik unsere Stimmungen beeinflussen kann oder bestimmte Wirkungen hervorruft. Daher kann Musik eine lebenswichtige Erfahrung für Geist und Seele werden. Sorgfältig ausgewählte Musik kann zur Harmonisierung und zur Heilung beitragen und besonders angesichts des Todes trösten und spirituelle Erfahrungen ermöglichen.

Es geht mir bei meinen Empfehlungen zum Hören der tröstlichen oder meditativen Musik zuallererst um ihre heilende Kraft und ihre therapeutischen Wirkungen. Sicherlich gibt es bei den meisten Menschen die unterschiedlichsten Beweggründe zum Hören von Musik, angefangen von Unterhaltung und Ablenkung über den berechtigten Kunstgenuß bis zur emotionalen Stimulierung. Für trauernde Menschen kann die Musik eine tröstende und harmonisierende Wirkung haben. Insbesondere kann Musik auch bei Sterbenden erklingen und ihnen den Übergang erleichtern helfen. Es erscheint mir wünschenswert, schon während der gesunden und guten Tage des Lebens sich Gedanken darüber zu machen, welche Musik man sich für die letzten Stunden seines Lebens und für den Übergang der Seele wünscht. Ich habe dazu in meinem Testament den tröstlichen Schlußchor aus der Johannes-Passion von Johann Sebastian Bach ausgewählt:

Ach Herr, laß dein lieb Engelein
an meinem End die Seele mein
in Abrahams Schoß tragen.
Der Leib in seim Schlafkämmerlein
gar sanft ohn einge Qual und Pein
ruh bis zum Jüngsten Tag.

Alsdann vom Tod erwecke mich,
daß meine Augen sehen dich
in aller Freud, o Gottes Sohn,
mein Heiland und mein Gnadenthron.
Herr Jesu Christ,
erhöre mich, erhöre mich.
Ich will dich preisen ewiglich.

Das erklärte und entscheidende Ziel beim Hören von ausgewählter Musik sollte sein, die Lebensenergien zu wecken, zu stärken und bei Sterbenden das Loslassen und den Übergang zu erleichtern. Die Requien von Mozart oder Brahms, mit deren tröstenden und therapeutischen Wirkungen wir uns hier beschäftigt haben, könnten ein Beispiel sein, in ähnlicher Weise auch anderen Musikwerken nachzuspüren.

Musikhören als klanggeleitete Imagination (Musikmeditation)

Meine Ausführungen über Musik und speziell über Trauermusik verfolgen das Ziel, daß Menschen durch Musikhören eine Hilfe und Unterstützung für ihre Trauerarbeit erhalten, wenn ein lieber Mensch von ihnen gegangen ist. Auch Menschen, die sich in ihrer Depression wie abgestorben fühlen und zur Zeit kein Leben in sich spüren, können, nach meinen Erfahrungen, durch den Klang der Töne wieder in eine bestimmte Schwingung versetzt werden und dadurch den Fluß ihrer Lebensenergien wieder zum Fließen bringen. Schließlich können Menschen, die sich aufgrund einer speziellen Lebenskrise ernsthaft mit dem Sinn ihres Lebens beschäftigen müssen oder sich mit dem todsicher kommenden Tod auseinandersetzen wollen, durch das Musikhören hilfreich unterstützt werden. Der Klang der Musik und die Schwingungen der Töne öffnen die verschütteten Empfindungen und stellen damit das Gleichgewicht in der eigenen Seele wieder her. Die Klänge der Musik bilden, so möchte ich wiederholen, eine Brücke zum eigenen Selbst und fördern die Selbstheilungskräfte in der eigenen Seele.

Die beispielhaft ausgewählte tröstliche Trauermusik aus dem Bereich der Klassik und die von Joachim-Ernst Berendt ausgewählten letzten Werke von Musikern vermögen verschüttete Quellen wieder zum Fließen zu bringen. Die genannten Werke lösen in den sinnlichen Wahrnehmungskanälen tröstliche und heilende Wirkungen aus, die dem homöopathischen Heilungsprinzip in der Medizin entsprechen, nämlich Gleiches mit Gleichem zu heilen. Das genannte homöopathische Wirkungs- und Heilungsprinzip beruht auf den Ähnlichkeiten und dem stimmungsmäßigen Gleichklang der Gefühle und sinnlichen Empfindungen des betreffenden Menschen mit den entsprechenden Schwingungen dieser Musik. Die Musik von Künstlern, die selber nahe vor dem Hinübergehen standen oder ihre Musik aus einer archetypischen Klangwelt empfangen haben, lösen in der Musikmeditation eine tiefe therapeutische Resonanz aus.

Ich möchte – die Ernte unserer Überlegungen einbringend – jetzt einige Schritte zur klang-geleiteten Imagination mit Musik für therapeutische Trauerarbeit beschreiben. Wem der Begriff oder die Erfahrung der Meditation vertrauter ist, könnte auch von einer Klangmeditation sprechen, wo sich der/die Meditierende oder Imaginierende von dem Klang der ausgewählten Musik leiten und führen läßt.

1. Der erste Schritt wäre die Bereitschaft, sich auf das *Anhören* der Musik einzulassen und zu versuchen, einfach abzuschalten. Dies bedeutet für den Trauernden oder depressiven Menschen und darüber hinaus für jeden Musikhörenden ein Außerkraftsetzen des gewohnten Bezugsrahmens, indem versucht wird, die Aufmerksamkeit und die Sinneswahrnehmungen gezielt auf die ausgewählte Musik zu lenken. Am Anfang des Trauerprozesses oder im Zustand des Beherrschtwerdens von Ängsten ist dies für viele kaum oder schwer zu leisten. Daher wäre die Klangmeditation oder die klanggeleitete Imagination ein wichtiges Arbeitsfeld für alle therapeutischen Berufsgruppen, um Menschen in diesen seelischen Trauerprozessen zu begleiten.

2. Der zweite Schritt der Klangmeditation besteht in einer *gerichteten Aufmerksamkeit* auf die Musik. Es geht nicht um Unterhaltung durch

Musik oder um Ablenkung von der Trauer, sondern um ein Einlassen der Klänge durch das empfangende Ohr, damit die Schwingungen der Musik bis zum Herzen und zur Personmitte vordringen können und somit die blockierten Gefühle lösen.

3. Durch die Verinnerlichung der Töne und Klänge tauchen nach einiger Zeit in den meisten Menschen *Er-innerungen* an den fortgegangenen Menschen oder an bestimmte Lebenssituationen auf. Es können auch unerwartete innere Bilder durch die Musik geweckt werden, und dadurch eine daraus entstehende Bildergeschichte oder ein persönlicher Lebensfilm erscheinen. Häufig werden wir in diesen Klangerfahrungen zu den wunden Punkten unserer Lebensgeschichte geführt, um anschließend bewußter an der Heilung dieser Wunde zu arbeiten.

4. Die Klangmeditation führt bei Wiederholungen und zunehmenden Erfahrungen nicht nur zu den traumatischen Erlebnissen unseres Lebens, sondern erweckt auch *Traumbilder* und *Visionen* von unserer wahren Lebensgestalt und unserem ganzheitlichen Lebensplan. Wenn wir uns dem Klang der fließenden Musik vertrauensvoll überlassen können, beginnt oftmals leise und fast unbemerkt eine seelische Wandlung und innere Umkehr, z.B. bei Trauernden zu einem neuen Ver-trauen in das Leben und die nächsten Schritte in eine hoffnungsvolle Zukunft.

5. Einen besonderen Höhepunkt erreicht die Klangtherapie in günstigen Stunden und begnadeten Augenblicken dann, wenn die Schwingungen der Musik der Seele des Meditierenden Schwingen (Flügel) verleiht und jemand in den *transpersonalen* Bereich vordringen kann. Neben den persönlichen Lebenserfahrungen und den vielen zwischenmenschlichen Begegnungen eröffnet diese spirituelle Wirklichkeit therapeutische Wirkungen von bisher ungeahnten Möglichkeiten. Die musikalische Klangtherapie wird somit eine hilfreiche Ergänzung zur Arbeit mit Symbolen und Urbildern.

MUSIKAUSWAHL ZUR MUSIKMEDITATION
IN DER TRAUERARBEIT

Ausgewählt von Joachim-Ernst Berendt, in: Hinübergehen. Das Wunder des Spätwerkes. Network bei Zweitausendeins – mit drei CDs.

Johann Sebastian Bach (1685-1750): Messe in h-moll

Ludwig van Beethoven (1770 -1827): Streichquartett B-Dur, opus 130, daraus: Cavatina

Alban Berg (1885-1935): Violinkonzert »Dem Andenken eines Engels«, daraus: Adagio (»Es ist genug« nach J.S. Bach) und Coda

Johannes Brahms (1833-1897): »Oh Welt, ich muß Dich lassen«, aus Choral-Vorspiele opus 122 (Nr. 11)

Anton Bruckner (1824-1896): Sinfonie Nr. 9 d-moll, daraus: Adagio (langsam, feierlich)

Cesar Franck (1822-1890): Choral Nr. 3 a-moll

Gustav Mahler (1860-1911): Sinfonie Nr. 10 (unvollendet), daraus: Adagio

Felix Mendelssohn Bartholdy (1809-1847): Streichquartett opus 80, daraus: 2. Satz (Allegro Assai)

Dimitrij Schostakowitsch (1906 -1975): Unsterblichkeit, aus: Suite nach Gedichten von Michelangelo, opus 145

Franz Schubert (1797-1828): Klaviersonate B-Dur (D 960 opus posth.), daraus: Andante Sostenuto

Robert Schumann (1810 -1856): Geistervariationen über den letzten Gedanken, daraus: Thema, 2. Variation, Schlußvariation

Igor Strawinsky (1882-1971): Requiem Canticles, daraus: Dies irae

Peter Iljitsch Tschaikowsky (1840-1893): Sinfonie Nr. 6 in b-moll »Pathétique«, daraus: Finale (Adagio lamentoso) »Antworten«

Giuseppe Verdi (1813-1901): Quattro Pezzi Sacri – Vier Heilige Gesänge, daraus: Te Deum

Richard Wagner (1813-1883):
Parsifal – ein Bühnenweihfestspiel. Vorspiel zum Dritten Aufzug; Schlußchor »Höchsten Heiles Wunder – Erlösung dem Erlöser«

Ach Fräwlein lassen ewer Klagen/
Tantzen dem Kind nach nur der Waglen:
Dann jhr möcht mir hie nicht entfliehen/
Den Gasthut wil ich euch abziehen.

Die Maleri:

Ich hab mich allezeit ergeben
In Todt/ hoff aber ewigs Leben:
Wiewol der Todt mich greifft hart an.
Nimpt mich mit Kind/ vnd sampt dem Mann. Q ij

Der Totentanz
als ein Symbol und Ritual

*I*n der bildenden Kunst des 15. und 16. Jahrhunderts ist der Totentanz ein weitverbreitetes Motiv: Menschen jeden Alters und jeden Standes werden vom Tod in einem Reigen tanzend fortgeführt. Einen wesentlichen geistigen Hintergrund für den Totentanz bildet der Mememento-mori-Gedanke, daß sich jeder auf seinen kommenden Tod vorbereiten sollte. Zur Entstehung der Totentänze um 1400 hat besonders der volkstümliche Aberglaube in jener Zeit beigetragen, daß die Toten nachts tanzen und um die Lebenden herum anwesend sind. Aus heutiger Sicht gehe ich von der therapeutischen Erfahrung mit Todesträumen aus, in denen gelegentlich eine Totengestalt oder der Gevatter Tod erscheint und mit dem Menschen einen Tanz aufführt. Derartige Träume dürften im Mittelalter die Phantasie der Menschen außerordentlich beschäftigt haben und zur Verbreitung der Totentänze beigetragen haben.

In der Literatur gibt es seit der Mitte des 14. Jahrhunderts Totentanz-Dichtungen, in denen sich das sprechende Ich in einem Monolog und später auch in Dialogform mit dem Tod auseinandersetzt. Diese Dichtungen haben große Ähnlichkeit mit den in der Gegenwart praktizierten tiefenpsychologischen Imaginationen, in denen sich das sprechende Ich mit einer vorgestellten Person, einem visualisierten Objekt oder sogar mit einem Toten auseinandersetzen kann. Dieser bewußt geführte Dialog verhilft zur Bewußtwerdung eines bisher unbewußten Gedankens oder eines verdrängten Gefühls. Ähnliche Zwiegespräche finden sich bereits in den Psalmen, wenn der gläubige Beter mit seinem Gott spricht.

Einen besonders ergreifenden Dialog gibt es – ich verlasse die westliche Tradition – in der indischen Legende von »Savitri«, die durch ihre große Liebe den vom Tod weggerafften Gatten nun nahe weiß. Diese beiden Liebenden verkörpern Eigenschaften der unsterblichen Seele und der göttlichen Spiritualität. Sri Aurobindo, der große spirituelle Lehrer Indiens, hat diesen Dialog als eine Auseinandersetzung mit dem Tod gedichtet. Von diesem Sieg spricht Savitri, die unsterbliche Anima des Gatten, mit den folgenden Worten (vgl. Savitri,

Legende und Sinnbild, Buch IX, S. 606 f., Gladenbach 1985, in der Übersetzung von Heinz Kappes):

O Tod, ich habe dich in meinem Innern besiegt.
Ich zittere nicht mehr bei dem Ansturm des Leids.
Denn tief in meinem Innern wohnt eine machtvolle Ruhe,
die sich meines Körpers und meiner Sinne bemächtigt hat.
Sie nimmt das Leid der Welt und wandelt es in Stärke.
Die Freude dieser Welt vereint sie mit der Freude Gottes.
Auf Gottes Ruhe thront auf ewig meine Liebe;
denn Liebe muß sich bis jenseits der Himmel emporschwingen
und dort ihren unsäglichen geheimen Sinn finden.
Sie muß ihre Menschenwege in Gotteswege umwandeln
und doch ihrer irdischen Wonne oberste Gewalt bewahren.

Anhang

Texte und Gebete

STUFEN

Wie jede Blüte welkt und jede Jugend
  dem Alter weicht, blüht jede Lebensstufe,
blüht jede Weisheit auch und jede Tugend
zu ihrer Zeit und darf nicht ewig dauern.
Es muß das Herz bei jedem Lebensrufe
bereit zum Abschied sein und Neubeginne,
um sich in Tapferkeit und ohne Trauern
in andre, neue Bindungen zu geben.
Und jedem Anfang wohnt ein Zauber inne,
der uns beschützt und der uns hilft zu leben.

Wir sollen heiter Raum um Raum durchschreiten,
an keinem wie an einer Heimat hängen;
der Weltgeist will nicht fesseln uns und engen,
er will uns Stuf' um Stufe heben, reifen.
Kaum sind wir heimisch einem Lebenskreise
und traulich eingewohnt, so droht Erschlaffen;
nur wer bereit zu Aufbruch ist und Reise,
mag lähmender Gewöhnung sich entraffen.

Es wird vielleicht auch noch die Todesstunde
uns neuen Räumen jung entgegensenden;
des Lebens Ruf an uns wird niemals enden.
Wohlan denn, Herz,
nimm Abschied und gesunde!

Hermann Hesse

O Herr, mache mich zum Werkzeug deines Friedens:
daß ich Liebe übe, wo man sich haßt;
daß ich verzeihe, wo man sich beleidigt;
daß ich verbinde, wo Streit ist;
daß ich die Wahrheit sage, wo der Irrtum herrscht;
daß ich den Glauben bringe, wo der Zweifel drückt;
daß ich die Hoffnung wecke, wo Verzweiflung quält;
daß ich ein Licht anzünde, wo die Finsternis regiert;
daß ich Freude mache, wo der Kummer wohnt.

Ach Herr, laß du mich trachten:
nicht, daß ich getröstet werde,
sondern daß ich andere tröste;
nicht, daß ich verstanden werde,
sondern daß ich andere verstehe;
nicht, daß ich geliebt werde,
sondern daß ich andere liebe.

Denn wer da hingibt, der empfängt;
wer sich selbst vergißt, der findet;
wer verzeiht, dem wird verziehen;
und wer stirbt, erwacht zum ewigen Leben.

Aus der Tradition des Franz von Assisi

Gott ist hinter mir,
denn von ihm komme ich, und er ist mir Rückhalt und Kraft,
die mich stützt.

Gott ist vor mir,
denn von ihm kommt unablässig der Strom der Gaben und Aufgaben
auf mich zu, zumal in den Menschen, die mir begegnen. Und zu
ihm bin ich immer unterwegs; auf ihn gehe ich zu.

Gott ist unter mir,
denn er trägt mich im Dasein. Ohne ihn würde ich ins Nichts
versinken.

Gott ist über mir;
er sieht mich und lenkt mich und läßt mich den rechten Weg finden.

Gott ist rings um mich,
denn ich komme mit meinen Fehlern zu ihm. Dann umarmt er mich
wie der Vater den verlorenen Sohn und hält mich fest umfangen.

Gott ist in mir.
Er gibt mir Freude und Frieden in mein Inneres, Liebe und Geduld,
Vertrauen und eine große Erwartung.

nach Psalm 139

DIE SCHRITTE

Klein ist, mein Kind, dein erster Schritt,
Klein wird dein letzter sein.
Den ersten gehn Vater und Mutter mit,
Den letzten gehst du allein.

Seis um ein Jahr, dann gehst du, Kind,
Viel Schritte unbewacht.
Wer weiß, was das dann für Schritte sind
im Licht und in der Nacht?

Geh kühnen Schritt, tu tapfren Tritt,
Groß ist die Welt und dein.
Wir werden, mein Kind, nach dem letzten Schritt
Wieder beisammen sein

Albrecht Goes

IN DIR SEIN, HERR, DAS IST ALLES

Das ist das Ganze, das Vollkommene, das Heilende.
Die leiblichen Augen schließen,
die Augen des Herzens öffnen
und eintauchen in deine Gegenwart.

Ich hole mich aus aller Zerstreutheit zusammen
und vertraue mich dir an.
Ich lege mich in dich hinein
wie in eine große Hand.

Ich brauche nicht zu reden, damit du mich hörst.
Ich brauche nicht aufzuzählen, was mir fehlt,
Ich brauche dich nicht zu erinnern
oder dir zu sagen, was in dieser Welt geschieht
und wozu wir deine Hilfe brauchen.

Ich will nicht den Menschen entfliehen
oder ihnen ausweichen.
Den Lärm und die Unrast will ich nicht hassen.
Ich möchte sie in mein Schweigen aufnehmen
und für dich bereit sein.

Stellvertretend möchte ich schweigen
für die Eiligen, die Zerstreuten, die Lärmenden.
Stellvertretend für alle, die keine Zeit haben.
Mit allen Sinnen und Gedanken warte ich,
bis du da bist.

In dir sein, Herr, das ist alles,
was ich mir erbitte.
Damit habe ich alles erbeten,
was ich brauche für Zeit und Ewigkeit.

Jörg Zink

DIE TODESFUGE

Schwarze Milch der Frühe wir trinken dich nachts
wir trinken dich morgens und mittags
wir trinken dich abends
wir trinken und trinken
ein Mann wohnt im Haus
dein goldenes Haar Margarete
dein aschenes Haar Sulamith
er spielt mit den Schlangen
Er ruft spielt süßer den Tod
der Tod ist ein Meister aus Deutschland
er ruft streicht dunkler die Geigen
dann steigt ihr als Rauch in die Luft
dann habt ihr ein Grab in den Wolken
da liegt man nicht eng
Schwarze Milch der Frühe wir trinken dich nachts
wir trinken dich mittags
der Tod ist ein Meister aus Deutschland
wir trinken dich abends und morgens
wir trinken und trinken
der Tod ist ein Meister aus Deutschland
sein Auge ist blau
er trifft dich mit bleierner Kugel er trifft dich genau
ein Mann wohnt im Haus
dein goldenes Haar Margarete
er hetzt seine Rüden auf uns
er schenkt uns ein Grab in der Luft
er spielt mit den Schlangen und träumet
der Tod ist ein Meister aus Deutschland
dein goldenes Haar Margarete
dein aschenes Haar Sulamith

Paul Celan

Ich lasse mich dir, Herr, und bitte dich:
Mach ein Ende aller Unrast.

Meinen Willen lasse ich dir.
Ich glaube nicht mehr, daß ich selbst verantworten kann,
was ich tue und was durch mich geschieht.
Führe du mich und zeige mir deinen Willen.

Meine Gedanken lasse ich dir.
Ich glaube nicht mehr, daß ich so klug bin,
mich selbst zu verstehen,
dieses ganze Leben oder die Menschen.
Lehre mich deine Gedanken denken.

Meine Pläne lasse ich dir.
Ich glaube nicht mehr, daß mein Leben seinen Sinn findet
in dem, was ich erreiche von meinen Plänen.
Ich vertraue mich deinem Plan an,
denn du kennst mich.

Meine Sorgen um andere Menschen lasse ich dir.
Ich glaube nicht mehr,
daß ich mit meinen Sorgen irgend etwas bessere.
Das liegt allein bei dir. Wozu soll ich mich sorgen?

Die Angst vor der Übermacht der anderen lasse ich dir.
Du warst wehrlos zwischen den Mächtigen.
Die Mächtigen sind untergegangen. Du lebst.

Meine Furcht vor meinem eigenen Versagen lasse ich dir.
Ich brauche kein erfolgreicher Mensch zu sein,
wenn ich ein gesegneter Mensch sein soll
nach deinem Willen.

Alle ungelösten Fragen, alle Mühe mit mir selbst,
alle verkrampften Hoffnungen lasse ich dir.
Ich gebe es auf, gegen verschlossene Türen zu rennen,
und warte auf dich. Du wirst sie öffnen.

Ich lasse mich dir. Ich gehöre dir, Herr.
Du hast mich in deiner guten Hand. Ich danke dir.

Jörg Zink

ABSCHIEDSSEGEN

Es segne dich Gott, der Vater, der dich nach seinem Ebenbild erschaffen hat. Es segne dich Gott, der Sohn, der dich durch sein Leiden und Sterben erlöst hat. Es segne dich Gott, der Heilige Geist, der dich zu seinem Tempel bereitet und geheiligt hat. Der treue Gott wolle dich durch seine Barmherzigkeit führen in das Reich, da seine Auserwählten ihn ewiglich preisen. Unser Herr Christus sei bei dir, daß er dich beschütze. Der Heilige Geist sei in dir, daß er dich erquicke. Der Dreieinige Gott segne und bewahre dich zur Auferstehung des Lebens, Amen.

NACH DEM TODE EINES KINDES

Herr Jesu Christe, du hast so freundlich der Kinder dich angenommen, sie zu dir gerufen und sie gesegnet; du hast nun dieses unser liebes Kind zu dir in die ewige Freude gerufen. Aber, Herr, unsere Seele ist betrübt, daß du unser Kind so frühe dahingenommen hast. Es will uns schwer werden, uns in deinen heiligen Willen zu fügen. So hilf du selbst uns durch deinen Heiligen Geist und stärke unsern Glauben, daß wir deinen Rat ehren und preisen, auch wenn wir ihn nicht verstehen. Wir danken dir, daß du unser Kind in der Heiligen Taufe zu deinem Kinde angenommen, es zum ewigen Leben wiedergeboren und ihm das Erbe des Himmels zugesprochen hast. Darum sind wir der guten Zuversicht, daß es nunmehr in deinem Frieden und in der ewigen Ruhe ist.

Hilf, lieber Herr, daß wir umkehren und werden wie die Kinder, auf daß auch wir dereinst mit Freuden einschlafen und zur ewigen Ruhe der Heiligen gelangen mögen durch deine ewige Gnade und Barmherzigkeit. Amen.

Herr, erbarme dich, Christe, erbarme dich, Herr, erbarme dich.

Heiliger und gerechter Gott, wir beugen uns vor dir an diesem Sterbebett. Wir danken dir für alles, was du an dem (der) Entschlafenen getan hast, und für alles, was er (sie) uns durch deine Gnade gewesen ist. Du hast ihn (sie) in der Heiligen Taufe zu deinem Kind und zum Erben deiner Verheißungen angenommen. Durch Freude und Leid, durch Arbeit und Mühe, durch gute und durch schwere Tage hast du ihn (sie) geführt und nun endlich aus diesem zeitlichen Leben abgerufen. Wir befehlen dir seine (ihre) Seele zum ewigen Leben. Was immer er (sie) aus menschlicher Schwachheit in der Zeit seines (ihres) Lebens gefehlt hat, das wollest du austilgen nach deiner großen Barmherzigkeit durch Jesum Christum, unsern Heiland. Erbarme dich seiner (ihrer) und tue an ihm (ihr) nach deiner Verheißung. Lehre uns bedenken, daß wir sterben müssen, und hilf uns allezeit wach sein und bereit für unsere letzte Stunde. Ach Herr, himmlischer Vater, tröste und stärke uns und alle, die durch diesen Tod betrübt werden, und führe uns endlich mit allen, die selig vollendet sind, zu dir in dein himmlisches Reich. Amen.

Der Friede des Herrn sei mit dieser Seele und mit uns allen. Amen.

Der Herr hats gegeben, der Herr hats genommen, der Name des Herrn sei gelobet. Herr, schenke ihm (ihr) die ewige Ruhe, und das ewige Licht leuchte ihm (ihr). Er (sie) ruhe in Frieden. Amen.

Ewiger Gott und Vater, du allein bist mächtig und du, Herr, bist gnädig. Verleihe diesem unserem (dieser unserer) Entschlafenen die ewige Ruhe. Laß ihm (ihr) dein Licht leuchten und nimm ihn (sie) auf in die Schar deiner Vollendeten. Laß ihn (sie) schauen dein Angesicht und begnade ihn (sie) mit der himmlischen Herrlichkeit. Durch Jesum Christum, deinen lieben Sohn, unsern Herrn. Amen.

IM ANGESICHT DES TODES

Sprüche aus Gottes Wort und Gebete,
dem Todkranken und Sterbenden zuzusprechen

Ob ich schon wanderte im finstern Tal,
fürchte ich kein Unglück; denn du bist bei mir,
dein Stecken und Stab trösten mich.

*

Wir haben einen Gott, der da hilft, und den Herrn,
der vom Tode errettet.

*

So spricht der Herr:
Fürchte dich nicht, denn ich habe dich erlöset;
ich habe dich bei deinem Namen gerufen;
du bist mein.

*

Fürwahr, er trug unsre Krankheit
und lud auf sich unsre Schmerzen.
Wir aber hielten ihn für den,
der geplagt und von Gott geschlagen und gemartert wäre.
Aber er ist um unserer Missetat willen verwundet
und um unsrer Sünde willen zerschlagen.
Die Strafe liegt auf ihm, auf daß wir Frieden hätten,
und durch seine Wunden sind wir geheilet.

*

Jesus Christus spricht:
In der Welt habt ihr Angst;
aber seid getrost,
ich habe die Welt überwunden.

*

Jesus Christus spricht: Den Frieden lasse ich euch,
meinen Frieden gebe ich euch.
Nicht gebe ich euch, wie die Welt gibt.
Euer Herz erschrecke nicht und fürchte sich nicht.

*

Leben wir, so leben wir dem Herrn;
sterben wir, so sterben wir dem Herrn.
Darum: wir leben oder sterben, so sind wir des Herrn.

*

Also hat Gott die Welt geliebet,
daß er seinen eingebornen Sohn gab,
auf daß alle, die an ihn glauben, nicht verloren werden,
sondern das ewige Leben haben.

*

In deine Hände, Herr, befehle ich meinen Geist. Du hast mich erlöset, Herr, du treuer Gott.

*

Herr Jesu, nimm meinen Geist auf.

*

Der Herr wird mich erlösen von allem Übel und mir aushelfen zu
seinem himmlischen Reich; welchem sei Ehre von Ewigkeit zu
Ewigkeit. Amen.

*

Herr, Herr, sei du mit mir.
Verlaß mich nicht in meiner letzten Not. Stärke meinen Glauben;
erhalte mir deinen Frieden; führe mich an deiner Hand,
wenn mir die Sinne schwinden; begleite mich durchs dunkle Tal
zum ewigen Licht, zur ewigen Heimat.
Erhöre, ach erhöre mich und vergib mir alle meine Sünden
um Jesu Christi willen. Amen.

*

Am Tage deiner Beerdigung, als ich vom Friedhof kam,
habe ich gewußt, daß ich oft dorthin zurückkehren würde.
Ich hätte dieselbe sein und dich genauso lieben können,
ohne ihn je wieder zu betreten. Während ich am
ersten Abend die Fensterladen schloß, erblickte ich
den mondlosen Himmel, unendlich, erdrückend.
Ich war allein auf der Erde. Ich wünschte,
die ziehenden Wolken hätten mich davongetragen.
Ich zog die Vorhänge zu, so wie ein Tier sich
in sein Loch verkriecht. Ich durfte weder
den Himmel mehr betrachten noch sonst etwas,
was mir lieb war…
… Ich habe dich zu sehr geliebt, um hinzunehmen,
daß dein Körper verschwindet, und zu verkünden,
daß deine Seele genügt und weiterlebt. Und wie
soll man es anstellen, sie voneinander zu trennen und
zu sagen: Dies ist seine Seele, und das ist sein Leib?
Dein Lächeln und dein Blick, dein Gang und deine Stimme
waren sie Materie oder Geist? Beides, aber untrennbar.

Anne Philipe

BESTATTUNGSGEBET

Herr Gott, du hast Macht über Leben und Tod,
du bist der Herr der Geister und alles Fleisches,
du tötest und machst wieder lebendig,
du führst in die Hölle und wieder heraus.
Du hast den Menschen geschaffen
und ziehst deine Heiligen zu dir,
daß sie bei dir Ruhe finden.
Du allein bist unvergänglich und unwandelbar;
du veränderst und wandelst deine Geschöpfe
und gibst ihnen eine neue Gestalt.

Wir bitten dich für unsern entschlafenen Bruder
(unsere entschlafene Schwester):
Laß ihn (sie) ruhen in deinem Frieden,
erwecke ihn (sie) an dem Tage, den du nach deinen
untrüglichen Verheißungen heraufführen wirst,
und gibt ihm (ihr) das Erbe der Heiligen in deinem ewigen Reich.
Gedenke nicht seiner (ihrer) Sünden
und gibt, daß sein (ihr) Ausgang voll Frieden sei.
Heile die Trauer derer, die um ihn (sie) Leid tragen,
mit deinem Trost
und schenke uns allen ein gutes Ende.
Um Jesu Christi, unseres Herrn, willen.

Nach einem Gebet des Bischofs Serapion, 4. Jahrhundert

NACH EINTRITT DES TODES

A.: Kommt herzu, ihr Heiligen Gottes,
eilt ihm (ihr) entgegen ihr Engel des Herrn.
Nehmt auf seine (ihre) Seele,
und führt sie hin vor das Antlitz des Allerhöchsten.

V.: Christus nehme dich auf, der dich berufen hat,
und in das Himmelreich sollen Engel dich geleiten.

A.: Nehmt auf seine (ihre) Seele,
und führt sie hin vor das Antlitz des Allerhöchsten.

V.: Herr, gib ihm (ihr) die ewige Ruhe,
und das ewige Licht leuchte ihm (ihr).
Nehmt auf seine (ihre) Seele,
und führt sie hin vor das Antlitz des Allerhöchsten.
Laßt uns beten:
Herr, unser Gott, wir empfehlen dir unseren Bruder (unsere Schwester)
N. In den Augen der Welt ist er (sie) tot. Laß ihn (sie) leben bei dir.
Und was er (sie) aus menschlicher Schwäche gefehlt hat, das tilge
in deinem Erbarmen.
Durch Christus, unsern Herrn.
A.: Amen.

Heiliger Herr, allmächtiger Vater, ewiger Gott, in deinem Sohne Jesus
Christus leuchtet uns die Hoffnung der Auferstehung. Wohl drückt
das Todeslos uns nieder. Doch die Verheißung künftiger Unsterblichkeit richtet uns auf. Deinen Gläubigen, Herr, kann das Leben
nicht genommen werden, es wird neu gestaltet. Wenn die Herberge
irdischer Pilgerschaft zerfällt, steht uns im Himmel eine ewige Heimat
bereit.

Diese Hoffnung, o Gott, mache in unseren Herzen lebendig, und laß sie unser Trost sein in der Trauer. Bereite uns durch deinen Heiligen Geist für jenen großen Tag der Herrlichkeit, da du alle Toten auferwecken wirst. Hilf, daß wir vor deinem Angesicht bestehen können und mit allen, die uns vorangegangen sind, dich schauen dürfen. Durch Christus, unseren Herrn.
Amen.

Herr und Gott, unser (Frau, Vater ...) ist tot.
Noch können wir es nicht fassen.
Wir können es nicht begreifen.
Tot – was ist das Herr?
Sein Blick wird mich nicht mehr treffen.
Sein Wort wird mich nicht mehr erreichen.

Seine Hand wird meine Hand nicht mehr halten.
Noch kann ich ihn anschauen –
Noch kann ich ihn ansprechen –
Noch kann ich ihn berühren –
Aber er ist nicht mehr hier.
Wohin ist er gegangen, Herr?

Ich bin die Auferstehung –
Ich bin der Weg –
Ich bin die Wahrheit –
Ich bin das Leben –
Wer an mich glaubt,
wird leben,
obwohl er gestorben ist.

Er ist entschlafen.
Herr, laß ihn aufwachen bei dir.
Seine Zeit ist abgelaufen.
Herr, gib ihm das nie verrinnende Leben.
Wer an mich glaubt,
wird leben.
Herr, das hast du versprochen.

Mein Gott, auf dich vertraue ich.
Bei dir bin ich geborgen.
Für ihn, der tot ist,
erinnere ich dich
an dein Wort
und für mich –
Mein Gott, auf dich vertraue ich.
Bei dir bin ich geborgen.

Leben wir,
so leben wir dir.
Sterben wir,
so sterben wir dir.
Ob wir nun leben oder sterben,
wir gehören dir.
Du bist unser Leben.

Amen.

JÜDISCHE GEBETE BEI DER BEERDIGUNG

Gelobt seist du, Ewiger, unser Gott, König der Welt, er hat euch in Gerechtigkeit erschaffen, euch in Gerechtigkeit ernährt und erhalten, euch in Gerechtigkeit sterben lassen, er kennt euer aller Anzahl in Gerechtigkeit und wird euch wieder zum Leben zurückrufen in Gerechtigkeit. Gelobt seist du, Ewiger, der du die Toten wieder belebst.

*

Du bist mächtig in Ewigkeit, Herr, belebst die Toten, du bist stark zum Helfen. Du ernährst die Lebenden mit Gnade, belebst die Toten in großem Erbarmen, stützest die Fallenden, heilst die Kranken, befreist die Gefesselten und hältst die Treue denen, die im Staube schlafen. Wer ist wie du, Herr der Allmacht, und wer gleichet dir, König, der du tötest und belebst und Heil aufsprießen läßt. Und treu bist du, die Toten wieder zu beleben.

*

Erhoben und geheiligt werde sein großer Name in der Welt, die einst erneuert wird. Er belebt die Toten und führt sie zu ewigem Leben empor, er erbaut die Stadt Jeruschalaim und krönt seinen Tempel in ihr, er entfernt den Götzendienst von der Erde und bringt den Dienst des Himmels wieder an seine Stelle, regieren wird der Heilige, gelobt sei er, in seinem Reiche und in seiner Herrlichkeit in eurem Leben und in euren Tagen und dem Leben des ganzen Hauses Israel schnell und in naher Zeit, sprechet: Amen!

*

Sein großer Name sei gepriesen in Ewigkeit und Ewigkeit der Ewigkeiten!

GEDENKGEBET FÜR DIE JÜDISCHEN MÄRTYRER
IN UNSEREM JAHRHUNDERT

Gott! Erbarmungsvoller in den Höhen thronender,
Lasse vollkommene Ruhe finden
Unter den Fittichen Deines Göttlichen Gegenwärtigseins,
Im erhabenen Reiche der Heiligen und Reinen,
Die im himmlischen Glanze leuchten:

ALLE SEELEN DER SECHS MILLIONEN JÜDISCHEN MENSCHEN

Die in der Schreckenszeit in Europa
erschlagen, umgebracht und verbrannt,
dahingeschlachtet und vergast wurden
und ihre Seelen
mit der Heilung des göttlichen Namens aushauchten:
IN AUSCHWITZ, BERGEN-BELSEN, MAIDANIK, TREBLINKA
und in all den andern Vernichtungslagern in Europa,
wie auch
DIE SEELEN DER IM KAMPF UM ISRAEL GEFALLENEN!
Wir und die ganze Gemeinschaft Israels sind vereint
im Gebet für den Aufstieg ihrer Seelen.
Der Barmherzige Gott beschütze sie
unter Seinen Fittichen in Ewigkeit.
Er binde ein im Gebinde des Lebens ihre Seelen.
In den göttlichen Sphären
mögen sie ihre Ruhe finden
und in Frieden ruhen auf ihrer Ruhestatt.
Auferstehen werden sie und ihre Bestimmung
am Ende der Tage empfangen.
Darauf laßt uns alle sprechen:
Amen!

Daß ein Gestorbener zuerst nah, dann fern und immer ferner ist, erfährt jeder Zurückgebliebene, er rätselt aber an dem Zeitmaß solcher Seelenflucht unaufhörlich herum. Wenn ich wann sterbe, kann ich dich noch einholen, wie lange erkennst du mich noch, willst noch etwas von mir wissen, treffen wir uns womöglich erst im Unendlichen, wo nicht mehr die persönliche Liebe, sondern nur die Liebe an sich, als ein Teil des göttlichen Wesens, gilt. Warum hast du, als du mich doch liebtest, in all der Zeit nicht versucht mich nachzuziehen – das denke ich oft, dachte ich auch heute, und die romantischen Verse von Robert Frost fielen mir darüber ein.

»The woods are lovely, dark and deep
but I have promises to keep
and miles to go before I sleep
and miles to go before I sleep.«

Die Versprechen, die ich zu halten, und der eine Mensch, den ich so lange es möglich ist, nicht zu verlassen habe, stehen mir deutlich vor Augen. Es erschreckt mich nur, daß ich unter Umständen nicht mehr einholen, nie mehr einholen kann.

Marie Luise Kaschnitz

LAß MICH NICHT SINKEN

Laß mich nicht sinken, laß die Seele nicht
Im Schmerz ermatten, nicht die dumpfe Haft
Der Krankheit brechen letzte Glaubenskraft
Und nicht die Klagen enden mein Gedicht!

Gewähre unbefleckte Zuversicht,
Des Herzens Macht, des Geistes Leidenschaft,
Der sich aus Leiden reinste Bilder schafft.
Und dankt und feiert, wenn die Form zerbricht!

Laß alle Schmerzen innig sich durchdringen,
Den Staub zu läutern, eh den Geist er beugt!
Geduld ist alles, die am Feuer wacht.

In schweren Nächten wachsen zage Schwingen;
Gewähre mir den Sturm, der Dich bezeugt
Und überrascht und fortreißt in der Nacht!

Reinhold Schneider

Friede sei den Menschen, die bösen Willens sind;
und ein Ende sei gesetzt aller Rache und allem Reden
von Strafe und Züchtigung.
Aller Maßstäbe spotten die Greueltaten;
sie stehen jenseits aller menschlichen Fassungskraft,
und der Blutzeugen sind gar viele ...

Darum, o Gott,
wäge nicht mit der Waage der Gerechtigkeit ihre Leiden,
daß du sie ihren Henkern zurechnest
und von ihnen grauenvolle Rechenschaft forderst,
sondern laß es anders gelten.
Schreibe vielmehr allen schlechten Menschen zugut
und rechne ihnen an:
all den Mut der anderen, ihre hochgesinnte Würde,
die Hoffnung, die sich nicht besiegt gab,
und das tapfere Lächeln.

Ein jüdisches Gebet aus dem KZ

Siehe da, die Hütte Gottes
bei den Menschen!
Und er wird bei ihnen wohnen,
und sie werden sein Volk sein,
und er selbst, Gott mit ihnen,
wird ihr Gott sein;
und Gott wird abwischen
alle Tränen von ihren Augen,
und der Tod wird nicht mehr sein,
noch Leid noch Geschrei noch Schmerz
wird mehr sein;
denn das Erste ist vergangen.

Offenbarung 21,3.4

Vielleicht kannst Du jetzt ein bißchen mehr auf Deine Tränen achten. Es wäre wichtig, daß Du Dich in Deinem Weinen akzeptierst, so wie es im Moment ist, ohne Angst zu haben oder darüber zu grübeln. Wenn Du Deinen Tränen das Fließen erlaubst und Deinen Tränen sogar zu verstehen gibst, daß Du sie magst, sprich sie an und sag: Ich kann auf euch warten. Ihr könnt kommen, wenn es euch danach ist, und ich werde mich darüber freuen.

*

Die Tränen werden Dir vieles verraten, wenn Du Dich ihnen zuwendest und auf sie achtest. Vielleicht erfährst Du dann, was Deine Tränen Dir für eine Botschaft »anfließen« lassen wollen, woran Du mit Deinem Trauern bist, was Dir fehlt, warum Du weinst und für wen. Vielleicht helfen sie Dir bald zu entdecken, ob Du für die Person, von der Du Abschied zu nehmen versuchst, weinst oder vielleicht für Dich.

*

Ertrink nicht im Sumpf der Selbst-Mitleidstränen. Sorge für einen einwandfreien Tränenfluß und für die Wandlung Deiner Tränen. Freie, fließende Tränen sind meistens ein Zeichen für die volle Anerkennung des Verlusts. Tränen helfen uns, das Unwiederbringliche der Verlustsituation zu verstehen und damit die Realität des Verlusts anzunehmen.

*

Wenn der Schmerz sehr groß ist und man merkt, daß man überschwemmt zu werden droht, dann sollte man für das Fließen nach außen sorgen. Wenn Du das Fließen nach innen richtest, wird Dein Herz belastet werden. Tränen gehören nach außen und nicht ins Herz.

Jorgos Canacakis

JOHANNES BRAHMS: EIN DEUTSCHES REQUIEM

I.: *Selig sind, die da Leid tragen*
Selig sind, die da Leid tragen,
denn sie sollen getröstet werden.
Matthäus v.4

Die mit Tränen säen, werden mit Freuden ernten.

Sie gehen hin und weinen, und tragen
edlen Samen, und kommen mit Freuden
und bringen ihre Garben.
Psalm cxxvi 5,6

II: *Denn alles Fleisch es ist wie Gras*
Denn alles Fleisch es ist wie Gras und
alle Herrlichkeit des Menschen wie des
Grases Blumen. Das Gras ist verdorret
und die Blume abgefallen.
1 Petri i.24

So seid nun geduldig, lieben Brüder,
bis auf die Zukunft des Herrn. Siehe ein
Ackermann wartet auf die köstliche
Frucht der Erde und ist geduldig darüber,
bis er empfahl den Morgenregen und
Abendregen.
Jacobi v.7

Aber des Herrn Wort bleibet in Ewigkeit.
1 Petri i.25

Die Erlösten des Herrn werden
wiederkommen, und gen Zion kommen mit
Jauchzen; Freude, ewige Freude wird
über ihrem Haupte sein; Freude und
Wonne werden sie ergreifen, und Schmerz
und Seufzen wird weg müssen.
Jesaias xxxv.10

III. Herr, lehre doch mich

Herr, lehre doch mich, daß ein Ende mit
mir haben muß, und mein Leben ein
Ziel hat, und ich davon muß. Siehe,
meine Tage sind eine Handbreit vor dir,
und mein Leben ist wie nichts vor dir.
Ach, wie gar nichts sind alle Menschen,
die doch so sicher leben. Sie gehen daher,
wie ein Schemen, und machen ihnen viel
vergebliche Unruhe; sie sammeln und
wissen nicht wer es kriegen wird. Nun
Herr, wes soll ich mich trösten? Ich hoffe
auf dich.
Psalm xxxix. 5-8

Der Gerechten Seelen sind in Gottes
Hand und keine Qual rühret sie an.
Weisheit Salomon iii.1

IV: Wie lieblich sind deine Wohnungen

Wie lieblich sind deine Wohnungen, Herr
Zebaoth! Meine Seele verlanget und
sehnet sich nach den Vorhöfen des Herrn;
mein Leib und Seele freuen sich in dem
lebendigen Gott. Wohl denen, die in
deinem Hause wohnen, die loben dich
immerdar!
Psalm lxxxiv. 2, 3, 5

V: Ihr habt nun Traurigkeit

Ihr habt nun Traurigkeit; aber ich will
euch wieder sehen und euer Herz soll
sich freuen, und eure Freude soll niemand
von euch nehmen.
Ev. Johannes xvi.22

Ich will euch trösten, wie einen seine Mutter tröstet.
Jesaias lxvi. 13

Sehet mich an: ich habe eine kleine
Zeit Mühe und Arbeit gehabt und habe
großen Trost gefunden.
Sirach Li. 35

VI: Denn wir haben hie keine bleibende Statt
Denn wir haben hie keine bleibende
Statt, sondern die zukünftige suchen wir.
Hebräer xiii.14

Siehe, ich sage euch ein Geheimnis.
Wir werden nicht alle entschlafen, wir
werden aber alle verwandelt werden; und
dasselbige plötzlich in einem Augenblick
zu der Zeit der letzten Posaune. Denn es
wird die Posaune schallen und die Toten
werden auferstehen unverweslich, und wir
werden verwandelt werden. Dann wird
erfüllet werden das Wort, das geschrieben
steht: Der Tod ist verschlungen in den Sieg.
Tod, wo ist dein Stachel? Hölle, wo ist dein
Sieg?
1 Korinther xv. 51, 52, 54, 55

Herr, du bist würdig zu nehmen Preis
und Ehre und Kraft, denn du hast alle
Dinge erschaffen, und durch deinen Willen
haben sie das Wesen und sind geschaffen.
Offenbarung Johannes iv. 11

VII: Selig sind die Toten
Selig sind die Toten, die in dem Herren
sterben, von nun an. Ja, der Geist spricht,
daß sie ruhen von ihrer Arbeit, denn ihre
Werke folgen ihnen nach.
Offenbarung Johannes xiv. 13

REQUIEM: WOLFGANG AMADEUS MOZART

I. Introitus

Requiem aeternam dona eis, Domine: et lux perpetua luceat eis. Te decet hymnus, Deus, in Sion, et tibi reddetur votum in Jerusalem: exaudi orationem meam, ad te omnis caro veniet. Requiem aeternam dona eis, Domine, et lux perpetua luceat eis.

I. Introitus

Herr, gib ihnen die ewige Ruhe, und das ewige Licht leuchte ihnen. O Gott, Dir gebührt ein Loblied in Sion, Dir erfülle man sein Gelübde in Jerusalem. Erhöre mein Gebet; zu Dir kommt alles Fleisch. Herr, gib ihnen die ewige Ruhe, und das ewige Licht leuchte ihnen.

II. Kyrie

Kyrie eleison.
Christe eleison.
Kyrie eleison.

II. Kyrie

Herr, erbarme Dich unser.
Christus, erbarme Dich unser.
Herr, erbarme Dich unser.

III. Sequentia
No. 1 Dies irae

III. Sequenz
Nr. 1 Dies irae

Dies irae, dies illa
Solvet saeclum in favilla:
Teste David cum Sibylla.

Tag der Rache, Tag der Sünden,
Wird das Weltall sich entzünden,
Wie Sibyll und David künden.

Quantus tremor est futurus,
Quando judex est venturus,
Cuncta stricte discussurus!

Welch ein Graus wird sein
und Zagen,
Wenn der Richter kommt,
mit Fragen
Streng zu prüfen alle Klagen!

No. 2 Tuba mirum

Nr. 2 Tuba mirum

Tuba mirum spargens sonum
Per sepulcra regionum,
Coget omnes ante thronum.

Laut wird die Posaune klingen,
Durch der Erde Gräber dringen,
Alle hin zum Throne zwingen.

Mors stupebit et natura,
Cum resurget creatura,
Judicanti responsura.

Schaudernd sehen Tod und Leben
Sich die Kreatur erheben,
Rechenschaft dem Herrn zu geben.

Liber scriptus proferetur,
In quo totum continetur,
Unde mundus judicetur.

Und ein Buch wird aufgeschlagen,
Treu darin ist eingetragen
Jede Schuld aus Erdentagen.

Judex ergo cum sedebit,
Quidquid latet, apparebit:
Nil inultum remanebit.

Quid sum miser tunc dicturus?
Quem patronum rogaturus,
Cum vix justus sit securus?

No. 3 Rex tremendae

Rex tremendae majestatis,
Qui salvandos salvas gratis,
Salva me, fons pietatis.

No. 4 Recordare

Recordare, Jesu pie,
Quod sum causa tuae viae:
Ne me perdas illa die.

Quaerens me, sedisti lassus:
Redemisti Crucem passus:
Tantus labor non sit cassus.

Juste judex ultionis,
Donum fac remissionis
Ante diem rationis.

Ingemisco, tamquam reus:
Culpa rubet vultus meus:
Supplicanti parce, Deus.

Qui Mariam absolvisti,
Et latronem exaudisti,
Mihi quoque spem dedisti.

Preces meae non sunt dignae:
Sed tu bonus fac benigne,
Ne perenni cremer igne.

Sitzt der Richter dann zu richten,
Wird sich das Verborgne lichten;
Nichts kann vor der Strafe flüchten.

Weh! Was werd ich Armer sagen?
Welchen Anwalt mir erfragen,
Wenn Gerechte selbst verzagen?

Nr. 3 Rex tremendae

König schrecklicher Gewalten,
Frei ist Deiner Gnade Schalten:
Gnadenquell, laß Gnade walten!

Nr. 4 Recordare

Milder Jesus, wollst erwägen,
Daß du kamest meinetwegen.
Schleudre mir nicht Fluch
entgegen.

Bist mich suchend müd gegangen,
Mir zum Heil am Kreuz gehangen,
Mög dies Mühn zum Ziel gelangen.

Richter Du gerechter Rache,
Nachsicht üb in meiner Sache,
Eh' ich zum Gericht erwache.

Seufzend steh ich schuldbefangen,
Schamrot glühen meine Wangen,
Laß mein Bitten Gnad erlangen.

Hast vergeben einst Marien,
Hast dem Schächer dann verziehen,
Hast auch Hoffnung mir verliehen.

Wenig gilt vor Dir mein Flehen:
Doch aus Gnade laß geschehen,
Daß ich mög der Höll entgehen.

Inter oves locum praesta,
Et ab haedis me sequestra,
Statuens in parte dextra.

Bei den Schafen gib mir Weide,
Von der Böcke Schar mich scheide,
Stell mich auf die rechte Seite.

No. 5 Confutatis

Nr. 5 Confutatis

Confutatis maledictis,
Flammis acribus addictis:
Voca me cum benedictis.

Wird die Hölle ohne Schonung
Den Verdammten zur Belohnung,
Ruf mich zu der Sel'gen Wohnung.

Oro supplex et acclinis,
Cor contritum quasi cinis:
Gere curam mei finis.

Schuldgebeugt zu Dir ich schreie,
Tief zerknirscht in Herzensreue,
Sel'ges Ende mir verleihe.

No. 6 Lacrimosa

Nr. 6 Lacrimosa

Lacrimosa dies illa,
Qua resurget ex favilla
Judicandus homo reus.

Tag der Tränen, Tag der Wehen,
Da vom Grabe wird erstehen
Zum Gericht der Mensch voll
Sünden;

Huic ergo parce, Deus:
Pie Jesu Domine,
Dona eis requiem. Amen.

Laß ihn, Gott, Erbarmen finden.
Milder Jesus, Herrscher Du,
Schenk den Toten ew'ge Ruh.
Amen.

IV. Offertorium
No. 1 Domine Jesu Christe

IV. Offertorium
Nr. 1 Domine Jesu Christe

Domine Jesu Christe. Rex gloriae, libera animas omnium fidelium defunctorum de poenis inferni et de profundo lacu: libera eas de ore leonis, ne absorbeat eas tartarus, ne cadant in obscurum: sed signifer sanctus Michael repraesentet eas in lucem sanctam: Quam olim Abrahae promisisti et semini ejus.

Herr Jesus Christus, König der Herrlichkeit, bewahre die Seelen aller verstorbenen Gläubigen vor den Qualen der Hölle und vor den Tiefen der Unterwelt. Bewahre sie vor dem Rachen des Löwen, daß die Hölle sie nicht verschlinge, daß sie nicht hinabstürzen in die Finsternis. Vielmehr geleite sie Sankt Michael, der Bannerträger, in das heilige Licht: Das Du einstens dem Abraham verheißen und seinen Nachkommen.

No. 2 Hostias

Hostias et preces tibi, Domine, laudis offerimus: tu suscipe pro animabus illis, quarum hodie memoriam facimus: fac eas, Domine, de morte transire ad vitam.
Quam olim Abrahae promisisti et semini ejus.

V. Sanctus
Sanctus, Sanctus, Sanctus Dominus, Deus Sabaoth. Pleni sunt caeli et terra gloria tua.
Hosanna in excelsis.

VI. Benedictus
Benedictus, qui venit in nomine Domini.
Hosanna in excelsis.

VII. Agnus Dei
Agnus Dei, qui tollis peccata mundi: dona eis requiem.
Agnus Dei, qui tollis peccata mundi: dona eis requiem sempiternam.

VIII. Communio
Lux aeterna luceat eis. Domine: Cum Sanctis tuis in aeternum: quia pius es. Requiem aeternam dona eis, Domine: et lux perpetua luceat eis:

Cum Sanctis tuis in aeternum: quia pius es.

Nr. 2 Hostias

Opfergaben und Gebete bringen wir zum Lobe Dir dar, o Herr: nimm sie an für jene Seelen, deren wir heute gedenken. Herr, laß sie vom Tode hinübergehen zum Leben.
Das Du einstens dem Abraham verheißen und seinen Nachkommen.

V. Sanctus
Heilig, Heilig, Heilig, Herr, Gott der Heerscharen, Himmel und Erde sind erfüllt von Deiner Herrlichkeit.
Hosanna in der Höhe!

VI. Benedictus
Hochgelobet sei, der da kommt im Namen des Herrn!
Hosanna in der Höhe!

VII. Agnus Dei
Lamm Gottes, Du nimmst hinweg die Sünden der Welt: gib ihnen die Ruhe.
Lamm Gottes, Du nimmst hinweg die Sünden der Welt: gib ihnen die ewige Ruhe.

VIII. Communio
Das ewige Licht leuchte ihnen, o Herr, bei Deinen Heiligen in Ewigkeit: denn Du bist mild, Herr, gib ihnen die ewige Ruhe, und das ewige Licht leuchte ihnen.

Bei Deinen Heiligen in Ewigkeit: denn Du bist mild.

STERBEGEBET DER ANGLIKANISCHEN KIRCHE

Proficiscere, anima Christiana, de hoc mundo!
Brich auf, tritt an die Reise, christliche Seele!
Verlaß diese Welt!
Geh im Namen Gottes,
Des Allmächtigen Vaters, der dich erschaffen!
Geh im Namen Jesu Christi, unseres Herrn,
Des Sohnes des lebendigen Gottes, der Sein Blut für dich gab!
Geh im Namen des Heiligen Geistes, der
Ausgegossen worden ist über dich! Geh im Namen
Der Engel und Erzengel; im Namen
Der Throne und Herrschaften, im Namen
Der Fürstentümer und Mächte; und im Namen
Der Cherubim und Seraphim, geh jetzt!
Geh im Namen der Patriarchen und Propheten;
Und der Apostel und Evangelisten,
Der Märtyrer und Bekenner; im Namen
Der heiligen Mönche und Einsiedler, im Namen
Der heiligen Jungfrauen; und aller Heiligen Gottes,
Männer und Frauen, geh! Geh deinen Weg;
Und möge heute der Friede dein Platz sein
Und deine Wohnung der heilige Berg
Von Sion: – im Namen Christi, unseres Herrn!

Aphorismen – Affirmationen – Leitsätze

Im folgenden finden Sie über 70 Affirmationen, die über das ganze
Buch verteilt sind, nach inhaltlichen Gesichtspunkten in sieben Gruppen zusammengestellt. Damit haben Sie für Ihre persönliche Auseinandersetzung mit dem Tod, für Ihre Meditation oder für andere
Anlässe, wie z.B. einen Trostbrief im Trauerfall, eine reiche Auswahl
an positiven Aussagen und tröstlichen Zusprüchen.

Wenn Sie persönlich oder in einer Gruppe mit diesen Leitsätzen
wirkungsvoll arbeiten wollen, dann können Sie aus den empfohlenen
Musikstücken ein für Ihren Anlaß passendes Werk auswählen und
zur Einstimmung in die Meditation erklingen lassen. Wenn es für die
Gruppe akzeptabel ist, können Sie diese Musik dann leiser im
Hintergrund weiterlaufen lassen und dazu ausgewählte Affirmationen
mindestens viermal oder mehrmals mit einfühlsamer Sprache in den
Raum geben. Danach sollten jeweils einige Minuten Stille sein, in
der jede(r) für sich die Botschaft wirken läßt oder zur Verankerung
wiederholt.

Eine weitere Möglichkeit ist, neben der Musik und den Texten
eines der abgedruckten Bilder in die Meditation einzubeziehen.

Ich könnte mir auch denken, daß Lehrer/innen im Religionsun-
terricht oder Pfarrer/innen im Konfirmandenunterricht zum Thema
Sterben und Tod eine Auswahl dieser Affirmationen verwenden
können oder durch die Leitsätze dazu angeregt werden, eigene Leitgedanken zu formulieren. Von einigen mir bekannten Kolleginnen
und Kollegen habe ich dazu schon ermutigende Rückmeldungen
erhalten.

AFFIRMATIONEN
ZUR AUSEINANDERSETZUNG MIT DEM TOD (TEIL A)

Der Gedanke an den Tod motiviert mich bewußter zu leben.

*

Das Bewußtsein vom Tode gibt meinem Leben Tiefe.

*

Angesichts des Todes bäumt sich meine Seele auf zum Leben.

*

Ich sehe und verstehe den Tod als Ansporn zum Leben.

*

Angesichts des Todes
aktiviere ich die Selbstheilungskräfte meiner Seele

*

Ich akzeptiere mich, wie ich bin, und will damit zufrieden sein,
was ich geschafft habe.

*

Ich erkenne, daß die Auseinandersetzung mit dem Tod
mich im Leben voranbringt.

*

Ich lerne zu unterscheiden, was ich unbedingt tun sollte,
und was ich lassen kann.

*

In Freud und Leid strebe ich nach Ganzwerdung.

*

Ich will meine Fehler und Schwächen
einmal im milden Licht des Mondes betrachten.

Im Schlaf vernimmt mein lauschendes Ohr,
wie im Tode ein neues Leben beginnt.

*

Ich erkenne, daß ich nicht alleine bin,
weil ich zu einer spirituellen Gemeinschaft gehöre.

ANNAHME DES NAHENDEN TODES (TEIL B)

Ich akzeptiere, daß der Tod die andere Seite des Lebens ist.

*

Ich bin dankbar für das geschenkte Leben.

*

Ich sehe in den Fügungen meines Lebens und selbst in den
Schicksalsschlägen einen Sinn.

*

Der Tod treibt mich zur Mitte meines Lebens.

*

Ich vertraue darauf, daß der Tod alles mit Leben erfüllt.

*

Ich ahne, daß im Tode ein neues Leben beginnt.

*

Ich will in den Schicksalsschlägen
die Anrufe des Lebens beachten.

*

Angesichts des Todes spüre ich,
daß ich ein Mensch voller Lebensfreude bin.

Im Tode vertraue ich mich der Barmherzigkeit Gottes an.

∗

Hand, die mich lenkt, halte mich fest.

∗

Ich kann nicht tiefer fallen als in die ausgebreiteten Hände Gottes.

∗

»In deine Hände befehle ich meinen Geist« (Sterbegebet Jesu).

∗

Ich vertraue auf die Zusage Gottes: Ich bin bei dir!

TODESGEDANKEN UND GEFÜHLE (TEIL C)

Durch meine Todesgedanken lasse ich mich nicht vom Leben
und von der Liebe abhalten.

∗

Der Gleichklang der Gefühle mit einem geliebten Menschen
oder einem Verstorbenen erweitert meine Gefühlswelt.

∗

Meine Todeserfahrungen oder die Sterbebegleitung
führen mich zu einer größeren Gefühlstiefe.

∗

In der Mitte des Lebens
spüre ich die besondere Spannung zwischen Liebe und Tod.

∗

Die Erscheinungen unserer Ahnen in den Todesträumen schaffen
eine Verbundenheit mit unseren Wurzeln und unserer Herkunft.

Im Schatten meines Lebensbaumes
atme ich neue Kraft ein und Ärger und Groll aus.

*

»Selig sind, die da Leid tragen;
denn sie sollen getröstet werden« (Bergpredigt).

*

Wenn ich mich an meinen Baum anlehne,
bäumt sich meine Seele gestärkt auf.

*

Meine erotischen Liebesgefühle angesichts des Todes sind gut.

*

Die Erfahrungen unserer unsterblichen Ahnen
wirken weiter in unseren Ahnungen.

SPIRITUELLE WANDLUNG
UND VER-WESENTLICHUNG (TEIL D)

Ich sehe die Bruchstücke meines Lebens und den gegenwärtigen
Umbruch als Chance für die persönliche Wandlung.

*

Wenn ich versöhnlicher mit mir selber umgehe,
kann ich auch persönlicher und liebevoller
mit meinem Nächsten umgehen.

*

Ich warte darauf, daß in den Wunden meiner Vergangenheit das
Wunder neuen Lebens für die Zukunft entsteht.

Ich halte und stärke mich am inneren Lebensbaum.

*

Im Spannungsfeld zwischen Liebe (Amor) und Tod
können kreative Leistungen entstehen.

*

In meiner Wunde erwarte ich das Wunder der Heilung.

*

Ich lausche auf meine innere Stimme,
die mir in wegweisenden Träumen eine Botschaft zuraunt.

*

Im weißen Stein (Der Toteninsel von Böcklin)
verklärt sich die Welt zum reinen Sein.

*

»Im Reich der Geister gilt nicht menschlich Maß« (J.H. Newman).

*

Wie Christus durch sein Kreuz
die andere Seite der Wirklichkeit fand,
so kann ich durch mein Kreuz und meine Probleme
meine Seele finden.

*

Der Christus, der vom Kreuz herabsteigt, macht mir Mut,
mein Leben unter die Füße zu nehmen.

*

In dem androgynen Christusbild
spiegelt sich mein spirituelles Selbst.

HOFFNUNG UND ZUVERSICHT (TEIL E)

Von allen Seiten umgibst Du mich
und hältst Deine Hand über mir.

*

Die Liebe überwindet den Tod.

*

Ich vertraue auf die Zusage Gottes: Ich bin bei Dir!

*

Im weißen Licht fühle ich mich geborgen und geschützt.

*

Am Anfang meines Lebens hat mich meine Mutter geboren
und am Ende wird mich eine mütterliche Tödin empfangen.

*

»Selig sind, die reines Herzens sind;
denn sie werden Gott schauen« (Bergpredigt).

*

»Morgenglanz der Ewigkeit,
Licht vom unerschöpften Lichte,
schick uns diese Morgenzeit,
deine Strahlen zu Gesichte
und vertreib durch deine Macht unsere Nacht!«
(Kirchengesangbuch)

BITTEN AN DEN SCHUTZENGEL (TEIL F)

Ich bitte, daß der Schutzengel mich begleite auf meinen Wegen.

*

Mein Engel kennt den Weg und führt mich ins Licht.

*

Mein Engel begleitet mich ins ewige Licht.

*

Der Engel tröste mich, wie einen seine Mutter tröstet.

*

Raphael, mein Heilengel,
heile und bewahre meine Seele zum ewigen Leben.

*

Die spirituelle Energie des Engels
verhilft mir zur Ver-wesentlichung.

*

Bei der Wiedergeburt reicht mir mein Engel ein goldenes Gewand
und begleitet mich auf meinen Wegen.

*

»Raphael, heile die Erde,
die durch die böse Macht verderbt wurde,
verkünde der Erde Heilung,
auf daß ihre Leiden gewendet werden« (Henoch 6).

*

Ich bitte, daß mein Leib und mein Leben ähnlich werden
der verklärten Gestalt Jesu Christi.

WEITERLEBEN NACH DEM TOD
IN GLÜCKSELIGKEIT (TEIL G)

Ausgang und Eingang liegen bei dir, Herr, reich du mir die Hände.

*

Auch nach dem Tode und dem Jenseits
hört die spirituelle Gemeinschaft nicht auf.

*

Nach dem Tode sehe ich mit den Augen der Seele.

*

Ich werde nach dem Tod mein wahres Urbild schauen.

*

Dann werde ich ganz im Bilde sein.

*

Die Liebe ist stärker als der Tod und hört niemals auf.

*

Am Ende hoffe ich auf die Barmherzigkeit Gottes
mit dem Herzen einer guten Mutter.

*

Du stellst meinen Fuß auf weiten Raum.

*

»Von allen Seiten umgibst Du mich
und hältst Deine Hand über mir« (Psalm 139).

*

Im weißen Licht fühle ich mich in dieser Zeit geschützt
und in Ewigkeit geborgen.

*

»Dann werden wir sein wie die Träumenden« (Psalm 126).

WEITERE LEITSÄTZE

Das Widerfahrnis des Todes
ist die wichtigste Erfahrung im Erdenleben.

*

Im Sterben geht das äußere Licht unter
und das innere Licht geht auf.

*

Durch das Aushalten der Todesangst
gewinnen wir einen ungeahnten Halt im Leben

*

Durch die Imagination des Todes
fördern wir unsere notwendige Individuation.

*

Die Traumbilder bilden eine Brücke und sind eine Silberschnur
zwischen Bewußtsein und Totenreich.

*

Der Tod ist Rückkehr zum Wesen durch Ver-wesung
zum wesentlichen Urgrund.

*

Durch die Auseinandersetzung mit dem Sterben
und durch die imaginative Vorwegnahme des Todes
stärken wir die Seele für die größte Prüfung im Leben.

*

Die entscheidende Wandlung geschieht im Dunkeln,
in der Unterwelt, im Totenreich.

Die Unterwelt als einen bisher nicht angenommenen
psychischen Raum zu erleben,
bedeutet eine Ausweitung der Persönlichkeit
in Richtung auf Ganzwerdung.

*

Die Auseinandersetzung mit Sterben und Tod im Leben
macht uns vertraut mit dem Weg zu dem Verwandlungsort.

*

In der Todesangst kehren die bisher verdrängten Kräfte
wieder ins Bewußtsein und ins Leben
und Bedrängen das Ich.

*

Wer im Leben das Annehmen gelernt und eingeübt hat,
kann die Begrenzungen und Einschränkungen im Sterben
eher akzeptieren.

*

Das Wahrnehmen und Zulassen von Emotionen im Sterben ist ein
letztes Stück des Lebens vor dem Tod.

*

Das Zulassen von Gefühlen im Leben
ermöglicht das Wahrnehmen der Lebensenergien im Sterben.

*

Was ich im Leben nicht zulassen kann,
vermag man im Sterben nicht gelassen anzunehmen.

*

Der Tod ist der große Verwandler im Leben
und die treibende Kraft für unsere Transformation.

Wer sich dem Tod widersetzt, verletzt das Leben.

*

Wenn wir uns dem Tod in den Weg stellen,
verstellt uns der Tod /die Tödin den Weg der Wandlung.

*

Wenn wir ewig die Alten bleiben wollen,
stellen wir uns der Erneuerung und Wandlung des Lebens
in den Weg.

*

Widerstände gegen die Wandlung und Bewußtwerdung
machen depressiv und wirken destruktiv.

Anmerkungen

Zur Vervollständigung der Anmerkungen ziehen Sie bitte das anschließende Literaturverzeichnis hinzu.

Persönliche Anrede

1 Gästa Svenaeus: Das Universum der Melancholie, Lund 1968, S. 203 ff.
2 A. Holz: Die Kunst. Ihr Wesen und ihre Gesetze, in: W. Tenzler (Hrsg.): Über die Schönheit häßlicher Bilder, Berlin 1982, S. 10
3 C.G. Jung: Seele und Tod, in: Ges.Werke (GW) 8, S. 470
4 C.G. Jung: Erinnerungen, Träume, Gedanken, Zürich/Stuttgart 1967, S. 300
5 J. Hillman: Am Anfang war das Bild, München 1983, S. 65 f.
6 Genesis 1,26 f. nach d. ökumen. Einheitsübersetzung
7 D. Coxhead, S. Hiller: Träume. Eine Bilddokumentation, Frankfurt 1976, S. 7

Der Thanatos-Komplex als psychisches Energiefeld

1 S. Freud: GW XIV, S. 478 f.
2 C.G. Jung: GW 8, S. 466
3 V.E. v. Gebsattel: Die Welt des Zwangskranken, Heidelberg 1954
4 G. Benedetti: Psychodynamik der Zwangsneurose, Darmstadt 1978
5 F. Riemann: Grundformen der Angst, München 1994

Seelische Auswirkungen des Holocaust

1 V. Frankl: ...trotzdem Ja zum Leben sagen. Ein Psychologe erlebt das Konzentrationslager, München 1977, S. 25
2 A.a.O., S. 33 f.
3 A.a.O., S. 43 f.
4 A.a.O., S. 47 f.
5 A.a.O., S. 52 f.
6 A.a.O., S. 133
7 A.a.O., S. 146 f.
8 F.B. Simon / H. Stierlin: Die Sprache der Familientherapie, Stuttgart 1984. Artikel: Mehrgenerationenperspektive
9 R. Lempp: Seelische Verfolgungsschäden bei Kindern in der Ersten und

Zweiten Generation, in: G. Hardtmann (Hrsg.): Spuren der Verfolgung. Seelische Auswirkungen des Holocaust auf die Opfer und ihre Kinder, Gerlingen 1992, S. 96

10 R. Lempp: a.a.O., S. 97
11 M.S. Bergmann: Generations of the Holocaust, New York 1982, zit. bei G. Hardtmann (Anm. 9), S. 160
12 R. Rehberger: Die zweite Generation als Opfer der Verfolgung: Psychoanalytische Überlegungen zur Generationenpsychologie, in: G. Hardtmann (Anm. 9), S. 157
13 E. Fogelmann: Gruppenarbeit mit der Zweiten Generation von Holocaustüberlebenden in den USA, in: G. Hardtmann (Anm. 9), S. 112
14 E. Fogelmann, a.a.O., S. 114

Therapeutische Schritte

1 C.G. Jung: GW 16, § 293
2 Ders.: GW 16, 270

Mein Traum vom Lebensbaum

1 H. Hark: Traumbild BAUM. Vom Wurzelgrund der Seele, Olten [2]1990 Ders.: Heilkräfte im Lebensbaum, München 1992
2 Apostelgeschichte 2
3 C.G. Jung: Der Philosophische Baum, in: GW 13, Olten 1978
4 C.G. Jung: Studien über alchemistische Vorstellungen in: GW 13 (Register unter: Hochzeit, chymische)
5 Johannes 1,14
6 Lukas 9,62

Prophetische Wahrträume

1 W. Heisenberg: Schritte über Grenzen, München 1973
2 C.G. Jung: Briefe. Bd. 1, Olten 1972, S. 486
3 E. Kübler-Ross: Kinder und Tod, Zürich 1984, S. 65 f.

Erkennungszeichen

1 E. Kübler-Ross: Über den Tod und das Leben danach, Neuwied, S. 67

Ähnlichkeiten zwischen Todesträumen und Nah-Todeserfahrungen

1 H. Hark: Träume vom Tod, Stuttgart 1987, S. 28 f.
2 K. Ring: Den Tod erfahren – das Leben gewinnen, S. 129 f.
3 N. Sachs: Wohnungen des Todes, 1947

4 K. Ring: Den Tod erfahren, München 1985
5 J.W. v. Goethe: Werke, Hamburger Ausgabe I, S. 142
6 H. Hark: Der Gevatter Tod, Stuttgart 1986
7 J. Halifax: Schamanen, Zauberer, Medizinmänner, Heiler, Frankfurt
   1983, S. 92
8 S. Kierkegaard: Erbauliche Reden 1844-1845, übers. v. E. Hirsch,
   Düsseldorf 1952
9 C.G. Jung: GW 10, S. 399
10 C.G. Jung: Erinnerungen – Träume – Gedanken, Zürich 1967, S. 293
11 C.G. Jung: Erinnerungen, S. 297
12 K. Ring: Den Tod erfahren, a.a.O., S. 86
13 W.A. Mozart: Briefe, Bd. IV, S. 41, hrsg. v. W. Reich
14 2 Korinther 6,9
15 C.G. Jung: GW 11, S. 89
16 Zitiert in H.H. Jansen: Der Tod, S. 232

Die Erotik des Todes

1 Anonymus: Mir träumte heute Nacht, Autor unbekannt, in: Ch. Baude-
   laire, Intime Tagebücher, Schaffhausen 1978
2 Th. Moore: In mitternächtlicher Stunde, in: Viktorianische Lyrik, Stuttgart 1985
3 F. Rückert: Agnes Totenfeier, 1812
4 L. Andreas-Salome: Lebensrückblick. Aus dem Nachlaß hrsg. von E.
   Pfeiffer, Frankfurt
5 I. Kurz: Lyrik des Abendlandes, München 1953
6 Novalis, G.Ph.F. Freih.v. Hardenberg: Hymnen an die Nacht (1797)
   1800
7 H. Hark: Träume vom Tod, Stuttgart 1987
8 M. Eminescu: Sonett, übers. v. D. Roth; in: Sonette, Bukarest 1975
9 P. Verlaine: Gedichte, Eine Auswahl der besten Übertragungen, Leipzig
   o.J.
10 H. Carossa: Mysterium der Liebe, in: Gedichte, Wiesbaden 1951
11 H. Heine: Helena, in: Romanzero und letzte Gedichte, 1869
12 K.v. Günderode: Die Bande der Liebe, in: GW, hrsg.v. L. Hirschberg,
   Berlin 1920

Der Tod kann auch die Tödin sein

1 Zum Namen Hel und dessen Sprachwurzeln s. H.v. Beit: Symbolik des
   Märchens, Berlin-München 1952, 4. Aufl. 1971, S. 669 ff.
2 E. Drewermann: Frau Holle, eine tiefenpsychologische Deutung des
   Märchens, Olten [9]1992
3 E. Jenni / C. Westermann: Theologisches Handwörterbuch zum Alten
   Testament, München 1976, Art. Racham

4 Matthäus 14,27. 17,1; Markus 5,36; Lukas 1,30 f. 2,9. 5,10 u. öfter (siehe Bibelkonkordanz)

5 Matthäus 5,45; Johannes 12,36; Johannes 21,5 u. öfter

6 Lukas 24,29

7 H.v. Beit (Anm. 1), S. 669

8 W. Wägner: Nordisch Germ. Wörterbuch, zit. bei E. Drewermann (Anm. 2), S. 45
Da eine Linie meiner Vorfahren, die vor ca. 300 Jahren in Pommern ansässig wurden, auch aus dieser Gegend stammt, könnte bei der mittelalterlichen Namengebung eine Beziehung meines Familiennamens zu Frau Harke-Holle bestehen.

9 »mut« heißt im Hebräischen auch der Tod

10 H. Hark: Der Gevatter Tod, ein Pate fürs Leben. In meiner tiefenpsychologischen Deutung des Märchens beschreibe ich die Erkennungszeichen, wie sich der nahende Tod ankündigt.

11 R. Wagner: »Walküre«, II. Akt, 4. Szene

12 Th. Kraus: Hekate. Studien zu Wesen und Bild der Göttin, Heidelberg 1960

13 E. Drewermann: Ich steige hinab in die Barke der Sonne, München, S. 96

14 E. Paschinger: Die etruskische Todesgöttin VANTH (Sonderschriften des öster. Archäologischen Institutes, Bd. 20), Wien 1992

15 Der Vogel Greif wurde im Bereich des Ostseeraumes und in meiner Heimat in Pommern häufig als Wappentier dargestellt. Das Märchen vom Vogel Greif ist dem astrologischen Sternbild der Waage zugeordnet.

16 C.O. Thulin: Die etruskische Disziplin, 3 Bde., Göteburg 1905-09, Nachdruck Darmstadt 1968

17 E. Paschinger, S. 24 f.

18 Die gleiche oder zumindest ähnliche Symbolik findet sich in der biblischen Ostergeschichte, wie sich gegen Abend beim Sonnenuntergang (Westen!) der auferstandene Christus zu den Jüngern gesellt.

19 In der biblischen Überlieferung finden wir die gleiche Symbolik des Schlüssels und der Schlüsselgewalt, die besonders dem Apostel Petrus als Fels der Kirche zugesprochen wird.

20 E. Paschinger, Anm. 280

Der Todesengel als spiritueller Lebensbegleiter

1 E. Kübler-Ross: Über den Tod und das Leben danach; R. Moody: Leben nach dem Tod; H. Hark: Träume vom Tod

2 E. Kübler-Ross im Vorwort zu Moody

3 R. Moody: Leben nach dem Tod, S. 68 f.

4 Lukas 20,35 f.

5 Lukas 2,14

6 Matthäus 4,11

7 Lukas 22,43

8 1 Könige 19,1-8
9 Plato, zit. bei H. Vorgrimler: Geschichte der Hölle, S. 44 f.
10 H. Hark: Der Gevatter Tod, Stuttgart 1986
11 Ders., Der Gevatter Tod, S. 56
12 Ders., Mit den Engeln gehen. Die Botschaft unserer spirituellen Begleiter, München [2]1994, S. 149-167
13 Siehe Abb. auf einem Altarbild, in: Hark, Mit den Engeln gehen, S.
   154
14 Lukas 16,21 f.
15 P.F. Case: The Book of Tokens, 1968; Jeff Love: Die Quantengötter,
   Bern 1979
16 H. Hark: Religiöse Neurosen, Stuttgart 1984

Der Traum des Gerontius

1 J.H. Newman: Der Traum des Gerontius, übertragen und eingeleitet von
   Theodor Haecker, Freiburg 1947, S. 4
2 Haecker, S. 7
3 Haecker, S. 34
4 J.H. Newman: The Dream of Gerontius, übersetzt von P. Pattloch,
   Aschaffenburg 1946, S. 39
5 Psalm 126 nach der ökum. Einheitsübersetzung
6 H. Hark: Der Traum als Gottes vergessene Sprache, Olten [6]1992
7 H. Hark: Träume vom Tod, Stuttgart 1987
8 Haecker, S. 20
9 Haecker, S. 21
10 Übersetzung nach Pattloch, S. 17; für den Wechsel der Übersetzungen
   nach Haecker oder Pattloch sind für mich zwei Kriterien maßgebend. Zum
   einen, daß der Sinn des englischen Originals besonders nahe erfaßt wurde
   und, zum anderen, den in den übrigen Kapiteln geschilderten spirituellen
   Erfahrungen der abgeschiedenen Seele besonders nahekommt.
11 Pattloch, S. 25
12 Pattloch, S. 27
13 Pattloch, S. 37
14 Pattloch, S. 35 f.
15 Zit. nach Haecker, S. 37
16 Haecker, S. 37
17 Pattloch, S. 49
18 Haecker, S. 41
19 Pattloch, S. 61
20 B.M. Metzger: Artikel: Apokryphen, in: Religion in Geschichte und
   Gegenwart, Bd. 1, Tübingen 1957, Sp. 474 (dort weitere Literatur)
21 J. Laplanche, J.B. Pontalis: Das Vokabular der Psychoanalyse, Suhrkamp
   TB, Frankfurt 1972; C.G. Jung: GW Bd. 6; Hark: Lexikon Jungscher
   Grundbegriffe
22 R.H. Hutton, zit. nach Haecker, S. 5

23 Johannes 3,19
24 H. Hark: Religiöse Neurosen. Ursache und Heilung
25 1 Korinther 13,2
26 Matthäus 16,26

Der Tod Jesu als Modell eigener Sterbvorbereitung

1 Markus 8,31 f. (Parallelen: Matthäus 16,21-23; Lukas 9,22)
2 Markus 9,30 f. (Parallelen: Lukas 9,43; Matthäus 17,22)
3 Lukas 9,29 ff. (Parallelen bei Markus und Matthäus)
4 H. Hark: Der Traum als Gottes vergessene Sprache, S. 155
5 Mit der Subjektstufe nach der Tiefenpsychologie von C.G. Jung ist gemeint, daß die Erfahrungen der anderen der Möglichkeit nach auch in einem selber schlummern und erweckt werden können. Weitere Ausführungen zur Deutungsmöglichkeit auf der Subjektstufe siehe in H. Hark: Lexikon Jungscher Grundbegriffe, Olten 1988
6 Markus 14,32-42 (und Parallelen)
7 Lukas 23,46; Psalm 31,6
8 Apostelgeschichte 7,59
9 Johannes 21,12 f.

Himmel und Hölle als archetypische Energiefelder

1 Zum Begriff der Projektion siehe H. Hark: Lexikon Jungscher Grundbegriffe
2 1 Korinther 13,13
3 Siehe H. Hark: Der Traum als Gottes vergessene Sprache
4 F. Dostojewski: Die Brüder Karamasoff, Werkausgabe 1925, S. 528
5 Th. Mann, Doktor Faustus, Frankfurt 1967, S. 326 f. Zur Deutung siehe ferner Hans Mayer: Thomas Mann, Frankfurt 1984, S. 270 f.
6 L. Rinser: Mitte des Lebens, Frankfurt 1950, S. 140
7 L. Rinser: Abenteuer der Tugend, Frankfurt 1975, S. 192
8 O. Betz: Die Eschatologie in der Glaubensunterweisung, Würzburg 1965, S. 229 f.

Todeserfahrungen in der Musik

Ich danke Herrn Professor Hans Joachim Haarbeck recht herzlich für die kritische Durchsicht dieses Kapitels und für seine Ergänzungen.

1 Die Auswahl der Aufnahmen erfolgte nach dem »Bielefelder Katalog«, durch den alle weiteren Musikaufnahmen nachgeschlagen werden können.
Ferner auch: Die Musikalische Hausapotheke von Chr. Rueger, Ariston-Verlag 1991 – Franz Schubert Opus 7.3 D 531 (Musikalische Hausapotheke, S. 254).

2   Musikalische Hausapotheke, S. 252: D. 546 mit Fischer-Dieskau/Moore LP von EMI
3   Musikalische Hausapotheke, S. 254
4   Sergej Rachmaninow: Die Toteninsel; sowie im Vergleich dazu die gleichnamige Vertonung von Max Reger
5   A. Mahler in: R. Ochsmann (Hrsg.): Lebens-Ende, Heidelberg 1991, S. 60
6   Musikalische Hausapotheke, S. 186 (Anm. 1)
7   H.-Chr.Schmidt: Todessymbole in der Musik, in: R. Ochsmann, a.a.O., S. 49-67
8   Requiem ist die Bezeichnung für die katholische Messe für Verstorbene (Seelenamt).
    Von den zahlreichen Vertonungen seien genannt: Martin, Palestrina, Scarlatti, Haydn, Cherubini, Verdi, Berlioz und Dvorak, um nur einige zu nennen.
9   Später stellte sich heraus, daß dieser »Graue Unbekannte« der Verwalter eines Grafen war, welcher die in Auftrag gegebene Komposition als sein eigenes Werk herausgeben wollte.
    S.a. K.G. Fellerer: Mozarts Kirchenmusik, Salzburg 1955
10 Wer den Film »Amadeus« gesehen hat, wird sich an diesen unheimlichen schwarzen Unbekannten erinnern.
11 K.G. Fellerer, S. 105 (siehe Anm. 9). Zur Vollendung des Requiems nach dem Tod von Mozart durch seinen engen Mitarbeiter Süßmeyr verweise ich auf die Fachliteratur.
12 K.G. Fellerer, S. 106 f.
13 B. Paumgartner: Mozart. Zürich-Freiburg [8]1980
14 Matthäus 5,4
15 Psalm 76,5
16 1 Petrus 1,24
17 1 Petrus 1,25
18 Psalm 39,4
19 Psalm 39,8
20 Psalm 135
21 Johannes 16,22
22 U. Schreiber: Ein Deutsches Requiem, Textbeilage zur CD 7-69229/2 EMI
23 1 Korinther 15,51 f.
24 Offenbarung 14,13
25 Die Jungsche Methode der Amplifikation verhilft zur Anreicherung des vorliegenden Materials. S. gleichnamiger Art. in H. Hark: Lexikon der Jungschen Grundbegriffe
26 S. Lexikon der Jungschen Grundbegriffe, Artikel: Schatten
27 S. Lexikon, Artikel: Anima-Animus

Literatur

Ägyptische Unterweltsbücher, hrsg. von E. Hornung, Zürich-München 1972

Amery, J.: Hand an sich legen. Diskurs über den Freitod, Stuttgart 1976

Aries, Ph.: Geschichte des Todes, München/Wien 1980

Aries, Ph.: Bilder zur Geschichte des Todes, München/Wien 1984

Barbarin, G.: Der Tod als Freund, Stuttgart/Berlin o.J.

Becker, E.: Die Dynamik des Todes, Olten 1976

Beeh, W. (Hrsg.): Memento mori. Der Tod als Thema der Kunst vom Mittelalter bis zur Gegenwart. Katalog des Hessischen Landesmuseums, Darmstadt 1984

Behrens, K. (Hrsg.): Abschiedsbriefe, Düsseldorf 1987

Beit, H.v.: Symbolik des Märchens, Berlin/München [4]1971

Berger, R., Stephan I. (Hrsg.): Weiblichkeit und Tod in der Literatur, Köln 1987

Boehlke, H.K.: Wie die Alten den Tod gebildet, Mainz 1979

Boros, L.: Mysterium mortis. Der Mensch in der letzten Entscheidung, Olten und Freiburg 1962

Bousset, W.: Die Himmelsreise der Seele, Darmstadt 1960

Brandt, W.: Das Schicksal der Seele nach dem Tode nach mandaeischen und parsischen Vorstellungen, Darmstadt 1967

Capra, F.: Das Tao der Physik. Die Konvergenz von westlicher Wissenschaft und östlicher Philosophie, München 1984

Champdor, A.: Das Ägyptische Totenbuch in Bild und Deutung, München 1977

Chondrau, G.: Der Mensch und sein Tod, Zürich 1984

Dethlefsen, Th.: Das Erlebnis der Wiedergeburt, München 1967

Evans-Wentz, W.E.: Das Tibetanische Totenbuch, Olten 1982

Franz, M.-L. v.: Traum und Tod. Was uns die Träume Sterbender sagen, München 1984

Franz, M.-L. v.: Archetypische Erfahrungen in der Nähe des Todes, in: Im Umkreis des Todes, Zürich 1980

Frey-Rohn, L.: Sterbeerfahrungen psychologisch beleuchtet, in: Im Umkreis des Todes, Zürich 1980

Grof, S. und Ch.: Jenseits des Todes, München [2]1986

Hampe, J.Ch.: Sterben ist doch ganz anders, Stuttgart 1977

Hammerstein, R.: Tanz und Musik des Todes. Die mittelalterlichen Totentänze und ihr Nachleben, Bern/München 1980

Haroldsson, E. und Osis K.: Der Tod – ein neuer Anfang, Freiburg 1982

Hark, H.: Der Traum als Gottes vergessene Sprache, Olten [5]1991

Hark, H.: Religiöse Neurosen, Ursachen und Heilung, Stuttgart 1984

Hark, H.: Der Gevatter Tod. Ein Pate fürs Leben, Zürich 1986

Hark, H.: Jesus der Heiler. Tiefenpsychologische Auslegung von biblischen Heilungsgeschichten, Olten 1988

Hark, H.: Heilkräfte im Lebensbaum, München 1992

Hark, H.: Lexikon der Jungschen Grundbegriffe, Olten 1988

Hark, H.: Mit den Engeln gehen. Die Botschaft unserer spirituellen Begleiter, München [2]1994

Heisenberg, W.: Schritte über Grenzen. Gesammelte Reden und Aufsätze, München 1973

Herzog, E.: Psyche und Tod (Studien aus dem C.G. Jung Institut), Zürich 1960

Imbach, J.: Himmelsglaube und Höllenangst. Was wissen wir vom Leben nach dem Tod?, München 1987

Jaffé, A.: Der Tod in der Sicht von C.G. Jung, in: Im Umkreis des Todes, Zürich 1980

Jansen, H.H. (Hrsg.): Der Tod in Dichtung, Philosophie und Kunst, Darmstadt 1989

Jüngel, E.: Tod, Stuttgart, Berlin 1963

Jung, C.G.: Erinnerungen, Träume, Gedanken, Zürich/Stuttgart 1967

Jung, C.G.: Der Mensch und seine Symbole, Olten [11]1979

Jung, C.G.: Gesammelte Werke, Band 1 bis 18, Olten 1971 ff.

Kaiser, G.: Der tanzende Tod. Mittelalterliche Totentänze, Frankfurt 1983

Kast, V.: Trauern. Phasen und Chancen des psychischen Prozesses, Stuttgart 1977

Kennedy, M.X.: Archetypische Erfahrung in der Nähe des Todes, Diss. Innsbruck 1980

Koller, P.: Todestrieb im Protestantismus, Zürich 1976

Kübler-Ross, E.: Interviews mit Sterbenden, Stuttgart/Berlin 1971

Kübler-Ross, E.: Leben bis wir Abschied nehmen, Stuttgart/Berlin 1980

Kübler-Ross, E.: Verstehen was Sterbende sagen wollen, Stuttgart 1981

Kübler-Ross, E.: Über den Tod und das Leben danach, Melsbach 1984

Küng, H.: Ewiges Leben?, München [5]1990

Lang, B.: Der Himmel: Eine Kulturgeschichte des ewigen Lebens, Frankfurt 1990

Lifton, R.J.: Der Verlust des Todes. Über die Sterblichkeit des Menschen und die Fortdauer des Lebens, München/Wien 1986

Lohfink, G.: Die Himmelfahrt Jesu, München 1971

Lotz, J.B.: Tod als Vollendung. Von der Kunst und der Gnade des Sterbens, Frankfurt 1974

Lückel, K.: Begegnung mit Sterbenden, München/Mainz 1981

Meyer, J.E.: Todesangst und das Todesbewußtsein der Gegenwart, Berlin/Heidelberg 1982

Melken, S.: Die letzte Reise. Sterben, Tod und Trauersitten in Oberbayern, München 1984

Moody, R.: Leben nach dem Tod, Reinbek 1977

Moody, R.: Nachgedanken über das Leben nach dem Tod, Reinbek 1978

Neysters, P./Schmitt, K.H.: Denn sie werden getröstet werden, München [2]1994

Noll, P.: Diktate über Sterben und Tod, mit Totenrede von Max Frisch, Zürich 1983

Perera, S.B.: Der Weg zur Göttin der Tiefe, Interlaken 1985

Paus, A. (Hrsg.): Grenzerfahrung Tod, Frankfurt 1978

Raffay, A.v.: Traumbild Unterwelt, Olten 1987

Ring, K.: Den Tod erfahren – das Leben gewinnen, München 1985

Rosenberg, A.: Die Seelenreise, Olten 1952

Rosenberg, A.: Engel und Dämonen. Geisteswandel eines Urbildes, München [3]1992

Rosenfeld, H.: Der mittelalterliche Totentanz, Köln/Wien [3]1974

Schadel, H.: Thanatos. Studien zu den Todesvorstellungen der antiken Philosophie und Medizin, Med. Diss. Würzburg 1974

Schadewaldt, H.: Mensch und Tod. Totentanzsammlung der Universität Düsseldorf, 1978

Schadewaldt, H.: Heilberufe und Totentanz. Graphische Blätter und Zeichnungen von Dürer bis Dali. Katalog Stadtsparkasse Düsseldorf 1986

Scherer, G. Das Problem des Todes in der Philosophie, Darmstadt 1979

Schlemmer, J. (Hrsg.): Was ist der Tod?, München 1969

Schultz, H.-J. (Hrsg.): Letzte Tage. Sterbegeschichten aus zwei Jahrtausenden, Stuttgart/Berlin 1983

Schweizer, A.: Seelenführer durch den verborgenen Raum. Das ägyptische Unterweltsbuch Amduat, München 1994

Seuter, H. (Hrsg.): Der Traum vom Paradies. Zwischen Trauer und Entzücken, Freiburg 1983

Steffen, U.: Jona und der Fisch. Der Mythos von Tod und Wiedergeburt. Reihe: Symbole, Stuttgart 1982

Stephenson, G. (Hrsg.): Leben und Tod in den Religionen, Darmstadt 1980

Sternberger, D.: Über den Tod, Frankfurt 1977

Stoffels, H. (Hrsg.): Schicksale der Verfolgten. Psychische und somatische Auswirkungen von Terrorherrschaft, Berlin/Heidelberg 1991

Vorgrimler, H.: Geschichte der Hölle, München 1993

Wetzel, N.A.: Solidarität mit den Toten, in: Der Familienmensch, hrsg. von J. Duss v. Werdt, Stuttgart 1980
Wiesenhütter, E.: Blick nach drüben, Hamburg 1974
Wilber, K.: Wege zum Selbst. Östliche und westliche Wege zum Selbst, München ⁴1988
Winau, R., Rosemeier, H.P. (Hrsg.): Tod und Sterben, Berlin/New York 1984
Wiplinger, F.: Der personal verstandene Tod, Freiburg/München 1980
Wittkowsky, J.: Tod und Sterben.Ergebnisse der Thanatospsychologie, UTB 766, Heidelberg 1978

Ziegler, J.: Die Lebenden und der Tod, Darmstadt/Neuwied 1977

Quellenverzeichnis

S. 16 Aus: Arthur E. Imhof, Im Bildersaal der Geschichte – oder: Ein Historiker schaut Bilder an. C.H. Beck Verlag, München 1991 – **S. 32** Zeichnung: Eva Amode, München – **S. 42** Albrecht Dürer, Melencolia I, Kupferstich 1514. Berlin, Staatliche Museen Preußischer Kulturbesitz. Kupferstichkabinett – **S. 56** Zeichnung: Eva Amode, München – **S. 120** Edvard Munch, Tod und Leben. Lithographie 1897. © VG Bild-Kunst, Bonn 1995/The Munch Museet/The Munch Ellingsen Group. – **S. 126** Andrea del Verrocchio, Erzengel Raphael mit Tobias auf dem Weg, um 1470. London, National Gallery – **S. 136** Paul Klee, Eros. Aquarell auf Papier 1923, 115. Privatbesitz. © VG Bild-Kunst, Bonn 1995 – **S. 156** Edvard Munch, Das Mädchen und der Tod. Lithographie 1894. © VG Bild-Kunst, Bonn 1995/The Munch Museum/The Munch Ellingsen Group. – **S. 162** Hans Thoma, Selbstbildnis mit Amor und Tod. 1885. Karlsruhe, Staatliche Kunsthalle – **S. 174** Niki de Saint Phalle, La Morte – die Tödin (Polyesterplastik, 40 cm). © VG Bild-Kunst, Bonn 1995 – **S. 180** London, British Museum – **S. 186** Aus: Othmar Keel, Die Welt der altorientalischen Bildsymbolik und das Alte Testament. Wissenschaftliche Buchgesellschaft, Darmstadt. © Copyright 1972 by Benziger Verlag, Zürich-Einsiedeln-Neukirchen. Zeichnung: Hildi Keel-Leu – **S. 192** Aus: Elfriede Paschinger, Die etruskische Todesgöttin Vanth (Sonderschriften des österr. Archäologischen Instituts, Bd. 20), Wien 1992 – **S. 200** Hieronymus Bosch (ca. 1450-1516), Aufstieg ins Empyreum. Venedig, Palazzo Ducale. Foto: Kösel-Archiv – **S. 220** Gustave Doré (1832-1883), Illustration zur traumhaften Jenseitswelt – **S. 238** Evangelische Begegnungsstätte Hohenwart. Foto: Wolfgang Hilse, Berlin – **S. 252** Arnold Böcklin, Die Toteninsel. Firnisfarben auf Holz (80,7 x 150 cm) 1886. Leipzig, Museum der bildenden Künste.

Foto: Christoph Sandig, Leipzig – **S. 283** Aus: Ders., Das Glasperlenspiel.
© Suhrkamp Verlag, Frankfurt am Main 1963 – **S. 286** Aus: Ders.,
Lichtschatten du. © S. Fischer Verlag GmbH, Frankfurt am Main 1978
– **S. 287** Aus: Ders., Wie wir beten können. Kreuz Verlag Stuttgart 1970
– **S. 288** © Deutsche Verlags-Anstalt GmbH, Stuttgart – **S. 289** Aus:
Ders., Wie wir beten können. Kreuz Verlag, Stuttgart 1970 – **S. 294** Aus:
Dies., Nur einen Seufzer lang. Copyright © 1964 by Rowohlt Verlag
GmbH, Reinbek (Auszug) – **S. 296-298** Aus: Zeichen der Hoffnung in
Tod und Trauer, hrsg. von Klemens Richter/Manfred Probst/Heinrich Plöck.
Verlag Herder, Freiburg 1975 – **S. 301** Aus: Dies., Tage, Tage, Jahre.
Aufzeichnungen. © Insel Verlag, Frankfurt am Main 1968 – **S. 302** Aus:
Ders., Die Gedichte. © Insel Verlag, Frankfurt am Main 1981 – **S. 304**
Aus: Ders., Ich sehe deine Träume. Kreuz Verlag, Stuttgart 1987

Danksagung

Abschließend gilt mein Dank all jenen Menschen, deren Erfahrungen ich
teilen durfte und durch deren Fragen ich zu diesem Buch angeregt wurde.
Dazu gehören insbesondere die vielen Hörerinnen und Hörer, die seit 30
Jahren an jedem Totensonntag im November mit besonderem Interesse
und mit starker Anteilnahme meine Live-Sendung »Mit dem Sterben leben«
im Ratgeber Lebensfragen des Südwestfunks hören. Durch diese Gespräche
habe ich viel zum Thema Tod und was danach kommt gelernt und gehört.

Besonders danken möchte ich auch den bei mir Ratsuchenden und
meinen Patientinnen und Patienten, deren seelische Erfahrungen und spirituelle Erlebnisse und Erkenntnisse ich verwenden darf.

Schließen möchte ich mit einem herzlichen Dank an den Lektor des
Kösel-Verlags, Herrn Winfried Nonhoff, der mit besonderem Interesse das
Werden dieses Buches begleitet hat.

Wenn Sie mir zu einzelnen Kapiteln des Buches oder über Ihre Erfahrungen
Ergänzungen oder Kritik mitteilen wollen, können Sie mir über den Kösel-Verlag (Flüggenstraße 2, D-80639 München) schreiben.

Karlsruhe, am 3. März, am 50. Jahrestag unserer Vertreibung aus Pommern

Helmut Hark

20.3.24